W. Fred (Hg.)

Tagebuch der Brüder Goncourt

Eindrücke und Gespräche bedeutender Franzosen
aus der Kriegszeit 1870/1871

Fred, W. (Hg.)
Tagebuch der Brüder Goncourt
Eindrücke und Gespräche bedeutender Franzosen aus der Kriegszeit 1870/1871

ISBN: 978-3-86267-078-9

Auflage: 1
Erscheinungsjahr: 2011
Erscheinungsort: Bremen, Deutschland

© Europäischer Literaturverlag GmbH, Fahrenheitstr. 1, 28359 Bremen (www.elv-verlag.de). Alle Rechte beim Verlag und bei den jeweiligen Lizenzgebern.

Inhaltsverzeichnis

Einleitende Notiz   5
Aus dem Tagebuch für das Jahr 1870   18
Aus dem Tagebuch des Jahres 1871   77
Aus dem Tagebuch des Jahres 1872   144
Aus dem Tagebuch des Jahres 1873   152

Einleitende Notiz

Wer bis vor kurzer Zeit die Tagebücher der Brüder Goncourt las und liebte, dachte dabei gewiss am allerwenigsten an die ein wenig wohlfeile, aber recht schmerzliche Aktualität, die sie nunmehr gewonnen haben, weil jene Eintragungen, die aus den Jahren 1869 bis 1871 stammen, auch vieles politisch Interessante und uns Heutige besonders Angehende enthalten. Die Brüder Goncourt – sie waren für uns vor allem die Vertreter des »*dixhuitième*«, des 18. Jahrhunderts – unter Anführungszeichen! – das man am Ende des 19. erst wieder entdeckte, des 18. Jahrhunderts mit den frech sensuellen Marquisen, den hübsch lasterhaften Modellen Watteaus und Fragonards, den ein wenig geistreich überspitzten Schäferinnen und Schäfern, der Luft vor der Sintflut; aber auch die Entdecker Japans und Chinas, nicht des weltpolitischen, wohl aber des künstlerischen Ostasiens. Außerdem waren die Goncourt die Wortführer des literarischen Naturalismus; wenn auch in einigem Abstande von Zola darf man sie so nennen. Ihre Romane, »Die Tochter Elisa«, »Germinie Lacerteux« gehören zu den bedeutsamsten Werken, die die moderne Literatur eingeleitet haben, überdies unterhielt dieses Brüderpaar so viele und vielfältige menschliche Beziehungen von höchster Ergiebigkeit, dass ihre persönlichen Erlebnisse ebenso Literatur werden konnten, wie ihre Literatur Erlebnis war. Dabei waren die beiden wahrhaftig keine Journalisten auf der Jagd nach Stoff und verwertbarem Manuskript, sondern richtige *gentilhommes de lettres*, Kavaliere, fast Dandys, erfüllt von einer tiefen Verachtung der Plebs. Ihre Neigung zum Höfischen, zu einzelnen Persönlichkeiten, besonders weiblichen Persönlichkeiten des vertriebenen französischen Hofes, zum Dynastischen kam zwar nicht aus politischem Verstande; sie waren Antirepublikaner, Monarchisten, Royalisten – sie selbst hätten sich sogar das Wort erlaubt: »Empereuristen« – aus Gefühl; die Argumente zu ihren Sentiments fanden sie erst später.

Es war schließlich kein Wunder, dass diese Männer, die sich so tief in das galante Zeitalter vertieft hatten, die als Erste, den subtilen und exklusiven Reiz violetter, altjapanischer Lackkästchen und farbiger Holzschnitte und vieler anderer recht nuancierter Dinge der Künste empfunden hatten, auch im wirklichen Leben an den Menschen weniger die Bedeutsamkeit sozialer Entwicklungen als den Reiz merkwürdiger Erscheinungen suchten und spürten. Als Kunstkritiker, besser gesagt als Kulturgeschichtsschreiber, hingegeben der Kenntnis und Erkenntnis von Stilen, Stimmungen und Sonderbarkeiten jeglicher Art, als Menschen durch Freundschaft verbunden Gavarni und Daumier, den ersten Vorimpressionisten, entwickelten sie für ihre eigene Produktion einen Stil, der nur bei Menschen, die sich aufs Intensivste mit den bildenden Künsten beschäftigen, aufblühen kann. Es ist der Stil des Pointillismus, der sich weder an Adjektiven, noch an Anekdoten genugtun kann, der »*ambiance*«, des Spiels der Stimmungen. Die Goncourt waren schon auf dem Wege von Zola zu Flaubert. Doch ist ihr Stil nicht so erarbeitet wie der Flauberts, allerdings auch nicht so »*sobre*«, so kunstvoll nüchtern; er ist antiklassisch, bewusst modern; sie nützten das Persönlichkeitsrecht des Stilisten bis zur Willkür aus, nicht nur bis zur Grenze des französischen Wortschatzes, oft selbst gegen die Gesetze der Syntax.

Die Bedeutung ihres »*Journal*« ist mit diesen Andeutungen wahrlich bei Weitem noch nicht umgrenzt. Man müsste ein Inhaltsverzeichnis oder wenigstens ein Namenregister all der Personen verfassen, die in diesen Tagebüchern sprechend oder doch als Schattenbilder auftreten, um zu erweisen, was sie als Dokument für die Kenntnis jener so wichtigen Jahrzehnte französischer Entwicklung, des Jahrhundertendes bedeuten. Man findet unter den eingeführten Figuren Arbeiter und Prinzessinnen, Kollegen von der literarischen Zunft und Omnibuskutscher, Schauspielerinnen und Deputierte, Geschäftsleute und Maler, Menschen, die die Goncourt liebten und solche, die sie verlachten, andere, die sie verachteten und sogar einige, für die sie schwärmten. Und da die beiden Brüder den Standpunkt der Diskretion nicht kannten, sondern Abend für Abend aufschrieben, was sie im Laufe der Tage und Nächte gesehen oder gehört hatten, so musste schon nach kurzer Zeit, gewiss aber nach Jahrzehnten solcher treuer Chronistentätigkeit ein wahrer Schatz von gut, wenn auch oft höchst einseitig gesehenen, also stilisierten, manchmal in ihrer Wahrhaftigkeit grausamen Skizzen beisammen sein. Waren die Goncourt von einer menschlichen Erscheinung noch so angezogen, so hinderte sie das doch nie mit ihren scharfen Augen die Runzeln im Antlitz der geliebten Persönlichkeit zu entdecken, Kuriositäten oder Torheiten, die im Gespräch gefallen waren, gewissermaßen zum ewigen Gedächtnis aufzuzeichnen. Schon, nachdem die ersten Bände erschienen waren, in denen noch eine gewisse Selbstzensur zur Schonung Lebender gewaltet hatte, erhob sich deshalb ein Sturm der Entrüstung gegen das Buch, mehr noch gegen die in ihm zutage tretende Methode restloser und rücksichtsloser Verwertung des Erlebten, gegen die kühle Objektivierung vertrauter Menschen und anvertrauter Menschlichkeiten. Das tiefe Problem des Literaten, die Frage nämlich, ob und inwieweit das Erlebte auch ohne wesentliche Umformung, ja ohne schonende Distanz wiedergegeben und dem Publikum als Druckwerk ausgeliefert werden darf, war wieder einmal, und zwar gelegentlich, eines sehr krassen Falles aufgerollt worden. Denn wenn auch die Brüder nach ihrem eigenen Gefühl weitgehende Rücksichten genommen hatten, so wehrten sich dennoch mehr oder minder laut die meisten Modelle gegen die Bilder, die von ihnen entworfen worden waren und in denen sie eben Karikaturen entdeckten; andere, als deren Wortführer wir den Philosophen Renan hören werden, empfanden es, sprechen wir es offen aus, als Vertrauensbruch, als menschliche Unreinlichkeit, dass Gespräche, die sie in einem geschlossenen Räume, geschützt durch den Wall des freundschaftlichen Vertrauens, das sie als stillschweigend verbürgt ansahen, geführt hatten, überhaupt veröffentlicht würden. Für diesen ganzen Komplex von Fragen, wie weit der Schriftsteller gehen darf oder nicht in der Benutzung des Erlebten, hatten die Goncourt wenig Verständnis, oder sie wollten keines haben. Das zeigt die Antwort auf einen Brief Renans, die sie als Vorwort zu einem der späteren Bände des Tagebuchs drucken ließen, und die wir hier wiedergeben, nicht nur, weil es sich darin um Gespräche aus dem Jahre 1870/71 handelt, die auch in unsere Auswahl aufgenommen worden sind. Man hört aus dieser Polemik auch manches andere für die politische Stimmung des intellektuellen Frankreichs jener Tage Wesentliche heraus. Diese »Verteidigungsrede« E. de Goncourts lautet:

Antwort an Herrn Renan.

Herr Renan beehrte mich vor einigen Jahren mit der Mitteilung, der »Figaro« habe einen gefälschten Brief veröffentlicht, so als stamme er von ihm. Seine Verachtung alles Gedruckten sei aber so groß, dass er nicht einmal berichtigt habe.

Der Herr Renan des letzten Jahres ist wahrhaftig sehr verändert.

Gelegentlich alter Gespräche aus dem Jahre 1870, die in meinem *Journal* wiedergegeben sind, veröffentlicht der *Petit Lannionnais* folgenden Brief von der Hand des Verfassers des *Leben Jesu Christi:*

Paris, 26. November 1890.

»... Ach, mein lieber Vetter, wie danke ich Ihnen, dass Sie sich in dieser Zeit der Lüge, der falschen Vetterngeschwätze und der falschen Berichte für mich entrüsten. Alle diese Erzählungen des Herrn von Goncourt über Diners, zu deren Geschichtsschreiber sich zu machen er durchaus kein Recht hatte, sind durchaus Umformungen der Wahrheit. Er hat nicht verstanden und schreibt nun uns zu, was sein Geist, der jeder allgemeinen Idee verschlossen ist, ihn glauben oder hören ließ. Was nun mich im besonderen betrifft, so protestiere ich mit allen meinen Kräften gegen dieses traurige Reportertum ... Es ist mein Leitsatz, dass das Getriebe der Toren keine ernsten Folgen hat ...«

Aber all die Kanonenschüsse dieses Briefes haben dem gütigen Mann noch nicht genügt. Jeden Tag gab es ein neues Interview, in dem er in seiner von Stunde zu Stunde wachsenden Entrüstung erklärte:

Am 6. Dezember, im *Paris*, dass mir der Sinn für abstrakte Dinge vollständig abgehe.

Am 10. Dezember, im *XIX ^{e} Siècle*, dass ich den Sinn für Moral verloren habe.

Am 11. Dezember, in der *Presse*, dass ich unintelligent, vollständig unintelligent sei.

Vielleicht hat Herr Renan auch noch ganz andere Dinge gesagt, in den Interviews, die ich *nicht* gelesen habe.

Alles das, mein sanfter Jesus, wegen der Verbreitung allgemeiner Gedanken des Denkers, allgemeiner Gedanken, die alle Welt ihn in Magny oder anderswo entwickeln hörte, allgemeiner Gedanken, die aus seinen Büchern hervorleuchten, wenn sie dort nicht schon ganz klar formuliert sind, allgemeiner Gedanken, für deren Verbreitung er gedankt hätte – ich habe allen Grund, es zu glauben –, wenn sich nicht die klerikale Partei der Sache bemächtigt hätte, um ihm einen Strick zu drehen.

Aber denken wir zurück an jene letztvergangenen Jahre, jene Jahre, die der Polemik, die sich zwischen Herrn Renan und mir erhoben hat, vorangingen. Hier, was ich im letzten Band der ersten Serie meines *Tagebuches* schrieb:

»Der charmanteste Mensch und der aus herzlichem Gefühl höflichste, je mehr man ihn kennt und je näher man ihm kommt. Er ist der Typus der moralischen Grazie in einem ungraziösen Körper; bei diesem Apostel des Zweifels findet man die hohe und intelligente Liebenswürdigkeit eines Priesters der Wissenschaft.«

Nun, lasst uns sehen, ist das die Sprache eines Feindes, eines Schriftstellers, der darauf ausgeht, boshaft die Worte des Mannes, dessen Gespräche er wiedergibt, ihres natürlichen Sinnes zu entkleiden? Ist es nicht viel eher die Sprache eines Freundes des Mannes, allerdings – das gebe ich zu – eines *Feindes seines Gedankens;* das aber habe ich auch in die Widmung des Buches, das ihm bestimmt war, geschrieben.

In Wirklichkeit weiß alle Welt, dass Herr Renan zu der Gruppe der großen Denker gehört, der Verächter vieler menschlicher Konventionen, die demütigere Geister noch verehren, Leute wie ich nämlich, denen es an »allgemeinen Ideen« fehlt; es ist auch jedem bekannt, dass diese großen Denker die Neigung haben, derzeit in der Verehrung des Vaterlandes eine ganz ebenso aus der Mode gekommene Sache zu sehen, wie die Verehrung des Königs unter der alten Monarchie war; eine Neigung, die Menschlichkeit über

Frankreich zu setzen: Ideen, die noch nicht die meinen sind, aber die ohne Zweifel in der philosophischen und menschlichen Entwicklung über meinen bourgeoisen Ideen stehen.

Und das ist alles, was meine Gespräche an den Tag bringen. Denn ich habe niemals gesagt, dass Herr Renan sich über die deutschen Siege gefreut habe oder sie berechtigt gefunden hätte; ich habe aber gesagt, dass er die deutsche Rasse als eine der französischen Rasse überlegene erachtete, vielleicht aus demselben Gefühl heraus wie Nefftzer – weil sie protestantisch ist. Nun, mein Gott, die Neigung, das Vorurteil, das in den zwei oder drei Jahren vor dem Krieg unsere großen französischen Denker für Deutschland hatten, ist für niemand ein Geheimnis, und den Dinnergästen von Magny hatten während dieser Jahre die Ohren geklungen von der Überlegenheit der deutschen Wissenschaft, der Überlegenheit der deutschen Kammerfrauen, der Überlegenheit des deutschen Sauerkrauts, usw., schließlich und endlich von der Überlegenheit der Fürstin von Preußen über alle anderen Prinzessinnen der Erde.

Und wie unintelligent, Herr Renan, Sie mich auch in den Augen des Publikums erscheinen lassen wollten, es war mir doch im Jahre 1870 noch genügend Gedächtnis geblieben, um nicht das Deutschland Goethes und Schillers mit dem Bismarcks und Moltkes zu verwechseln, und ich habe nie genug Fantasie gehabt, um in meinen Gesprächen Einwürfe wie die Saint-Victors zu erfinden.

Und dann, Herr Renan, man klagt Leute nicht an, dass sie faseln und brutal sind, dass sie den Sinn für Moral verloren haben, auf die Lektüre von Vettern und Freunden hin. Auf welche Höhe Sie auch immer die öffentliche Meinung gestellt hat, man muss sich doch gefälligst herablassen, selbst zu lesen, was die Leute geschrieben haben, die man so übel zurichtet. Sie zerschmettern mich, es ist wahr, und Sie sagen es mir zu oft, aus der Höhe von Tausenden von Kubikfuß jener intellektuellen Atmosphäre, in der Sie schweben, schweifen und über mir »herumtanzen«, um die Worte René François', des Predigers des Königs, in seinem *Essay über die Wunder der Natur* anzuwenden. Einen Rat, Herr Renan: Man hat Ihren Stolz derart mit grobem Weihrauch berauscht, dass Sie den Sinn für die Größenverhältnisse der Wesen und der Situationen verloren haben. Es ist sicher sehr viel, im neunzehnten Jahrhundert eine Ära eröffnet zu haben, in der man jedem Gegenstand, jedem Gefühl, losgelöst von jeder Überzeugung, jedem Enthusiasmus, jeder Entrüstung gegenüber die skeptische Rhetorik des »Für und Wider« anwenden kann, dazu noch das hübsch satanische Kichern eines Zweifels an allem haben, und überdies noch, als Nachfolger Bossuets, unsere heilige Geschichte in der flüssigen Prosa der Romane der Madame Sand bearbeitet haben. Gewiss ist das viel, ich gebe es zu, aber doch wirklich nicht genug, um über unserem Planeten zu schweben, so wie Sie zurzeit schweben – und ich glaube, dass die Zukunft dies Ihrem Gedächtnis mit einiger Härte zur Kenntnis bringen wird.

Doch kehren wir zu meiner gerechten und berechtigten Verteidigung zurück, und geben wir einen Auszug aus meinem Interview im *Echo de Paris*, wo Herr Jules Huret sehr getreu meine Worte wiedergegeben hat.

»Ich bestätige, dass die Gespräche, die ich in den vier erschienenen Bänden wiedergegeben habe, sozusagen stenografische Protokolle sind, die nicht allein die Ideen der Sprecher wiedergeben, sondern meist sogar ihre eigenen Ausdrücke; ich habe auch das feste Vertrauen, dass jeder uninteressierte und klarsehende Leser zugeben wird: Mein Wunsch, mein Ehrgeiz war, die Männer, die ich porträtierte, wahr wiederzugeben, und für nichts in der Welt ihnen Worte zuzuschreiben, die sie nicht ausgesprochen haben.«

»Ihre Erinnerungen waren also ohne Zweifel noch sehr frisch, als Sie sie schrieben?«

»Ach, am Abend selbst, beim Nachhausekommen, oder spätestens am nächsten Tage in der Früh. In dieser Beziehung ist also gar keine Gefahr einer Verwirrung.«

»Ich deutete nun Herrn von Goncourt an, dass die schlechte Laune des Herrn Renan nicht allein von der angeblichen Untreue des Phonographen herrühre, sondern auch daher, dass er sich überhaupt gestattet habe, seine vertraulichen Mitteilungen zu enthüllen.«

»Ja, ich weiß,« sagte mir Herr von Goncourt, »Herr Renan behandelt mich als ›indiskreten Herrn‹. Ich nehme den Vorwurf an und schäme mich durchaus nicht; denn meine Indiskretionen sind nicht ›Veröffentlichungen aus dem Privatleben', sondern ganz einfach Veröffentlichungen der Gedanken, der Ideen meiner Zeitgenossen: Dokumente für die intellektuelle Geschichte des Jahrhunderts.«

»Ja, ich wiederhole es,« betonte Herr von Goncourt mit einer Gebärde der Überzeugung und der offensichtlichen Aufrichtigkeit, »ich schäme mich durchaus nicht, denn seit die Welt besteht, sind die nur ein wenig interessanten Memoiren einzig und allein von Indiskreten geschrieben worden, und mein ganzes Verbrechen besteht darin, noch zu leben nach Ablauf der zwanzig Jahre, seit sie geschrieben worden sind, und wo sie zur Veröffentlichung bestimmt waren, – und als Mensch gesprochen, das kann ich nicht bedauern!«

»Bevor ich ging, hatte ich Herrn von Goncourt noch gefragt, ob er wisse, was Herrn Renan, außer den klar zu Tag liegenden Gründen, gereizt haben könne, aus seinem gewöhnlichen Skeptizismus so völlig und so schroff herauszutreten. Herr von Goncourt lächelt, ohne zu antworten.

»Ich deutete also an, dass Herr Renan vielleicht politischen Ehrgeiz habe, dass der Sitz Sainte-Beuves seine Träume beunruhigen möge, und dass die Paradoxe von einst ihn vielleicht in seiner neuen Karriere stören könnten.« Ja, mein Lächeln hatte gesagt, was Herr Jules Huret andeutete.

Und auf mein Wort, Hand aufs Herz, ich habe die Überzeugung: Wenn der philosophische Denker nicht von sehr irdischem Ehrgeiz geplagt wäre, hätte er nicht vor der Öffentlichkeit seine *»allgemeinen Ideen«* des *Cabinet particulier* verleugnet.

Ein letztes Wort: Ich habe mir versagt, Herrn Renan sogleich eine Antwort zu erteilen. Ich wollte, dass als Rückendeckung meiner Antwort dieser gedruckte Band da sei, der, ich sage es noch einmal, dem Geiste jedes unabhängigen und nicht gegen mich voreingenommenen Lesers die Gewissheit bringen muss, dass meine Gespräche mit dem oder jenem – wie sich Herr Magnard im Figaro ausdrückte – »vor lauter Authentizität schwitzen«.

Edmond de Goncourt.

Ob nun der eine oder der andere recht hat, besonders auch der Kritiker, der die Authentizität so drastisch rühmte, das Publikum, mehr noch die Nachwelt hat sicher den Nutzen von solcher Indiskretion, zumal wenn der Indiskrete so gute Augen hatte und eine so feine Feder wie Goncourt.

Die Verlockung, die Tagebücher der Goncourt in deutscher Sprache wiederzugeben, hat gewiss schon früher mancher gespürt. Wir selbst planten eine solche Ausgabe seit Jahren; und wenn es uns auch schon immer klar war, dass eine lückenlose Wiedergabe des französischen Textes für einen deutschen Leserkreis denn doch trotz aller amüsanten Einzelheiten ermüdend wäre, so hätten wir doch gewünscht eine mehrbändige Auswahl zu geben, insbesondere aber eine, die nach anderen Gesichtspunkten gefasst gewesen wäre als der hier vorliegende Band. Die Weltgeschichte hat auch in diesem geringen Falle mitgewirkt. Schon das ganz subjektive Gefühl des Herausgebers, was gerade jetzt den Leser mehr, was ihn minder interessiert, ergibt ein gewisses, wenn auch nur loses System jeder Auswahl. Und wenn auch in unserem Falle das Bemühen sehr stark war, Anderes zu geben als ein bloß aktuelles Kriegsbuch, so ist es doch unmöglich gewesen, den Grundton aufs Künstlerische zu legen, was in anderen Zeiten natürlich hätte geschehen müssen. Die Goncourt, die in Trödlerläden und Ateliers nach Merkwürdigkeiten aus allen Winkeln alter und neuer Kunst herumspürten, in Menschenherzen nach Absonderlichkeiten suchten, erscheinen in diesem Buche, wie es nun als eine Auswahl aus den Tagebüchern der Jahre 1869 bis 1872 geboten wird, weniger prägnant. Eher sieht man die

Literaten, die, von einem großen Weltenschicksal getroffen, aus ihrem Dasein hinter Bücherwällen und Bibelots geschleudert werden, es zwar noch oft genug mühsam versuchen, ihre alten stilleren Wege zu gehen, aber immer mehr erkennen müssen, dass das Volksschicksal Ihr eigenes ist, selbst wenn sie das »Volk« noch so sehr hassen. Die spezifischen Kunst- und Künstlerprobleme, die sonst in den Tagebüchern einen recht großen Raum einnehmen, werden hier nur gelegentlich gestreift. So reizvoll es ist die Goncourt auf ihren Sammlergängen zu begleiten, mit ihnen in die letzten »Salons« – Salons sind immer die letzten! – zu treten, vorläufig mussten wir es uns versagen. Dafür schien es richtig, die Gespräche Goncourts mit den verschiedensten Partnern in einiger Ausführlichkeit aufzunehmen, nicht nur weil es wesentlich scheint zu wissen, wie das intelligente, besser: das intellektuelle Frankreich die Krisen und Katastrophen von 1870 und 1871 aufnahm, sondern auch weil die Brüder Goncourt ganz besondere Typen einer Art Schriftsteller waren, die es heute auch in Frankreich nicht mehr gibt: wahrlich Aristokraten der Literatur, und weil sie ganz außerordentliche Möglichkeiten hatten, die verschiedenartigsten Stimmen über die Ereignisse der damaligen Gegenwart, über begangene Fehler und befürchtete Katastrophen zu hören. Von rechts und links, von der royalistischen und von der anarchistischen Seite, von Künstlern und ironischen, auch sich selbst ironisierenden Journalisten, von der Regierung oder vielmehr von den sich ablösenden Regierungen; aus den Kreisen des Faubourg St. Germain und dem Milieu eleganter Herrendiners wie des im Café Brébant tagenden, kurz aus den verschiedensten Quellen flossen ihnen Meinungen und Anekdoten zu. Und wenn man auch gewiss nicht alles, was sie mitteilen, als pure Wahrheit nehmen muss, es ergibt sich doch ein Bild der politischen und sozialen Situation des damaligen Frankreichs, das vor wenigen Jahren noch den Deutschen eine gute Lehre für die Zukunft hätte abgeben können, heute merkwürdige Parallelen zu Gegenwärtigem erlaubt.

Irgendwelche Rücksicht auf Vollständigkeit, auf den historischen Gang der Ereignisse konnte in dieser Auswahl ebenso wenig genommen werden, wie schließlich die Brüder Goncourt selbst in ihren Tagebüchern eine pragmatische Geschichtsschreibung oder auch nur eine rückschauend zusammenhängende Darstellung der Ereignisse des deutsch-französischen Krieges und der Kommune beabsichtigt hatten. Erwähnt sei schließlich noch, dass wir aus den Tagebüchern des Jahres 1869, wie dann aus jenen der Jahre 1872 und 1873 nur das auf die wesentlichen Monate 1870/71 Bezügliche genommen haben, während wir aus den Eintragungen während der Jahre 1870/71 alle nach irgendeiner Richtung die Zeit und ihre Menschen beleuchtenden Abschnitte genommen haben. Dass viel an sich Interessantes gestrichen wurde, war vom Umfang gefordert; außerdem aber mussten auch wir uns einer gewissen Selbstzensur unterziehen. Gerade jetzt erfährt man ja auch, dass in Frankreich selbst heute, 45 Jahre nach dem Tode des einen Bruders Goncourt, mehr als ein Jahrzehnt nach dem Hinsterben des andern, der Verleger die Herausgabe weiterer Bände der Tagebücher, die nach dem Testament jetzt hätten erscheinen sollen, für unmöglich erklärte, weil noch immer Schaden durch eine solche Veröffentlichung Menschen oder gar dem Vaterlande selbst zugefügt werden könnte. Dieselbe Aufrichtigkeit, die solche Folgen hat, schafft aber den Wert des Buches. Deshalb ist auch in unserer Auswahl manches trotz aller Ausschaltungen noch enthalten, das auf den ersten Blick als unpatriotisch gescholten werden mag. Ich habe trotz allem ein gutes Gewissen. Leere Pikanterien und öde Schimpfereien sind natürlich weggelassen worden; wo aber das Gefühl des belagerten Franzosen scharf und charakteristisch zum Ausdruck kommt, schien es mir wichtiger, diesen Ausdruck bestehen zu lassen als einer äußerlichen Rücksicht zu folgen. Dass wir uns mit den Meinungen der Goncourt über den deutschen Kaiser, deutsche Soldaten, deutsche Gelehrte, die Deutschen überhaupt nicht identifizieren, braucht wohl nicht erst hervorgehoben zu werden. Wenn aber einer sein Vaterland in einer schweren Krisis sieht, dazu Ross- und Hundefleisch – isst und seine Nerven aufbraucht, schreibt er leicht hässliche Dinge, und wir brauchen uns nicht zu wundern oder gar zu erzürnen, wenn er ein zugetragenes böses Gerücht im Tone einer festgestellten Wahrheit mitteilt oder vorschnelle Verallgemeinerungen für Psychologie ausgibt. Gewiss sind diese gelegentlichen Ergüsse nicht allzu ernst zu nehmen. Sie sind aber auch nicht gleichzustellen dem, was jetzt zeitgenössische Franzosen verfertigen. Die Brüder Goncourt, in unserm Falle Edmond de Goncourt, denn der eine Bruder Jules starb ja gerade im Kriegsjahre, hatte eine förmliche Objektivitätswut, ein Wahrheits- und Schilderungsbedürfnis. Die Lust an der Anekdote war bei ihm so groß, dass er keinen Freund, ja nicht einmal den geliebten Bruder schonte, wenn es galt etwas Wesentliches oder auch nur Kurioses aufzunotieren. Da sollte seine Feder vor einem Feinde haltmachen, wenn sie Groteskes, Spitzes, Exotisches, Wüstes, Abscheuliches, kurz Interessantes niederzuschreiben vermochte? Unter diesem Gesichtspunkte muss man jene Stellen – der Leser wird sie bald genug gefunden haben –, die fürs erste Deutsche verletzen können, lesen. Sie sind hier nicht wiedergegeben, weil etwa der mitgeteilten Tatsache irgendeine Wahrheit beigemessen wird, sondern weil schon die Tatsache, gar aber die Form der Goncourtschen Aufschreibungen charakteristisch ist. Einem Künstler der Memoirentechnik wie Goncourt darf man das Vorrecht der Ungerechtigkeit sozusagen einräumen. Er selbst nannte einmal die Art seines Bruders auf solche Art Beobachtungen zu machen und niederzuschreiben »*deshumanisé*«; und an einer anderen Stelle entschuldigt er die eigene Grausamkeit der Analyse, die auch nicht aussetzt, als es sich um das tiefste Leid handelt, das er zu erleben hatte, den Tod des Bruders: Den Vorwürfen gegenüber, die er erwartete, er habe die Krankheit des Vielgeliebten nicht allein Schritt für Schritt beobachtet, sondern diese Beobachtungen bis zur Agonie auch mit peinlicher Grausamkeit aufnotiert, ruft er aus: »Und doch habe ich ihn mehr geliebt als alle die anderen, aber ich glaubte, dass die Schilderung der Agonie und des Sterbens eines Mannes, der an der Literatur und der Ungerechtigkeit der Kritik zugrunde geht, nützlich ist für die Geschichte der Literatur.« Dieser Gesichtspunkt, »nützlich für die Geschichte der Literatur«, ist – ins Abstrakte geweitet – der Leitsatz der Goncourt für ihr ganzes publizistisches Leben, der ihnen jeden Mangel an Diskretion und jeden Mangel an Takt sozusagen erlaubt. Gerade die Seiten, die vom Sterben des Bruders und der Verlassenheit, die sein Tod dem Überlebenden bringt, handeln und die mit zu den erschütterndsten menschlichen Dokumenten gehören, nicht in unsere Auswahl aufzunehmen, bedurfte es begreiflicherweise eines schmerzlichen Entschlusses, zumal das Sterben Jules' in das Kriegsjahr fällt, sodass die Mitteilungen über den Anfang des Krieges und die Krise des französischen Volkes in den Tagebüchern der Jahre 1870/71 weniger den Eindruck von Beobachtungen eines Zeitgenossen machen als den von Erinnerungen und Stoffsammlungen eines Späteren. Denn Edmond, der überlebende Bruder, hat erst geraume Zeit nach dem Tode Jules' in seinem Herzen – und daher den Tagebüchern – Platz für die großen Schicksale der Nation gefunden. Das geschah an jenem Zeitpunkte natürlich, als die Ereignisse auch ihn persönlich so stark anfassten, dass der Schmerz um den Verblichenen zwar nicht verblasst, aber doch weniger Material zu Aufzeichnungen ergibt als die täglichen Geschehnisse, mögen sie nun dem Stoff nach »groß« oder geringfügig sein. Wir hoffen, in einem späteren Bande diese Seiten nachtragen zu können, die gewissermaßen das typische Schicksal der Goncourt in einem supremen Augenblick zeigen: nämlich wie der Literat das Leben bezwingt, dann aber der Tod den Literaten überwältigt und wiederum: wie das intensivste Sonderschicksal zurücktreten muss hinter die Erlebnisse der Nation.

Diesmal musste scheinbar Geringfügiges in unserer Auswahl den Vorzug haben: die gewissen kleinen Tatsachen des Lebens, auf die zu achten gerade die Goncourt ihre Zeit wieder gelehrt haben und die für uns ein doppeltes Interesse erlangen, weil manche Organisationsfrage unserer Zeit ihre Lösung in Paris damals schon gefunden hat, und wir aus den Tagebüchern nicht nur solche Tatsachen selbst erfahren, sondern auch ihre Reflexe, die Gedanken, die man sich in politischen und Künstlerkreisen Tag und Nacht über die Regierungsmaßnahmen machte; Äußerungen des Unmuts und manchmal ganz verblüffende Wiedergaben von Sätzen, die man glauben könnte, gestern in der elektrischen Straßenbahn aus dem Munde eines Mannes oder Frau, die nie den Namen Goncourt gehört hatten, vernommen zu haben. Die Rationierung der Lebensmittel, die Brot- und Fleischkarte, die Kundenliste beim Schlächter, die Polonaisen vor den Läden der Charcutiers und Epiciers, das Versickern der Milch, schließlich die Veränderung der täglichen Menüs ins Groteske, ja schließlich Widerliche, all das, soweit es unseren Zuständen gleich ist, ebenso aber insofern unsere im Großen viel schrecklicheren Unseligkeiten dennoch nicht zu solchen Folgen geführt haben – wir verzehren weder die Tiere aus dem Zoo noch begegnen wir in der Hauptstadt armen Dirnen, die sich für ein Stück trockenes Brot anbieten –, all das wird von Goncourt aufgezeichnet mit der Treue des Chronisten, der wohl manchmal schon beim Schreiben daran gedacht hat, dass er für künftige Kulturforscher Material liefert. Dass die Pariser während der Zeit der Einschließung, der Kommune es weit schlechter hatten als wir heute, nicht nur psychisch, sondern auch im rein Materiellen, weiß man auch aus anderen Quellen, u. a. aus den Aufzeichnungen des braven Sarcey. Sie aßen Strohbrot, wo wir über eine ungünstigere Mehlmischung klagen. Der Kellner im vornehmen Restaurant wehrte sich kaum gegen die Behauptung, das servierte Rostbeef stamme von einem müden Droschkengaul, und mit halb ironischer Sachlichkeit stellt Goncourt selbst fest, dass man »Filet vom Pferd« an der etwas schwärzlichen Färbung des gebratenen Fleisches erkennt. Wir aber ... Anderes aber erweist dieselben Stimmungen und Gegenstimmungen, denen wir heute oft unterliegen. Der Ausruf Goncourts: »Bei dieser Dauer des Krieges ...« ist im ersten Kriegsjahr im selben Sinne von manchem unter uns getan worden, der heute ebenso, wie das in Paris im Jahre 1871 geschah, lernen musste, ein paar Wochen oder Monate beschränkten und bedrückten Lebens als eine verhältnismäßig geringe, mit Resignation hinzunehmende Fügung des Schicksals zu betrachten. Und spricht Goncourt an einer anderen Stelle von der »inkommensurablen Dummheit«, die in vielen Regungen der großen Masse, aber auch der maßgebenden Kreise zutage tritt, so erweckt er damit die Erinnerung an den gleichen, von uns jetzt allzu oft gedachten Gedanken. Von besonderem Interesse wird es für manche sein, an diesen täglichen Aufzeichnungen der Vergangenheit mitzuerleben, was wir, wenn wir es auch nicht wollen, auch heute durchmachen: das Sichgewöhnen ans Schrecklichste, die Abstumpfung dem menschlichen Schmerz und Leid gegenüber, das Verfließen des Unerhörten in das gewohnheitsmäßige, den Übergang des Niedagewesenen in die Alltagswelt. Nicht nur an den Kanonendonner hatten sich die Pariser Tag für Tag so sehr gewöhnt, dass die Gärtner ihre Arbeit höchstens unterbrachen, wenn das Grollen aus der Ferne einmal aussetzte; auch die vielen fürchterlicheren, persönlichen Erlebnisse, die Dezimierung des Freundes- und Bekanntenkreises, der Anblick von Ambulanzwagen mit Verwundeten, die Begegnung der Kriegskrüppel, später während der Kommune die täglichen Füsilladen werden allmählich von Goncourt und seinen Freunden als gewöhnliche Erlebnisse aufgenommen, zu denen man bei den freundschaftlichen Zusammenkünften, den Diners bei Brebant, oder dem in der Künstlergeschichte berühmten »*Diner des Spartiates*« gewissermaßen zwischen zwei Gängen des Essens seine Anmerkungen macht, um dann über die dumme Regierung zu schimpfen.

Die Psychose des Krieges, die jetzt manche als eine spezifische Erscheinung unserer Zeit aufgefasst haben wollen, können wir an vielen Beispielen schon in diesen Tagebüchern feststellen und beobachten. In diesem Licht muss man auch die Äußerungen Goncourts über den Kaiser, den deutschen Kaiser natürlich, über Bismarck, die Dummheiten, die Goncourt über Deutschland vorbringt (6. und 7. August 1872 und 19. Juli 1874), betrachten und sich dabei erinnern, dass er noch weit härter über die Machthaber des eigenen Volkes urteilte ... Für den Psychologen wird es von ganz besonderem Reiz sein, zu verfolgen, wie die Selbstanalyse, die Goncourt an gewissen Tagen von seiner Stimmung gibt, chauvinistische und unsinnige Äußerungen über die Deutschen, die natürlich immer Preußen genannt werden, geradezu ankündigt. Doch darf man nicht ungerecht sein und übersehen, dass derselbe Goncourt an vielen Stellen zugibt, wie manierlich sich die deutschen Soldaten bei der Besetzung französischen Bodens benommen haben, und dass der in Paris getane Schaden – und zwar von Franzosen beschrieben – seine Ursache mittelbar oder unmittelbar in dem Tun des französischen Volkes hatte, und dass dies von Goncourt und seinen Freunden zugegeben wird. Die Art z. B., wie über die Wirkungen des Krieges und die Zerstörungen der gerade Goncourt so teuren Denkmäler geurteilt wird, ist lehrreich für die jetzt übliche Manier oder Manie am unrechten Platze Sentimentaler und Kunstfreundlicher, nicht allein weil es sich zeigt, dass der Krieg, den wir erleben, durchaus nicht den Anfang mit solchen Schicksalen gemacht hat, oder auch nur in entsprechendem Maße Schrecklicheres verursacht, sondern vor allem weil Goncourt, der doch sicherlich ein Kunstmensch war, den Verwüstungen gegenüber ein weitaus gesünderes Urteil hat als die französischen Schriftsteller, die sich heute in einen Paroxysmus hineinreden, wenn ein Stück Gotik zertrümmert wird, auf das sie selbst bisher nie Rücksicht genommen hätten.

Eine Einleitung darf den wesentlichen Inhalt des Buches, das sie ja nur ankündigen soll, nicht auspressen. So reizvoll es also auch wäre, noch auf vielerlei hinzuweisen: so auf den Stil des Literaten bei der Schilderung blutiger Vorgänge oder dann wieder lächerlicher Torheiten, auf das politische Raisonnement des Kreises, für den Goncourt ein typischer Repräsentant ist, oder auch wie der Künstler in Goncourt trotz all der Wirrsale und Widerstände nicht untergeht und plötzlich wieder in Notizen über künftige Werke, in Anmerkungen über Dinge, die der leidigen Politik und dem unseligen Kriege ganz fern sind, aufersteht. Es muss dem Leser überlassen bleiben, selbst seinen Weg zu finden. Er wird bei einiger Aufmerksamkeit außer ein paar Dutzend Anekdoten, die auch nicht zu verachten sind, manches Prophetische finden, so in dem Gespräch vom 2. Januar 1872 (S. 261 ff. unserer Auswahl) und bei allem Widerstreben gegen Ton und Inhalt mancher Goncourtschen Eintragung sich vielleicht der Hoffnung anschließen, dass – alle Distanz von Zeit, Rasse und was sonst noch den Weltkrieg von dem uns heute vielleicht mit Unrecht weniger heftig und entsetzlich scheinenden des Jahres 1870/71 trennt, gewahrt – uns Deutschen bald nach dem Frieden ein Tagebuch gegeben wird, das ein solches Niveau hat und einen solchen persönlichen Wert; eines, das für die besten Deutschen unserer Zeit so charakteristisch wäre, wie das der Brüder Goncourt für die geistigsten Franzosen jener Generation ist. Gewiss möchten wir nicht, dass ein repräsentativer Deutscher so die Welt sieht, insbesondere die deutsche Welt, wie sie Goncourt gesehen hat, gar in den Jahren, die wir jetzt leben. Immerhin, jene ein wenig femininen, aber auch im guten Sinne »vornehmen« französischen Schriftsteller wie Goncourt sind uns bei allem Skeptizismus, allem Literatentum, das in ihrem Blute liegt, lieber als die Schreihälse von 1915/16, die sich in eine Hysterie hineingehetzt haben und epileptische Anfälle für Kraftbeweise halten; sie schädigen durch ihr Tun die Möglichkeit einer Annäherung in nicht allzu fernen Jahren aufs Erheblichste, während Goncourt trotz seiner gelegentlich nicht wiederzugebenden heftigen Ausfälle gegen »preußische Unverfrorenheit« selbst schon zwei Jahre nach dem Kriege nach München und ins Bayerische Hochland reiste und so in eigner Person zeigte, dass man Brücken wieder aufbauen kann, selbst wenn man nur kurze Zeit vorher von der Notwendigkeit, die früher bestandenen in die Luft zu sprengen, fest überzeugt war.

W. Fred.

Aus dem Tagebuch für das Jahr 1870

3. Juli. – Bericht aus einer Schlacht. Der Schiffskapitän Bourbonne erzählte gestern: Bei einer Batterie in Sebastopol hatte eine Kanone ein Rad, das sich infolge des Rückstoßes bei jedem Schuss schlecht drehte. Er hatte einem Marinesoldaten, der dieses Stück zu bedienen hatte, befohlen, das Rad einzufetten. Es war aber kein Fett zur Hand; man hätte es erst suchen müssen. Der Marinesoldat nahm, ohne ein Wort zu sagen, eine Hacke, spaltete den Schädel eines noch warmen Leichnams, nahm dessen Gehirn in die Hände und schmierte ganz einfach das Gehirn des Toten auf die Nabe des Rades.

Sonnabend, 6. August. – Vom Kupferstichkabinett aus sehe ich die Leute in der Rue Vivienne laufen. Instinktiv schiebe auch ich das Buch mit den Bildern von mir, im selben Augenblick bin ich auch schon draußen und fange an, den Laufenden nachzulaufen.

An der Börse, von oben bis unten, nichts als entblößte Köpfe; Hüte werden in der Luft geschwungen, und in aller Mund ist eine Furcht erweckende Marseillaise, deren betäubende Töne ins Innere dringen und dort das gewisse Bienenkorbgesurre ersticken. Nie habe ich einen ähnlichen Enthusiasmus gesehen. Man geht zwischen Leuten, die vor Erregung bleich sind, zwischen zappelnden Rindern, Frauen mit berauschten Gebärden. Capoul singt diese Marseillaise auf dem Börsenplatz vom Verdeck eines Omnibusses aus, und auf dem Boulevard singt sie die Marie Sasse, in ihrem Wagen stehend, und der Wagen wird von dem Entzücken des Volkes fast in die Lüfte gehoben.

Aber jene Depesche, die die Niederlage des Prinzen von Preußen mitteilt und die Gefangennahme von 25000 Deutschen, diese Depesche, die im Inneren der Börse, wie man sagt, angeschlagen ist, die Depesche, von der mir Leute erklären, sie hätten sie selbst gelesen, und zwar die gleichen Leute, in deren Mitte ich sie nun selbst dort suche, diese Depesche, die – infolge einer sonderbaren Halluzination – die Leute noch zu sehen glauben, indem sie mit dem Zeigefinger auf ein Stück Mauer hindeuten, wo nichts ist, und dazu sagen: »Da –! da –! da –!« – diesen Depeschenanschlag kann ich nicht entdecken, trotzdem ich ihn suche und immer wieder suche, in allen Ecken der Börse suche ...

Sonntag, 7. August. – Ein entsetzliches Schweigen auf dem Boulevard. Nicht ein Wagen rollt, in der Stadt selbst nicht ein Schrei eines frohen Kindes, und am Horizont ein Paris, in dem das Geräusch längst gestorben zu sein scheint.

Montag, 8. August. – Ich fühle meine eigene Einsamkeit weniger in der Mitte dieser großen erregten

Mengen, so schleppe ich mich in ihnen den ganzen Tag umher, so ermüdet, dass ich kaum mehr gehen kann, und doch mechanisch immer weiter gehend.

Mittwoch, 10. August. – Den ganzen Tag lebe ich in der schmerzlichen Aufregung der großen Schlacht, die die Geschicke Frankreichs entscheiden soll.

Sonntag, 14 August. – Traurig über den Tod meines Bruders, traurig über das Geschick des Vaterlandes, halte ich es bei mir zu Hause nicht mehr aus, ich muss in irgendeinem Freundeshause speisen, und so gehe ich aufs Geratewohl und lade mich selbst bei Charles Edmond zum Mittagessen ein.

In dem Hause in Bellevue treffe ich, eben im Begriff, sich zu Tisch zu setzen, Berthelot und Nubar Pascha, einen Europäer, dem der lange Aufenthalt in Ägypten eine Art von orientalisch umgeformten Kopf gegeben hat, und in dessen feiner Diplomatenmaske ein Lächeln gelegentlich die weißen Zähne des Wilden auftauchen lässt. Er spricht von unseren unglücklichen Ereignissen, und Berthelot, den unsere Erniedrigung vor Europa krank und beredt gemacht hat, ja, wirklich beredt, spricht mit erlöschender Stimme von der allgemeinen Unerfahrenheit, vom Favoritentum und sagt, dass die Menschen durch die persönliche Macht immer kleiner und niedriger werden.

Nubar Pascha aber erzählt uns von der Unbarmherzigkeit der Regierung den Schwachen gegenüber. Er erzählt von den Tränen, ja, wahrhaftigen Tränen, die er neununddreißigjährig vergossen hat, infolge einer Besprechung mit unserm Minister der auswärtigen Angelegenheiten über die Forderungen Frankreichs, Forderungen, die, wie er versichert, die ganze Verschuldung Ägyptens herbeigeführt haben.

Dann befragt er Berthelot über die ägyptische Rasse, will wissen, welcher Fluch denn auf ihr ruhe. Warum lässt sie sich nicht vervollkommnen? Warum sind die Söhne der Fellachen minderwertiger als die Fellachen selbst? Warum wird der junge Ägypter, der doch flinker im Lernen ist als der junge Europäer, in seinem vierzehnten Jahr in der geistigen Entwicklung aufgehalten? Warum hat er an allen begabten Ägyptern, die er in der Nähe studieren konnte, seit der Regierung des Muhammed Ali, immer das Fehlen des Gerechtigkeitssinnes bemerken müssen?

Auf dem Heimweg, während der schnelle Wagen galoppiert, wir nach Paris eilen, um Neuigkeiten, Nachrichten zu suchen, erzählt mir Nubar, dass in Abessinien, wenn ein Mord begangen worden ist, die Familie des Ermordeten sieben Tage und sieben Nächte damit verbringt, die Umgebung des Hauses des Mörders mit Flüchen zu erfüllen. Es ist sehr selten, fügt er hinzu, dass der Mörder nicht elend zugrunde geht: »Und nach meinem Gefühl«, sagt er dann, »ist es das Konzert von Flüchen, das nach dem 2. Dezember ausgebrochen ist, das heute wirkt.«

Freitag, 19. August. – Die Aufregung dieser acht Tage hat der Pariser Bevölkerung das Antlitz eines Kranken gegeben. Man sieht auf diesen gelben, verzerrten, verkrampften Gesichtern alle Höhen und Tiefen der Hoffnungen, die die Nerven von Paris seit dem 6. August durchwandert haben.

Beim Lesen der Briefe des Landschaftsmalers Theodor Rousseau fällt mir auf, wie viel Sophismus, wie viel Rhetorik und wie viel, man möchte sagen: »seiltänzerhaftes« Kopfzerbrechen alle großen Begabungen im Zeichnen und der Malerei zeigen, angefangen bei Gavarni bis zu Rousseau.

21. August. – Im Bois de Boulogne. Sieht man diese großen Bäume unter der Axt fallen, mit einem Zittern, wie zum Tode Verwundete, sieht man da, wo einmal grüner Rasenhang war, nun ein Feld voller Splitter, Pfähle und weiß leuchtend die entsetzlichen Drahtverhaue, so steigt einem Hass im Herzen auf gegen diese Preußen, die schuld an diesem Morden der Natur sind.

Ich fahre alle Abende in der Eisenbahn heim mit einem alten Mann, dessen Namen ich nicht weiß; aber es ist ein kluger und gesprächiger Greis, der anscheinend in den verschiedensten Kreisen der Welt gelebt hat und ihre geheime Geschichte kennt. Er sprach gestern vom Kaiser und erzählte in dem Abteil, in dem ich saß, die Geschichte seiner Eheschließung. Die Anekdote, behauptete er, wäre ihm von Morny erzählt worden, der wiederum sagte, er habe sie aus dem Munde des Kaisers selbst. Eines Tages also fragte der Kaiser Fräulein von Montijo mit einer gewissen Eindringlichkeit und an die Wahrhaftigkeit ihrer Worte appellierend, wie man das Ehrenwort eines Mannes anruft, ob sie jemals vorher eine ernsthafte Neigung gehabt habe. Fräulein von Montijo soll geantwortet haben: »Ich würde Sie betrügen, Sire, wenn ich Ihnen nicht eingestände, dass mein Herz schon gesprochen hat, sogar schon mehrere Male, aber eines kann ich Ihnen versichern: Ich bin immer noch Fräulein von Montijo.« Und auf diese Versicherung hin soll der Kaiser ihr gesagt haben: »Nun gut, Mademoiselle, dann werden Sie Kaiserin sein!«

Saint-Victor sagte mir in diesen Tagen – und der ganze Mensch steckt da drin –: »Was für eine Zeit, wo man nicht einmal mehr ein Buch lesen kann!«

Dienstag, 23. August. – Ich treffe auf der Station Saint-Lazare einen Haufen von etwa zwanzig Zuaven, die Reste eines Bataillons, das unter Mac Mahon gedient hat. Es gibt nichts Schöneres, nichts, was mehr Stil hätte, nichts, was plastischer, nichts, was malerischer wäre, als diese von der Schlacht erschöpften Leute. Auf ihnen lastet eine Art von Mattigkeit, die sich mit keiner anderen vergleichen lässt, ihre Uniformen sind verbraucht, entfärbt, gebleicht, als hätten sie die Sonne und den Regen langer Jahre getrunken.

Heute Abend, bei Brébant, stellen wir uns zum Fenster, hingezogen durch die begeisterten Zurufe, mit denen die Menge ein vorüberziehendes Regiment begrüßt. Renan zieht sich aber bald wieder zurück, mit einer Bewegung der Verachtung und diesen Worten: »Unter all den Leuten da gibt es nicht einen einzigen Menschen, der einer wirklich tugendhaften Handlung fähig wäre.«

»Wie? Nicht einer einzigen wirklich tugendhaften Handlung?« ruft man ihm zu. »Ist sie nicht eine tugendhafte Handlung, die Aufopferung, mit welcher sich diese ewig Anonymen, diese Ungenannten, die nie Ruhm ernten werden, dem Tode hingeben?«

25. August. – Ich betrachte mir mein Haus, vollgestopft mit Büchern, Stichen, Zeichnungen, Kunstwerken. Wenn all das verbrennt, entstehen Lücken in der Geschichte der französischen Kunst – und doch, um diese Dinge, einst Ziel meiner Liebe, zu retten, fehlt mir die Energie des Wunsches.

Sonntag, 28. August. – Im Bois de Boulogne, da wo man bisher nur Seide und reiche Stoffe gesehen hat, bemerke ich heute zwischen dem Grün der Bäume ein großes Stück blauer Bluse. Es ist der Rücken eines Hirten; neben ihm steigt eine kleine Säule weißen Rauches auf, und rings um ihn herum weiden Hammel, die, da kein Gras da ist, an den Blättern der vergessenen Faschinen knabbern. Überall Hammel, und in dem Graben eines Seitenpfades liegt auf der Seite ein verendeter Widder, der Kopf mit den zurückgebogenen Hörnern ganz flach, da, und ein bisschen rot gefärbtes Wasser tröpfelt heraus und erweitert langsam einen roten Fleck im Sande, – und diesen Kopf beschnuppert, wie in einem Kusse, jedes kleine Schaf, das vorbeikommt.

In den Alleen, in denen sonst die Kaleschen fahren, irren ganze Trupps wilder, verstörter Rinder herum. Einen Augenblick ist es, als würden sie toll. Durch alle Öffnungen, durch alle Löcher des Baumschlags sieht man diese Herde von hunderttausend verstörten Tieren einem Tor, einem Ausgang, einer Öffnung zustürzen; es sieht so aus, wie eine Lawine auf einem der wilden Blätter des Benedetto Castiglione.

Und der Teich von Auteuil ist zur Hälfte ausgetrunken von den Tieren, die mitten im Schilf kniend trinken.

30. August. – Vom Verdeck des Auteuil-Omnibusses bemerke ich, als wir vom Trocadero herabfahren, auf der großen grauen Weite des Marsfeldes ein Ameisengewimmel kleiner roter Punkte und kleiner blauer Punkte in der besonnten Klarheit: Liniensoldaten.

Ich klettere herab, und nun bin ich mitten in diesem schimmernden Gewimmel, zwischen kleinen Küchen, wo der Blechtopf auf offenem Feuer kocht, zwischen diesen Plein-air-Toiletten, wie sie die schön weiß geplätteten Hemdärmel ergeben, zwischen Zelten in einem schattigen, dreieckigen Felde, wo man den lohfarbenen Kopf eines Infanteristen im Stroh sieht, neben ihm die Feldflasche. Soldaten füllen ihre Feldflaschen bei einem Weinhändler, der mit einem Handwagen herumfährt, andere umarmen eine Verkäuferin grüner Äpfel, die dazu lacht ... Ich spaziere herum in dieser Bewegung, in diesem lebhaften Treiben, in dieser Heiterkeit des französischen Soldaten, der bereit ist, in den Tod zu marschieren, und da ertönt plötzlich neben mir die zerbrochene Stimme eines alten, krummbeinigen Mannes, der aus einer Geschichte von E. Th. A. Hoffmann zu kommen scheint und ruft: »Federn, Briefpapier!« Es ist ein Ton in einer ganz andern, seltsamen Melodie, ein trübes Memento, eine Todesankündigung, allerdings diskret formuliert, aber sie will doch sagen: »Meine Herren Soldaten, wie wäre es, wenn man gelegentlich ein wenig Zeit aufbrächte, um an sein Testament zu denken?«

31. August. – Heute Morgen, mit Sonnenaufgang, beginnt der Abbruch der Häuser in der Militärzone, dazwischen ziehen die Wagen, vorstädtische Übersiedelungen besorgend, vorbei und erinnern an den Nomadenzug eines alten Volkes. Sonderbare Winkel halb demolierter Häuser mit Resten verschiedenartigsten Hausrats werden sichtbar: so der Laden eines Friseurs, dessen ins Leere starrende Fassade noch den vergessenen kurulischen Stuhl aufweist, auf dem die Wäscher sich am Sonntag den Bart scheren ließen.

2. September.– Ich stoße beim Verlassen des Louvre auf Chennevières, der mir erzählt, dass er morgen nach Brest reist, um den dritten Transport der Louvre-Bilder zu begleiten; man hat sie aus ihren Rahmen genommen, zusammengerollt, und schickt sie nun, um sie vor den Preußen zu retten, nach dem Arsenal oder dem Bagno von Brest. Er schildert mir das traurige und erniedrigende Schauspiel dieser Packerei, und wie Reiset heiße Tränen geweint hat, als man die »Belle Jardiniere« in ihre Kiste legte, wie vor einem Lieben, der einem gestorben ist, und dessen Sarg gleich zugenagelt werden soll.

Abends nach dem Essen gehen wir nach der Eisenbahnstation der Rue d'Enfer, und ich sehe dort die siebzehn Kisten, welche die Antiope, die schönsten Venezianer usw. enthalten, – diese Bilder glaubten sich schon für alle Ewigkeit an die Wände des Louvre geheftet, und nun sind sie nichts als Pakete, geschützt gegen die Abenteuer ihres Auszugs nur durch das arme Wort *zerbrechlich*.

3. September. – Nein, in diesem großen entsetzlichen Unbekannten, das einen umringt und erstickt, leben, heißt nicht mehr – *leben*.

Ach, was für einen Anblick bietet Paris heute Abend unter dem Schlag der Nachricht von der Niederlage Mac Mahons und der Gefangennahme des Kaisers. Wer könnte die Niedergeschlagenheit der Gesichter schildern, das Hin- und Hergehen der Leute mit ungewissen Schritten, die aufs Geratewohl auf dem Asphalt klappern, die schwarzen Mengen um die Bürgermeistereien herum, den Sturm auf die Zeitungskioske, die dreifache Reihe der Zeitungsleser vor jeder Gaslaterne, die ängstlichen Seitenbemerkungen der Hausmeister und Krämer an den Haustüren und, in den Hinterstuben der Läden, die Frauen verzweifelt auf Stühlen sitzend, sie, die man allein, von ihren Männern verlassen ahnt? ...

Dann aber kommt das grollende Lärmen der Menge, bei der auf das Staunen nun die Wut folgt; Banden streifen über den Boulevard und schreien: »Rache! Es lebe Trochu!« Kurz und gut, das aufrührerische und wirre Schauspiel einer Nation, die entschlossen ist, sich durch das *Unmögliche* revolutionärer Zeitläufe zu retten.

4. September. – Hier herrscht heute Morgen unter einem grauen Himmel, der alles traurig erscheinen lässt, ein Schweigen der Erde, das Furcht einflößt.

Gegen vier Uhr sieht es draußen vor der Kammer so aus: Von dem grauen Ton der Fassade hebt sich vor und zwischen den Säulen auf den Stufen der Freitreppe eine zusammengerottete Menge ab, ein Haufen Männer, in dem die Blusen weiße und blaue Flecke neben dem Schwarz des Tuches bilden, Männer, von denen die meisten Zweige in den Händen oder doch Sträuße grüner Blätter an ihre schwarzen Hüte gesteckt haben.

Plötzlich streckt sich eine Hand weit über alle Häupter und schreibt an eine Säule in großen roten Buchstaben die Liste der Mitglieder der provisorischen Regierung, indes zu gleicher Zeit auf einer anderen Säule in schwarzer Kohle die Worte erscheinen: » *Die Republik ist proklamiert.*« Nun erheben sich Beifallsrufe, Schreie, Hüte werden in der Luft geschwungen, Leute erklettern die Sockel der Denkmäler, ein Mann in einer Bluse beginnt in aller Seelenruhe auf den steinernen Knien des Schatzkanzlers vor dem Hospital seine Pfeife zu rauchen, und, eng wie die Beeren einer Weintraube, klammern sich Frauen an das nach dem Pont de la Concorde zu liegende Tor.

Überall um einen herum hört man Leute einander ansprechen mit den Worten: »Nun ist es so weit!« Hoch oben am Giebel entfernt ein Mann von der Trikolore das Blau und das Weiß----- und lässt nur noch das *Rot* flattern.

Auf der Terrasse, die nach dem Quai d'Orsay geht, bieten die Liniensoldaten den Frauen über die Brustwehr hinweg grüne Zweige, die eine der anderen aus den Händen reißt.

Am Tuilerientor in der Nähe des großen Bassins sind die vergoldeten »N« unter alten Zeitungsblättern versteckt, und Immortellenkränze hängen an der Stelle der entfernten Adler.

Am großen Tor des Palastes sehe ich auf den beiden schwarzen Marmortafeln mit Kreide angeschrieben: *A la Garde des Citoyens.* An der einen Seite ist ein Mobilgardist in die Höhe geklettert, den Kopf unter dem Käppi nach arabischer Art mit dem Taschentuch umschlungen, auf der andern Seite hält ein junger Liniensoldat der Menge seinen Tschako hin: »Für die Verwundeten der französischen Armee.« Und Männer in weißer Bluse, mit dem einen Arm die Säulen des Peristyls umschlingend und eine Hand auf ein Gewehr gestützt, schreien: »Freier Eintritt zum Basar!« Indessen stürzt die Menge hinein, und ein unendliches Gelärme ergießt sich in das Stiegenhaus des nun von der Menge gestürmten Palastes.

Auf den Bänken, an den Küchen, sitzen Frauen, haben Kokarden ins Haar gesteckt, und eine junge Mutter tränkt in aller Ruhe ein ganz kleines Kind, das in seinen weißen Windeln daliegt.

Überall in der ganzen Rue de Rivoli kann man an den vom Alter geschwärzten Steinen lesen: »*Wohnungen zu vermieten*«, und mit der Hand geschriebene Anzeigen tragen die Inschrift: »Tod den Räubern! Achtung vor dem Privateigentum!«

Bürgersteige, Straßen, alles ist voll, alles ist bedeckt von Männern und Frauen, die sich aus ihren Wohnungen hierher ergossen haben auf das Straßenpflaster, sich gleichsam einen Großstadtfesttag gemacht; ja, eine ganze Million menschlicher Wesen scheint vergessen zu haben, dass die Preußen nur drei oder vier Tagemärsche von Paris weit sind, und so gehen sie in dem heißen und berauschenden Tageslicht aus auf Abenteuer, gedrängt von der fieberhaften Neugierde, die aufgestachelt ist von dem großen historischen Drama, das sich abspielt.

In der Rue de Rivoli von oben bis unten Truppen, die vorbeiziehen und die Marseillaise singen. Nichts fehlt zu der Schau dieses Tages, nicht einmal die Bettsch... der Revolutionen, und ein offener Wagen führt, mit großen Fahnen geschmückt, Männer mit langen Bärten und roten Nelken herum, in ihrer Mitte umarmt ein betrunkener Turko eine berauschte Frau ...

Es ist fünf Uhr am Hotel de Ville. Das Monument der freien Stadt, unten im Schatten, erglänzt oben in einer so starken Sonne, dass der Blick zur Uhr geblendet wird. An den Fenstern des ersten Stockwerkes Blusen und Röcke bis hoch hinauf zu den obersten Fensterkreuzen; im ersten Rang sitzen sie, lassen die Beine über das Bauwerk hinausschlenkern und gleichen einem gigantischen »Paradies« von Straßenjungen in einer Renaissancedekoration.

Auf dem Platz wimmeln die Menschen wie Ameisen. Wagen, in denen sich die Neugierigen in die Höhe recken, halten an, bleiben stehen, Gassenjungen klammern sich an die Laternen, und aus dieser Zusammenrottung vom Fieber erfasster Kreaturen steigt ein dumpfer Lärm in die Höhe.

Von Zeit zu Zeit fallen aus den Fenstern kleine Papierfetzen, die die Menge aufnimmt und wieder in die Luft wirft, und das sieht fast so aus, wie das Gestöber weißer Schneeflocken über den Köpfen. »Die Lumpensammler bekommen jetzt gute Tage!« sagt ein Mann aus dem Volk von diesen Papierchen; es sind die im Voraus gedruckten Wahlzettel der Volksabstimmung vom 8. Mai mit dem vorgedruckten »Ja«!

Und dann, von Zeit zu Zeit erscheinen Gestalten von der äußersten Linken, die man um mich herum beim Namen nennt; sie pflücken die Hochrufe und Grüße der Menge; Rochefort zeigt einen Augenblick seine gesträubte Mähne, sein nervöses Gesicht, und wird begeistert als der künftige Retter Frankreichs begrüßt.

Auf dem Rückweg durch die Rue Saint-Honoré geht man auf den Trottoirs auf Stücken vergoldeten Stuck; die waren einmal, vor zwei Stunden, Wappenschilde mit den kaiserlichen Zeichen an den Läden der Hoflieferanten der hochseligen Majestät; man begegnet Banden, in denen kahlköpfige Menschen mit entblößtem Kopf, mit epileptischen Gebärden das auszudrücken suchen, was ihre heiseren Stimmen, ihre tonlosen Kehlen nicht mehr schreien können.

Ich weiß nicht recht, aber ich habe kein Vertrauen, ich kann in dieser plärrenden Plebs die ersten braven Leute der alten Marseillaise nicht wiederfinden, mir kommt es vor, als wäre das alles doch nur ein altes Gelump in Freude und Verzückung, skeptische Lumpen, die politischen Unfug treiben und in der linken Brust doch gar nichts für die großen Opfer, die man dem Vaterlande bringen muss, übrighaben.

Ja, die Republik! In solchen Augenblicken glaube ich wirklich, dass nur die Republik uns noch zu retten vermag, aber eine Republik, wo es hoch oben einen Gambetta gäbe, für die dekorative Wirkung, in die man aber sonst die wahren und die seltenen Fähigkeiten des Landes zu berufen hätte; nicht aber eine Republik, die fast ausschließlich zusammengesetzt ist aus Mittelmäßigkeiten und aus allen Dummköpfen, den alten und den jungen, der äußersten Linken.

Heute Abend verkaufen die Blumenfrauen überall auf den Boulevards nur rote Nelken.

Dienstag, 6. September. – Beim Brébant-Diner treffe ich Renan, der ganz allein an dem großen Tisch des roten Salons sitzt, eine Zeitung liest und dazu mit den Armen verzweifelte Bewegungen macht.

Saint-Victor kommt an, lässt sich in einen Sessel fallen und ruft, als hätte er eben eine entsetzliche Vision gehabt: »Die Apokalypse ... die weißen Pferde!«

Nefftzer, du Mesnil, Berthelot u. a. kommen, einer nach dem andern, und man diniert, indes trostlose Worte vom einen und vom andern fallen. Man spricht von der großen Niederlage, von der Unmöglichkeit, Widerstand zu leisten, von der Unfähigkeit der Männer, die die Défense nationale bilden, von ihrer trostlosen Einflusslosigkeit beim diplomatischen Korps, bei den neutralen Regierungen. Man kennzeichnet auch jene preußische Wildheit, die die Zeiten Genserichs wiederbringt.

Zu diesem Punkt sagt Renan: »Die Deutschen haben wenig Genüsse, und der größte, den sie sich verschaffen können, steckt im Hass, im Gedanken und der Durchführung der Rache.« Und dann ruft man sich den lebhaften Hass wieder in Erinnerung, der sich seit Davout angehäuft hat, in Deutschland an den Hass, der aus den Pfalzkriegen vererbt worden war, sich anschloss, und dessen wütenden Ausdruck ich noch in dem Mund jener alten Frau lebendig fand, die mir vor einigen Jahren das Heidelberger Schloss zeigte.

Und da sagt einer von uns, dass gestern, ja erst gestern, ein Herr von der Eisenbahnverwaltung ihm Folgendes erzählt hat: Er hielt sich vor ein paar Jahren in Karlsruhe bei dem bevollmächtigten Gesandten auf und hörte, wie der zu einem seiner Freunde, der sehr galant und ein großer Weiberfreund war, sagte: »Hier, lieber Freund, werden Sie nichts ausrichten; die Frauen sind zwar sehr leicht zu haben, aber die Franzosen lieben sie nicht!«

Einer wirft ins Gespräch die Worte: »Die Präzisionswaffen widerstreben dem französischen Temperament; – geschwind losdrücken, dann mit dem Bajonett vorwärts stürmen, das ist's, was unser Soldat braucht; wo das nicht möglich ist, ist er gelähmt. Die ›Mechanisierung‹ des Individuums ist nicht sein Fall. Und das gibt den Preußen für den Augenblick die Überlegenheit.«

Renan, bisher über seinen Teller gebeugt, hebt den Kopf und sagt: »In allen Dingen, die ich studiert habe, ist mir immer die Überlegenheit des deutschen Verstandes und der deutschen Arbeit aufgefallen. Kein Wunder, dass sie es in der Kriegskunst, die schließlich nur eine untergeordnete, aber komplizierte Kunst ist, zu derselben Überlegenheit gebracht haben, die ich, ich wiederhole es, an allen Dingen, die ich studiert habe, von denen ich weiß, festgestellt habe ... Ja, meine Herren, die Deutschen sind eine überlegene Rasse.«

»Oho! oho!« ruft man ihm von allen Seiten zu.

»Jawohl, uns sehr überlegen,« fährt Renan lebhaft werdend fort: »Der Katholizismus ist eine ›Kretinisierung‹ des Individuums: Die Erziehung durch die Jesuiten oder die Brüder der christlichen Schule hemmt und unterdrückt jede *summative* Eigenschaft, während der Protestantismus sie entwickelt.«

Die sanfte und kränkliche Stimme Berthelots ruft die Geister aus den Höhen der Sophistik hinab zu der drohenden Wirklichkeit; er sagt: »Meine Herren, Sie wissen vielleicht nicht, dass wir rings von gewaltigen Petroleummengen umgeben sind, die an den Toren von Paris abgelagert sind und wegen des Einfuhrzolls nicht hereinkommen; wenn die Preußen es nehmen und in die Seine gießen, machen sie aus Ihr einen Feuerstrom, der beide Ufer verbrennt. So haben die Griechen die arabische Flotte verbrannt ...« – »Und warum teilt man das Trochu nicht mit?« – »Hat er denn Zeit, sich mit allem und jedem zu beschäftigen?« Und Berthelot fährt fort: »Wenn man die Schleusen des Marnekanals nicht in die Luft sprengt, wird die ganze schwere Belagerungsartillerie der Preußen kommen, wird wie auf Rädern im Spiel bis unter die Mauern von Paris kommen, aber denkt man überhaupt daran, die Schleusen in die Luft zu sprengen? ... Und solche Dinge könnte ich Ihnen bis morgen früh erzählen.«

Und als ich ihn frage, ob er hoffe, dass aus dem Komitee, dem er vorsteht, ein Werkzeug der Zerstörung hervorgehen wird, jammert er: »Nein, nein, man hat mir weder Geld noch Arbeiter gegeben, und ich bekomme jeden Tag 25o Briefe, die mir keine Zeit zu irgendwelchen Versuchen lassen. Die Dinge liegen nicht so, dass man nicht etwas versuchen, vielleicht auch finden könnte, aber die Zeit fehlt! Es fehlt an Zeit, Versuche im Großen zu machen ... und dann erst die Annahme durchsetzen!! Da gibt es ein großes Tier bei der Artillerie, dem erzähle ich letzthin vom Petroleum. »Ja,« hat er mir zur Antwort gegeben: »Ja, das hat man im neunten Jahrhundert benutzt.« »Aber die Amerikaner«, – wende ich, »haben in ihrem letzten Kriege –«. »Das stimmt schon,« wehrt er ab, »aber die Verwendung ist gefährlich, und wir wollen nicht in die Luft fliegen.« »Sehen Sie,« fügt Berthelot hinzu, »so ist es überall!«

Und dann wendet sich das Tischgespräch zu den voraussichtlichen Bedingungen des Königs von Preußen: Abtretung eines Teiles der gepanzerten Flotte und neue Grenzfestlegungen, die man auf einer Hetzel gehörigen Karte gesehen hat und die Frankreich ganze Departements nehmen würde.

Man befragt Nefftzer, der auf die Frage keine direkte Antwort gibt, sondern mit seinem unter dem lauten Lachen so fein spöttischen Skeptizismus und mit seinen unter dem kräftig elsässischen Akzent so boshaft beißenden Ausdrücken sich über Gambetta lustig macht, der nach Straßburg als Bürgermeister einen Maire schickte, der, wie er wisse, ausgerissen sei und nun einen Bürgermeister ersetzen soll, der sich tapfer geschlagen habe. Auch X... klagt er an, er habe sich ein Vermögen bei den Festungsbauten gemacht, und dann beschuldigt er Offiziere der Genietruppen, sie ließen in die Listen der Unternehmer dreihundert Arbeiter eintragen, wo nur fünfzig wirklich arbeiten.

Renan, der sich eigensinnig und hartnäckig an seine These von der Überlegenheit des deutschen Volkes klammert, fährt fort, sie seinen beiden Tischnachbarn näher zu entwickeln, bis du Mesnil ihn mit der ausfälligen Bemerkung unterbricht: »Nun, was das Unabhängigkeitsgefühl Ihrer deutschen Bauern anbelangt, so kann ich, der ich in Baden Jagden beigewohnt habe, sagen: mit Fußtritten in den Hintern schickt man sie die Jagdbeute zusammenlesen.«

»Ach Gott,« sagt Renan, von seinem Leitsatz ganz abirrend, »mir sind die Bauern, denen man Fußtritte in den Hintern versetzt, immer noch lieber als unsere Bauern, die das allgemeine Wahlrecht zu unsern Herren gemacht hat, als Bauern, die ... als, nun als das inferiore Element der Zivilisation, das uns *diese* Regierung auferlegt hat und sie uns zwanzig Jahr lang hat ertragen lassen.«

Berthelot fährt noch fort mit seinen trostlosen Enthüllungen, bis ich am Ende rufe: »Also alles ist zu Ende, alles aus, und uns bleibt nichts übrig, als ein Geschlecht aufzuziehen, das uns rächt!«

»Nein, nein,« ruft Renan, der aufgesprungen ist und einen ganz roten Kopf bekommen hat, »nichts von Rache! mag Frankreich untergehen, mag das Vaterland untergehen, es gibt noch darüber ein Königreich der Pflicht, der Vernunft ...«

»Nein, nein,« brüllt die ganze Tafelrunde, »über dem Vaterland gibt es nichts!« »Nein,« überheult Saint-Victor alle ganz zornig, » *ästhetisieren* wir nicht, lassen wir *Byzanz* sein; pfui, Sch..., es geht nichts über das Vaterland!«

Renan hat sich erhoben und spaziert um den Tisch herum; sein Gang ist unausgeglichen, er fuchtelt mit seinen Ärmchen in der Luft umher, zitiert laut Bruchstücke aus der Heiligen Schrift und erklärt: »Da steht schon alles drin ...«

Dann tritt er ans Fenster, unter dem das sorglose Paris hin und her wandert, und sagt mir: »Sehen Sie, da ist, was uns retten wird: die Schwäche dieser Bevölkerung.«

8. September. – Es ist trotz allem aufreizend, bei jeder Gelegenheit immer wieder hören zu müssen: »Da ist der Kaiser schuld daran!« Und dabei ist es hochherzig von mir, das aufzuschreiben, von mir, der ich für vier Verse, die

ich aus der Literaturgeschichte Sainte-Beuves, einem von der Akademie preisgekrönten Werke, zitiert hatte, auf die Anklagebank gezerrt wurde, und zwar von dieser kaiserlichen Regierung, und der ich, was es nie in einem Pressprozess gegeben hatte, zwischen Gendarmen sitzen musste. Und doch, es ist aufreizend; denn wenn die Generäle unfähig waren, wenn die Offiziere nicht auf der Höhe waren, wenn – wenn –, da ist der Kaiser nicht schuld! Kein Mensch hat *diesen* Einfluss auf ein Volk, und wenn das französische Volk nicht in sehr schlechter Verfassung gewesen wäre,geradezu sehr krank, die Mittelmäßigkeit des Kaisers hätte den Sieg nicht verhindert.

Wir sollten doch überzeugt sein, dass die Fürsten nichts anderes sind, als die Repräsentanten des sittlichen Zustandes der Mehrheit jener Nation, die sie regieren, und dass sie nicht drei Tage auf ihrem Thron sitzen bleiben würden, wenn sie im Gegensatz mit diesem sittlichen Zustand ständen.

10. September. – Catulle Mendès, in Freiwilligenuniform, kommt bei Peters auf mich zu und gibt mir die Hand.

Ein junger Mann, den ich aus der Kaltwasserheilanstalt kenne, speist neben mir. Er ruft einen Herrn, der vorbeigeht, an: »Wie viel Gewehre haben Sie noch?« – »Ach Gott, so ungefähr 330000, aber ich habe Angst, dass die Regierung sie mir wieder fortnimmt.« Und mein Nachbar erzählt mir, dass der Mann mit den Gewehren ein Genie in seiner Art ist, ein »Hellseher«, der in Geschäften, wo das keiner vermutete, sechs Millionen gemacht hat, dass er auf einen Schlag 600000 Ausschussgewehre, 7 Franken das Stück, kauft und sie für fast 100 pro Stück nach dem Kongo an den König von Dahomey verkauft, und dabei verdient er noch am Elfenbein und Goldstaub, mit dem man ihn bezahlt. Sein Leben ist eine Kette solcher außergewöhnlicher Geschäfte, und zwar immer in solchen Größen: an einem Tag der Ankauf aller Demolierungen von Versailles, am anderen der Export von 100000 englischen W.C's nach China ...

13. September. – Es ist der Tag der großen Revue, der Monstreschau des Volkes in Waffen.

Auf der Eisenbahn sind die Liniensoldaten auf die Waggons geklettert, die runden Kommissbrote stecken auf ihren Bajonetten. In Paris, in allen Straßen und auf den neuen Boulevards der Chaussée d'Antin, sind die Bürgersteige nicht mehr zu sehen, so sehr bedecken graue Massen von Lebewesen den Boden: Eine erste Reihe von Feldsoldaten in weißen Blusen sitzt da, die Füße im Rinnsal; eine zweite Reihe an die Häuser gelehnt oder gelagert. Ein doppelter Zug, glitzernd unter dem Sonnenglanz des schimmernden Stahls, steigt zwischen einer doppelten Hecke bewaffneter Bürger den Boulevard hinauf: die Bajonette der Nationalgarde, die zur Bastille geht; den Boulevard hinunter aberziehen die Bajonette der Feldtruppe nach der Madeleine; und diese Wanderung hat kein Ende.

Aus allen Straßen strömen Nationalgardisten im Rock, im Wams, im Kittel, und mit ihnen ziehen Gesänge, die heute nichts mehr von der gassenbübischen oder Kanaillenhaften Art der letzten Tage haben, in denen sich vielmehr Hingabe wieder zu sammeln scheint, und aus denen der Enthusiasmus heroischer Herzen zum Himmel steigt.

Plötzlich, mitten im Lärm der Trommler ein großes Schweigen der Ergriffenheit; Männerblicke begegnen einander wie zu einem Todesschwur, dann entringt sich diesem heftigen Enthusiasmus ein starker Schrei, einer jener Schreie, die aus der Tiefe der Brust kommen; man grüßt mit »Vive la France!«, »Vive la Republique!«, »Vive Trochu!« den General, der mit seiner Eskorte eilig vorbeigaloppiert.

Es beginnt das Defilee der Nationalgarde; die Gewehre sind geschmückt mit Dahlien, Rosen, roten Schleifen; ein endloser Vorbeimarsch und der Gesang einer Marseillaise, die mehr geflüstert wird als geschrien, lässt weit hinter sich die langsamen Tritte der Männer sowie die sonoren und frommen Kadenzen eines männlichen Gebetes.

Sieht man so in den Reihen die Bürgerröcke neben den Joppen, die grauen Barte neben den noch Bartlosen, sieht man diese Väter, von denen einzelne noch ihre kleinen Töchter an der Hand führen, in Reih und Glied die Männer aus dem Volk und die Bürger, alle plötzlich Soldaten geworden und bereit, zu sterben, so fragt man sich, ob nicht eines jener Wunder geschehen wird, wie sie Völkern, die den wahren Glauben haben, zu Hilfe kommen.

Ich steige zum Montmartre hinauf, zum Moulin de la Galette; zu den Füßen der pittoresken Mühle, über die sich der Efeu zwischen alten Stuckfiguren schlingt, treffe ich das neugierige Paris, das sich an der Marinebatterie, die hier im gelben Sand aufgestellt ist, ergötzt.

Männer und Frauen blicken in die Ferne nach den großen weißen Rauchwolken, die aus den grünen Wäldern von Bondy und Montmorency aufsteigen, und einem Dorf, das in der Mitte dort brennt, aufflammend wie das Feuer der Esse einer Schmiede. Während ich in die Ferne sehe, sagt eine alte Frau, die noch ihren Provinzakzent bewahrt hat, zu mir: »Ist das möglich, dass man alles so niederbrennt?« Man spürt bei dieser alten Frau eine Empfindung, die der weiblichen Pariser Bevölkerung um mich herum völlig fehlt: die Bindung an die Natur, an die Bäume, an alles, was ihre Kindheit war.

Ich steige hinauf bis La Chapelle. An den schmutzig gefärbten Fassaden der Häuser der Vorstadt Saint-Denis sieht man nichts als an die Mauern gelehnte Gewehre. Unter den moosbewachsenen ländlichen Bogen der großen Haustore wiederum nichts als Gewehre. Jeder Mensch, der da vor der Tür eines Wirtshauses isst oder trinkt, hat sein Gewehr zwischen den Beinen, Arbeiter, die Lederschürze über den Leib, lassen vor ihren Frauen den Mechanismus ihres altmodischen Hinterladers spielen, indes sich aus der kleinen Türe der Mairie ein Strom von Blusenmännern ergießt, die ihre Gewehre knattern lassen.

Auf der Chaussee drängen und eilen die letzten verspäteten Flüchtlinge, im Handwagen zieht der vorgespannte Mann das Mobiliar, von hinten stößt das Weib. In der Mitte türmen sich riesige Karren, vorne Fässer, in der Mitte Geflügelkörbe, hinten Betten und Matratzen unter einer gespannten Plane, unter sie hineingeschmiegt Frauen und Kinder.

Und nun kommt der Einzug des Grünzeugs, all dessen, was die Felder der Marktleute nicht für die Feinde behalten dürfen: Karren mit Kohl, Karren mit Kürbissen, Karren mit Lauch in langsamem Zuge unter einem grauen Himmel, den in großem Zickzack ein Orangestreifen schneidet; und auf den Trottoirs und zwischen den Rädern der Wagen bewegt sich ein ganzes Volk von Auswanderern, Männer und Frauen, die auf ihre Körper gehängt noch die letzten Reste ihrer Felder tragen, oder die barocken Überbleibsel aus diesen Wohnungen jenseits der Bannmeile. Ich bemerke ein ganz kleines Mädchen, dem von der einen Schulter an einem Strick ein Paar Reiterstiefel herabhängt und das in der freien Hand einen alten vergoldeten Barometer trägt.

Abends. Ich gehe nach Montmartre zurück, steige über die Höhen und Treppen dieser arabischen Stadt, durch die sonderbaren Gassen, die die Nacht beinahe fantastisch erscheinen lässt. Dieser Brand, jener flammenleuchtende Himmel, dieser lohende Horizont, all das, was die Einbildung sich von den brennenden Wäldern erwartete, all das, was die im Schatten sich drängende Menge zu sehen begehrt – es ist nichts, nichts als eine Linie, die den Horizont mit einer elenden Reihe halb verlöschter Straßenlaternen abschließt.

15. September. – Bei Burty erzählt ein junger Journalist, dass er soeben in der Rue de Turenne Kaninchen nach dem Scheffel hat verkaufen sehen. Sodann macht er sich daran, hübsch und geistreich den kommenden Heroismus zu verspotten, dazu sich selbst, der bereit ist, sich töten zu lassen, ja schließlich verspottet er sogar den Patriotismus seiner eigenen Artikel. Dieser Spott, immer dieser Spott – daran sterben wir, daran mehr als an irgendetwas anderem. Und ich schmeichle mir, der Erste gewesen zu sein, der das aufgeschrieben hat.

Sonnabend, 17. September. – In Boulogne haben nur noch der Schlächter, der Wirt und der Barbier offen. In dem verlassenen Städtchen stehen die Spediteurwagen ohne Pferde, davor Matratzen und Bettzeug auf das Trottoir geworfen. Da und dort sitzen auch ein paar alte Weiber in der Sonne, vor dem Eingang einer dunklen Straße; sie beharren eigensinnig darauf, hierzubleiben, wollen dort sterben, wo sie gelebt haben. In den verlassenen und unbelebten Seitengassen trippeln die Tauben über das Pflaster, wo sie nun kein lebendes Wesen mehr stört. Und in dieser völligen Abwesenheit alles *menschlichen* Lebens bilden die aufbrechenden Blüten und die blumigen Gartenwinkel mit ihrer frohen Sonne einen seltsamen Kontrast.

Zwei oder drei Weiber, in den Läden der Hauptstraße zurückgeblieben, zittern bei jedem Schlag der Kanonen, trotzdem nur geübt wird. Eine von ihnen, mit einem jungen Gesicht, aber grauen Haaren, die Augen vom Weinen rot, fragt mich, gedrängt von dem Kummer, der die Frauen schwatzhaft macht: »Ist es nicht sehr traurig, Herr? ... Ich, ich habe einen Sohn, verwundet und gefangen in Danzig. Er schreibt mir, dass es ihm recht schlecht geht, dass es dort kalt ist wie im strengsten Winter. Ich habe ihm 40 Franken geschickt, er hat sie nicht bekommen; ich kann ihm nichts mehr schicken, ich habe nichts mehr. Mein Mann geht heute Abend hinaus, und ich habe eine Tochter, die immerzu krank ist.«

Ich gehe ein wenig tiefer in den Park hinein: Niemand ist da außer einem Zuaven, der sich melancholisch zwischen den gigantischen steinernen Fröschen des Wasserfalls die Füße wäscht; in der Ferne ziehen abgerissene Kerle vorbei, bewaffnet mit Gewehren und Pistolen, auf dem Weg zum Wildern. Bald höre ich auch die Schüsse ...

Auf dem Boulevard des Italiens, wo alle Geschäfte mit Ausnahme der zwei Läden des Waffenhändlers Marquis und seines Nachbarn, des Büchsenmachers, geschlossen sind, ist es fast schwarze Nacht. Ein paar Spaziergänger irren in dieser Dunkelheit herum, mit kleinen Schritten und gelangweilten Blicken, die einen Moment bei den neuen Industrien unter freiem Himmel haltmachen: den Händlern mit Degenstöcken und Feldflaschen und den Leuten, die Lederpanzer gegen die Bajonettstiche zu verkaufen haben. An einem kleinen Tisch handelt ein Jude mit den Nummernabzeichen der Uniformkappen und mit Nadeln zum Reinigen der Chassepotgewehre.

An der Ecke der Rue Drouot ist wie immer ein Zusammenlauf, und in dem Lichtkreis, den die Gasflammen der Cafés am Eingang der Passage Jouffroy ergeben, hängen über den Käppis, die alle Köpfe zieren, an einem Strick, den man zwischen zwei Bäume gespannt hat, blöde Karikaturen auf den Kaiser und die Kaiserin.

Sonntag, 18. September. – Pélagie[1] hat heute bei allen Bäckern von Auteuil zusammen nur für einen Sou Brot bekommen.

19. September. – Die Kanonen donnern den ganzen Morgen über. Um elf Uhr bin ich am Tor von Point-du-Jour. Unter der Eisenbahnbrücke stehen Weiber, die einen gelehnt an die noch unfertige Mauer, andere sind auf Kalk- und Schutthaufen gestiegen, wieder andere auf Leitern geklettert, und so horchen sie ängstlich nach der Sèvresbrücke hinaus, während unter ihnen Bataillone, die ins Feuer gehen, vorbeiziehen und sich nur schwer einen Weg bahnen zwischen den letzten heimkehrenden Bewohnern *extra muros*, die vor sich her ihre bepackten Karren schieben, und Haufen von Flüchtlingen.

Man fragt diese Leute aus: Unter ihnen gibt es Liniensoldaten vom 46., bis über die Knie hinauf mit Kot bedeckt, vier oder fünf Zuaven, von denen einer eine Schramme im Gesicht hat: Und diese Leute scheinen alle Mutlosigkeit um sich herum auszubreiten, durch jedes ihrer Worte, ihre verstörten Köpfe, ihre feigen Mienen.

Aber trotz dieses Bildes des Rückzugs, der Auflösung, der Panik erwarten die Feldsoldaten ihre Befehle, sind in dem Gewirr der nicht mehr disziplinierten Korps zwar ein wenig bleich, aber entschlossen.

In diesem Augenblick zieht ein Bataillon Munizipalgarde in der kriegerischen Haltung alter Truppen vorbei, und ein Offizier, der eben an der Brücke wendet, bemerkt den Zuaven mit der Schramme und schreit der Menge zu: »Man soll den Zuaven festnehmen; sie haben sich heute früh davongemacht!« Und bald darauf sehe ich den Zuaven festgenommen und ins Feuer zurückgeführt.

Nun kommt ein Bataillon Feldsoldaten zurück, einer von ihnen hat eine preußische Epaulette an der Spitze seines Bajonetts.

Dann kommt ein Leiterwagen, drin drei verwundete Zuaven; man sieht nichts von ihnen als die Spitzen dreier Gewehre und gelbe Gesichter unter roten Mützen.

Die Feldsoldaten tummeln sich um mich herum, fiebernd, ungeduldig, verlangen ins Feuer zu kommen, singen die Marseillaise und beginnen ein Feuerwerk mit ihrer Munition, die sie ausprobieren.

Ich komme gerade in dem Augenblick zum Point-du-Jour zurück, als ein kleiner Zug Zuaven heimkehrt. Sie sagen, das sei alles, was von ihrem Korps, das 30000 Mann stark war, übrig geblieben sei. Sie erzählen, dass die Preußen, 100 000 Mann stark, im Walde von Meudon seien, dass die Armee

---

[1] Pélagie ist die in den Tagebüchern der Goncourts oft genannte Wirtschafterin der Brüder.

von Vinoy zerstreut worden sei, wie die Schrotkörner eines Jagdgewehrs. Man spürt an diesen Berichten die wahnsinnige Furcht, die Halluzinationen einer Panik.

Ein hübsches Bildchen an der Porte de Neuilly. Im Durcheinander der stockenden Wagen und der Übersiedlungen hält ein Karren an, der Kärrner verschnauft. Auf dem Karren liegt eine Rosshaarmatratze, quer darüber auf beiden Seiten ein Haufen Stühle, in der Mitte liegt lang ausgestreckt auf einer Steppdecke unschuldig ein junges, aber schon ziemlich großes Mädchen, der Rock ist hinaufgeschürzt über langen Strümpfen, in denen schlanke Rehbeine stecken, und so schläft sie, müde und in aller Seelenruhe, und ein Lächeln öffnet den Mund mit den weißen Zähnchen.

Wieder ein Zug Zuaven in der Nähe der Madeleine. Einer von ihnen lacht ein nervöses Lachen und sagt zu mir, dass es »gar keine Schlacht gegeben hat, dass es gleich ein ›Sauve qui peut‹ gewesen ist, dass er nicht eine einzige Patrone verschossen hat«. Ich bin betroffen über den Blick dieser Menschen; der Blick des Flüchtlings geht in die Ferne, ist vage, scheu, wässerig, er bleibt nirgends haften, hält nicht still.

Auf der Place Vendôme, bei dem Stabe des Platzes, wohin man alle Augenblicke irgendwelche Leute schleppt, die man der Spionage beschuldigt, treffe ich in der Menge Pierre Gavarni, der Hauptmann im Stabe der Nationalgarde ist. Wir gehen zusammen essen, und bei Tisch vertraut er mir an, dass er seit den ersten Niederlagen – er ist als Sekretär Ferri-Pisanis bei Metz und bei Chalons gewesen – erstaunt sei über die in die Leere gehende Erregung aller Leute und über den Mangel an Aufmerksamkeit, den der französische Geist seinen größten Interessen gegenüber bekundet. So ist er schon mehrmals vergeblich bemüht, eine Aufstellung der Gewehre des Mont-Valérien zu holen, er kann sie nicht bekommen.

Heute Abend gab es auf den Boulevards eine Menge, wie man sie an den schlimmen Tagen sieht, eine erregte, wogende Menge, die Unordnung und Opfer will, aus der jeden Augenblick der Schrei erschallt: »Verhaftet ihn!« und schon ist man auf der Spur eines flüchtenden armen Teufels, brutal stürmen Männer los, drängen sich durch die Spaziergänger hindurch, in ihrer Gewalttätigkeit bereit, den Verfolgten in Stücke zu reißen.

Dienstag, 20. September. – Wir sind heute Abend bei Brébant nur sehr wenige: Saint-Victor, Charles Blanc, Nefftzer und Charles Edmond speisen dort. Man spricht von dem Brief Renans an Strauss. Saint-Victor erzählt uns von der Korrespondenz des Kaisers, die man veröffentlichen wird, und über die Mario Proth, der Sekretär der Kommission, ihm einiges erzählt hat. Es soll allem Anschein nach ein Brief darunter sein, mit der Unterschrift eines bekannten Oppositionellen, der vom Kaiser hunderttausend Franken zur Bezahlung seiner Schulden verlangt ... »Sehr gut,« sage ich, »wenn man nur alle diese Briefe veröffentlicht, und wenn Bekanntschaften, Beziehungen, Freundschaften jetzt die einen nicht von der Schande befreien können, die man den andern nur zu leicht bereitet.« – »Ja,« antwortet man mir, »Sie werden begreifen, das ist ziemlich schwer. Da gibt es den Akt Bazaine, den der Pate der Kinder des Marschalls beiseiteschaffen ließ, ...« Ich denke im Stillen an die Gerechtigkeit der Weltgeschichte.

Das Gespräch kommt nun wieder auf die Verteidigung von Paris, und alle Gäste zeigen einen großen Skeptizismus gegen die Zuverlässigkeit dieser Verteidigung, den Heroismus der Feldsoldaten, den Erfolg der Barrikaden.

»Oh! oh!« tönt da die fette, kreischende Stimme Nefftzers, »patriotischer Heroismus, – wir haben so viel davon, dass wir billig welchen abgeben können. Wissen Sie denn nicht, dass es Leute gibt, die Paris in die Luft sprengen wollen? Ich kenne einen, ich mache Sie von vornherein darauf aufmerksam, ja, einen Redakteur des *Reveil*, der Paris mit sechzig Tonnen Petroleum in die Luft sprengen will ... Er sagt, dass das genügt.«

Die Ironie Nefftzers gewinnt alle am Tisch, die wir alle das Bedürfnis empfinden, uns durch bittere Worte zu erleichtern, durch Blasphemien. So wirft einer hin: »Gut, wenn man nun Paris verbrennt, müsste man es in *Hütten* wieder aufbauen, ja, in Hütten, in Schweizerhäuschen ... das Paris Haussmanns!«

»Ja,« antwortet im Chorus der Tisch, »wir werden sehr weise werden müssen, sehr ernst, sehr vernünftig ... Für das Opernhaus muss man dringlichst eine andere Verwendung suchen, es steht nicht mehr im Verhältnis zu unsern Mitteln, wir werden nicht mehr reich genug sein, um uns Tenore zu bezahlen ... Wir werden eine Oper wie die kleinen Provinzstädte haben ... Ja, ja, wir werden verdammt sein, ein – tugendhaftes Volk zu werden.«

Aber wir glaubten unsern eigenen Worten doch noch nicht recht, als plötzlich an unsere Fenster drohende Schreie von unten schlagen: »Nieder mit dem Lupanar! Löscht das Gas aus!« Und wir müssen in der Tat die Lüster auslöschen lassen, gezwungen vom Geschrei eines Pöbels, der unter dem Vorwande, dass er eine Lorette in einem Kabinett gesehen hat, sich das Vergnügen macht, den niedrigen Instinkten des Neides und der Eifersucht gehorchend, die Bürger am Essen zu verhindern, während er natürlich seine Bordelle und seine Bumskneipen offen behält.

Mittwoch, 21. September. – Heute, am Jahrestag der Proklamation der Republik, gibt es eine Kundgebung alter Lumpen und junger Schlingel, die vor sich her eine große Leinwand tragen, auf der eine Freiheitsgestalt gemalt ist, vom Licht der Fackeln, die sie hinter der Leinwand hertragen, durchleuchtet – ein richtiges Transparent aus dem Ambigu, das einem die ganze Freiheit und dies Volk von Komödianten verekeln kann.

Donnerstag, 22. September. – Auf den Höhen des Trocadero stehen in der Zugluft, durch die ununterbrochen das Getrommel vom Marsfeld sonor tönt, Gruppen von Neugierigen, unter ihnen korrekte Engländer, das Etui des Rennglases auf dem Rücken und in den behandschuhten Händen riesengroße Feldstecher. Man sieht auch junge Mädchen, die in ihren mageren Händen mit hübscher Ungeschicklichkeit ein langes Fernglas halten, indes sie sich wie kleine Rinder das andere Auge mit der Hand zuhalten. In geringen Abständen stehen die Teleskope, durch die man im Frieden zur Sonne und zum Mond aufschauen ließ, und werden auf Vanves, Issy und Meudon zu gerichtet. In der Mitte all der Neugierigen steht als Pyramide auf einer kleinen Leiter ein Feldsoldat, das Gewehr auf dem Rücken und das Auge am Vergrößerungsglas. Der Horizont ist nichts als Nebel und Staub, darin ein paar weiße Wölkchen, die man für den Rauch von Kanonenschüssen hält.

Hinter den Fernrohren und Teleskopen ertönt das lärmende Geschrei vierzehnjähriger Jungen, die zu Kompanien geformt sind und als Fahnen auf langen Latten angenagelte Bretter tragen, auf denen »Hilfsambulanz«, »Hilfsgenietruppe«, »Hilfsfeuerwehr« steht: Bataillone von Straßenjungen, die sich, die Zigarette im Mundwinkel, plötzlich als Schauspieler der Revolution aufspielen – wahrhaftig etwas wie ein Aufstand der Gassenbuben. Es gibt unter ihnen Frätzchen von aller Art und Blusen von allen Farben, mitten drunter eingereiht blasse Stadtkinder und rosige Bäckerjungen mit ihren weißen Kappen.

Heute Abend, beim Aussteigen aus der Eisenbahn, betrachten alle Auteuil-Reisenden mit einem gewissen Ernst die Art von vergittertem Schrank, in dem sich von heute an die Zugführer aufhalten.

Freitag, 23. September. – Pelagie rühmt sich, gar keine Angst zu haben, und erklärt, scheine das ein Krieg »zum Lachen«. Wirklich, sie hat recht: Die fürchterliche Kanonade von heute früh war, wie sie sagte, nichts anderes als Lärm vom Teppichklopfen. Aber warten wirs ab.

Im Industriepalast ein Kreis von Frauen und Männern rings um die kleine Türe links; sie erwarten, in der Erwartung gepresster Herzen, die Wagen, die Verwundete herbringen sollen.

Auf dem Pflaster des Vendômeplatzes gibt es gegenüber vom Generalstab immer Gruppen von Wartenden, aufgeregt über alles, was da kommt, über alle, die hineingehen, über alle, die man hinschafft, über alle, die herauskommen. Ich sehe zwischen zwei Soldaten einen bleichen Mann mit weißer Mütze das Haus verlassen. Man sagt mir, dass es ein Marodeur ist, den man morgen erschießen wird. Unter den Vivatrufen der Menge sehe ich dann einen alten Geistlichen kommen, der vergnügt im Sattel auf seinem Pferd, das man als preußischen Gaul erkennt, sitzt. Die großen Stiefel reichen ihm bis zum Schenkel, am rechten Arm trägt er die Binde mit dem roten Kreuz; er bringt, frei in den Steigbügeln sitzend, Nachrichten über den Kampf, den er eben verlassen hat.

Fürchterlich für die Zerstörung unserer menschlichen Maschine ist dieses Auf und Ab der Hoffnungen, man könnte wahrhaftig sterben an den Illusionen, die selbst die skeptischsten Leute im Kontakt mit der Menge doch annehmen, wenn alle die falschen guten Nachrichten so von Mund zu Mund fliegen, infolge der ständigen Berührung mit dem Geschwätz der gläubigen Menge –: an den gleichen Illusionen, die dann mit einem Schlag die trockene Abfassung des offiziellen Berichtes zerstört.

Und immer wieder sieht man, wie man die Tür eines Cafés aufstößt, das lärmende Geschwätz fröhlicher Gespräche und das sorglose Leben der Hauptstadt, das in allem Schrecken des Krieges weiter bestehen bleibt.

Sonnabend, 24. September. – In dieser Hauptstadt der frischen Nahrungsmittel und Frühgemüse wirkt es in der Tat als Ironie, zu sehen, wie die Pariser sich vor den Blechdosen der Nahrungsmittelhändler und der kosmopolitischen Delikatesswarenhändler beraten. Endlich entschließen sie sich, hineinzugehen, und nun kommen sie wieder heraus, unter dem Arm »boiled mutton« oder »boiled beef« oder was Ähnliches, alle jene möglichen und unmöglichen Fleisch- und Gemüsekonserven, Sachen, von denen man nie geglaubt hätte, dass sie die Nahrung des reichen Paris werden könnten.

Der Handel hat sich ganz umgeformt; die Wämser und Tuniken der Nationalgarden füllen die Auslagen der Weißwarenmagazine; Schutzpanzer werden zwischen exotischen Blumen ausgestellt, und aus den Kellerlöchern hört man das Hämmern von Eisen, durch die Gitter sieht man Arbeiter Kürasse schmieden.

Die Speisekarte der Restaurants wird immer kleiner. Man hat gestern die letzten Austern gegessen, und von Fischen gibt es nichts mehr als Aal und Gründlinge.

Ich verlasse den »Pied de Mouton« und gehe durch die Hallen, die noch vom Lärm des Ausladens von Vorräten erdröhnen, hinein mischt sich aber schon das Kreischen der Ladestöcke, die in die Gewehre der Nationalgarden hineingestoßen werden. Ich begegne Charles Blanc in der Gesellschaft Chenavards, der mich an Rom erinnert und mich seinen melancholischen Rücken wiedersehen lässt, den er dort zwischen seinen Ruinen spazieren führte.

Charles Blanc hatte sich eben auf der Mairie gemeldet, um sich zusammen mit seinem Bruder in die Listen einschreiben zu lassen; er ist sehr aufgebracht über den Maire, der den Namen der berühmten Herren nicht gekannt hat und die neu eingeschriebenen töricht gefragt hat, ob sie auch bewaffnet sind.

Überall sind an die Mauern große Streifen weißer Leinwand mit den roten Kreuzen der Lazarette angeheftet, und manchmal ist darüber ein Fenster, und da sieht dann der Kopf eines Soldaten, eingewickelt in eine blutbefleckte Leinwand, heraus.

Sonntag, 25. September. – Die beiden Abhänge der Seine sind voll von Kavalleriepferden und den nackten Beinen der Soldaten, die sich in den Pfützen, welche die kleinen Flussdampfer, die regelmäßig verkehren, zurückgelassen haben, die Füße waschen; noch gibt es auch friedliche Angler, aber heute tragen sie auf dem Kopf die Kappe der Nationalgarde. – Die Fenster des Louvre-Museums sind mit Sandsäcken verstopft. – In der Rue Saint-Jacques sprechen Frauen in Gruppen von Zweien und Dreien mit klagenden Stimmen von der Teuerung aller Lebensmittel. Die Mauer des College de France ist von oben bis unten mit weißen Anzeigen beklebt, mit Reklamen von »Papier Pagliardi« gegen die Verwundungen, mit Reklamen von »Phénol Boboeuf«, und auch mit den Anzeigen der eben erscheinenden »Papiere und Korrespondenz des Kaisers«. – Ein Anschlag aus violettem Papier, eben erst angeklebt, kündigt die Einsetzung der Kommune an, verlangt die Unterdrückung der Polizeipräfektur, verlangt die Massenerhebung. – Vorbei kommt eine Bahre mit einem Verwundeten oder einem Toten, eskortiert von einem Zug Soldaten. In einem Hinterhofe sieht man, bei einem Trödler, Massen von Büffets aus Weinschenken, die zu verkaufen sind, nämlich alle Büffets aus der Bannmeile extra muros. – Im Luxembourg-Garten Tausende von Hammeln aneinandergedrängt, einander stoßend; in ihrem engen Käfig sehen sie aus wie die durcheinanderkribbelnden Würmer in der Köderbüchse eines Anglers. – Auf dem Panthéonplatz sind Stellen ohne Pflaster, und da üben sich kleine Mädchen, die eben die ersten Schritte machen, stolpernd in ihren akrobatischen Künsten. – Im Hof der Sainte-Geneviève-Bibliothek ein Sandberg. – An den Säulen der Ecole de Droit wird die Bildung eines Frauenkomitees durch ein Plakat verkündet, das hoch oben den Namen der Louise Collet trägt.– Bei einem Weinschenken, auf dessen Schild *Au Grand Arago* steht, sieht man Soldatenweiber, die Blicke auf sich lenkend durch die blutroten Schleifen, die sie in ihre schwarzen Haare geflochten haben, indes ein paar Schritte weiter ein Schäfer auf der Erde sitzt und, von seinen Tieren umgeben, das *Petit Journal* liest.

Überall auf den Boulevards, auf beiden Seiten, Mengen von unruhigen und drohenden Tieren ...

Montag, 26. September.– Die ganze Strecke vom Point-du-Jour bis zum Rempart sieht so aus wie Befestigungen des Geniekorps der Barrikaden. Da gibt es die klassische Barrikade aus Pflastersteinen, die Barrikade aus Sandsäcken; es gibt auch pittoreske aus Baumstrünken, wahre Waldsäume nun in eine zerstörte Mauer eingepflanzt. Das Ganze sieht aus wie ein immenses Saint-Lazare -Feld, errichtet von den Nachkommen derer von 48 gegen die Preußen.

Dienstag, 27. September. – Gestern gab es in den Gruppen auf dem Boulevard des Italiens große Erregung gegen die Schlächter. Man verlangt, dass die Regierung selbst die Tiere verkaufe, ohne den Zwischenhandel dieser Spekulanten auf das allgemeine Elend. Vor der Mairie der Rue Drouot hält eine Frau eine große Rede über den Mangel und die Teuerung der notwendigsten Lebensmittel, sie klagt die Händler an, einen großen Teil ihrer Vorräte zu verheimlichen, um in acht Tagen den doppelten Preis verlangen zu können. Sie beschließt ihre Rede voll Vernunft mit den zornigen Worten, das Volk habe kein Geld mehr, um Vorräte auf lange Zeit hinaus einzukaufen, es müsse von Tag zu Tag kaufen können, was es braucht, immer, immer sei es so eingerichtet, dass der Arme zugrunde geht und der Reiche verschont bleibt.

Ich fahre nach Paris zurück auf dem Verdeck eines offenen Omnibusses, der aber jeden Augenblick anhalten und lange stehen bleiben muss, weil der Kai gesperrt ist durch Lastwagen, bepackt mit Risten voller Zwieback, durch Omnibusse, bis zum Rande voller Brote, die man durch die geschlossenen Fenster sehen kann, durch Karren aller Art, mit Mehlfässern hochbeladen, und alles das drängt sich am Eingang der gigantischen Speisekammer unserer Soldaten.

In der Rue de Rivoli sehe ich ein hübsches Detail: Im entsetzlichen Lärm, den eine vorbeiziehende Artilleriebatterie macht, kost ein Artillerist mit verliebter Hand den Bronzelauf einer Kanone, als streichle er geliebtes Fleisch.

Paris ist aufgeregt, Paris ist in Unruhe wegen seiner gewohnten Kost. Da und dort stehen kleine Gruppen eifrig gestikulierender Frauen und an der Rue Saint-Honore, Ecke der Rue Jean-Jacques-Rousseau treffe ich eine Zusammenrottung wütender Leute, die den Laden eines Gemischtwarenhändlers zerschlagen. Eine Frau erzählt mir, dass es ein Mann ist, der einem Soldaten fünfzig Centimes für einen sauren Hering abverlangt hat; der Soldat hat den dann auf einen Stock gesteckt, dazu die Inschrift: »Verkauft für 5o

Centimes von einem Offizier der Nationalgarde einem armen Feldsoldaten.«

Hinter mir höre ich zwei Frauen in einem zwiefachen Seufzer sagen: »Es gibt wirklich nichts mehr zum Essen!« In der Tat merke auch ich, wie ärmlich die Auslagen der Schlächter sind: Man sieht nichts mehr, als ein paar Würste in Stanniolpapier eingewickelt, und die Schalen der Gänseleberpasteten.

Ich komme von der Halle durch die Rue Montmartre zurück; die weißen Marmortische der Maison Lambert, wo sonst um diese Jahreszeit die Viertel der Rehe, Fasane, Wildbret nur so in Haufen liegen, sind heute nackt, die Fischbassins sind leer, und in diesem kleinen Tempel des Gaumens geht nun melancholisch ein sehr magerer Herr spazieren; zur Revanche hält ein paar Schritte weiter im Glanz des Gaslichts, das eine wahre Mauer von Blechdosen erglänzen lässt, ein dickes lustiges Mädchen Liebigs Fleischextrakt feil.

Und ein gewisser Ernst schleicht auf die Gesichter der Spaziergänger, wenn sie sich den im Gaslicht leuchtenden weißen Anzeigen nähern; ich sehe, wie sie ganz langsam lesen, dann fortgehen, mit kleinen Schritten, nachdenklich und ergriffen. Diese Anschläge, es sind die Satzungen der Kriegsgerichte, die man in Vincennes und Saint-Denis eingerichtet hat. Man hält ein bei folgendem Satz: »Die Strafe wird sofort vollzogen, von dem Soldatenzug, der zur Aufrechterhaltung der Ordnung in die Sitzung kommandiert ist.« Und mit einem kleinen Schauder denkt man, dass man nun wirklich bei dem dramatischen Auftakt der Belagerung angelangt ist.

29. September. – Ich suche den Tag über nach einem leeren Lokal, das zu vermieten ist, um meine Bibelots dort einzulagern.

Freitag, 30. September. – Geweckt von den Kanonen. Ein ganz roter Sonnenaufgang. In der Ferne das dumpfe Bollen dieser Brutalität. Ich komme ans Ende der Rue d'Enfer, zu jener eben erst frisch erbauten Kirche an der Kreuzung dieser Straße und des Boulevard Saint-Jacques.

Dort wartet neben leeren Wagen, die auf den Seiten der Fahrstraße aufgestellt sind, ein Volkshaufe, eine schweigende Menge von Männern und Frauen. Die Frauen, Strohhüte oder kleine Leinenhäubchen auf den Köpfen, sitzen da am Band der Straße, haben neben sich ihre kleinen Mädchen, die über die Köpfe ihre Taschentücher zum Schutz gegen die Sonne gebreitet haben und, ohne zu spielen, die ernsten Mienen ihrer Mütter betrachten. Die Männer haben die Hände in den Taschen oder die Arme verschränkt und schauen vor sich hin ins Weite, die Pfeifen im Munde sind ihnen erlöscht. In den Schenken trinkt man nicht, man spricht nicht einmal. Nur ein Mann in einer Bluse erzählt in einer Gruppe von all den Dingen, die er gesehen hat, jedes seiner Worte durch eine Bewegung bestätigend, indem er jeden Augenblick seinen dicken Finger an die Nase legt.

Man könnte sagen, dass es eine versteinerte Menschenmenge sei; und es ist ein so strenger Ernst in diesen Männern, diesen Frauen, dass trotz des fortwährenden schönen Sonnenscheins, trotz dem ewigen Azurblau des Himmels die Umgegend allmählich etwas von der Trauer dieses schweigenden Wartens annimmt.

Alle Augen, alle Blicke sind nach der Rue de Chatillon gerichtet. Von Zeit zu Zeit sprengen im Staub der Straße Meldereiter im Galopp her, unter ihnen ganz junge Burschen, das Wams von der Luft geschwellt, manchmal leuchtet auch das rote Kreuz auf einer weißen Fahne auf. Dann gibt es ein Gemurmel unter allen, ganz leise sagt einer dem andern ins Ohr: »Verwundete!« Sofort beginnt zu beiden Seiten des Wagens ein brutales Stoßen der Menge, die sehen will.

Neben mir steigt ein Liniensoldat aus, das Gesicht noch voll vom Schrecken, den Blick voller Staunen; zwei Nationalgardisten fassen ihn unter den Armen und tragen ihn in das Kirchen-Lazarett, an dem man in ganz frisch gemalten gotischen Lettern lesen kann: »Freiheit. Gleichheit. Brüderlichkeit.« Ich sehe auch einen andern vorbeikommen, sein armes Taschentuch um den Kopf geschlagen, ein grünes Daunenkissen über den Beinen. So lassen alle Arten von Wagen vor den Augen bleiche Gestalten vorbeiziehen, oder man sieht hinein auf rote Hosen, auf denen das Blut schwarze Flecken gemacht hat.

Sonnabend, 1. Oktober. – Heimtückisch schleicht das Pferdefleisch sich in die Pariser Ernährung ein. Vorgestern hatte Pélagie ein Stück Filet nach Hause gebracht, das ich auf ihre zweifelhafte Miene hin nicht gegessen habe. Gestern hat man mir bei Peters ein Rostbeef gebracht, an dem mein Malerblick jenes schwärzliche Rot argwöhnisch bemerkte, das von dem rosigen Rot des Rindes so verschieden ist, der Kellner hat nur recht schwächlich versichert, dass dies Pferd Rind ist.

Sonntag, 2. Oktober. – Heute ist plötzlich nichts von der schmerzlichen Ergriffenheit, der Traurigkeit der letzten beiden Tage zu sehen, nichts ist mehr da von der Erinnerung an die Verwundeten, die man vorbeiziehen sah. Die Sonne eines Sonntags hat alles fortgewischt, und Paris drängt sich voll Freude und Lust an allen Toren nach einem Longchamps – ohne Sorgen. Die Sommerkleider, die großen Schleifen an den Hüften und die winzigen Hüte, immer noch modisch, werden auf den Promenaden spazieren geführt oder drängen sich auch unter die groben Spediteurwagen bei den Einlässen aus der Vorstadt.

Man sieht junge Mädchen, die wie Gämsen die Sandhänge erklettert haben, um das Auge an die Schießscharten zu halten. Amerikanische Wagen führen unter dem Geleit eines Nationalgardisten in Gala elegante Damen, die ein Pincenez in der Hand halten und von *Bastions, Gabions, Cavaliers* sprechen. Die öffentlichen Fahrzeuge sind voll von sonntäglich angezogenen Familien, deren einzelne Glieder auf den Bänken zappeln. Und die Wege sind voll von Kindern, die spielen und Spitzbübereien treiben, ermutigt durch das ruhige Lächeln ihrer Eltern.

Ich gehe zu Fuß zurück, die Kais entlang, im leichten Dämmern, wie es gegen sechs Uhr ist.

Verloren in die törichten Träume, die die Einbildung aus den vagen Worten der Vorbeigehenden erstehen lässt, höre ich plötzlich einen Mann, der auf dem Kai stehen geblieben ist, zu einem andern sagen: »So werden die uns also wieder auf den Hals kommen!« Dieses Wort weckt mich auf und gibt mir sofort den Verdacht, dass Straßburg sich ergeben hat: ein Vorgefühl, das mir bestätigt wird, sowie ich auf dem Boulevard eine Zeitung kaufe.

3. Oktober. – Durch das rückwärtige Gitter meines Gartens sehe ich heute früh die bretonischen Soldaten, die in einer Allee gelagert sind, ihre Gebete lesen aus kleinen Gebetbüchern, die sie aus ihren Taschen ziehen.

Die Männer, die uns regieren, sind mittelmäßig und deshalb sogar vernünftig. Aber sie haben nicht genug Gefühl für das Verwegen-Kühne und ahnen nichts von der *Möglichkeit des Unmöglichen*, die es in Zeiten, wie unsere ist, gibt. Wer sind sie auch, sieht man genau zu, unsere Retter? Ein General, der schön redet, ein distinguierter Literat, ein gesalbter Staatsanwalt oder schließlich eine bourgeoise Kopie Dantons?

4. Oktober. – Das Bombardement kündigt sich an. Gestern ist man zu mir gekommen, um sich zu erkundigen, ob ich in allen Stockwerken Wasser habe ...

Wir sind heute nur fünf bei Brébant. Man spricht über das aristophanische Innere der Regierung der nationalen Verteidigung, von Arago, den Saint-Victor einen wahren Pantaleone der italienischen Komödie nennt, von Mahias, von Gagneur, von ... Man spricht von der Veröffentlichung der »Korrespondenz des Kaisers«. Man ist verletzt über den Mangel an Ernst und Haltung und Comme-il-faut, die an dieser ganzen Arbeit zu merken ist, darüber, dass man geistreiche Titel macht, als handle es sich um Manuskripte für den »Figaro«. Nefftzer bringt immer dasselbe ironische Düster ins Gespräch, denselben Zweifel an allem, was man tun könnte, um uns zu retten. In gewissen Augenblicken, bei dem mephistophelischen Lachen, mit dem er die seltensten Unglücksfälle anzukündigen pflegt, fragt man sich, was für ein Teufel von Mensch das ist; mit solch skeptischer, ja geradezu Kanaillenhafter Gleichgültigkeit spricht er von allen diesen Dingen.

Sonnabend, 8. Oktober. – In den Straßen begegnet man jetzt, das Rote Kreuz auf dem Herzen, dicken Loretten »jenseits der Altersgrenze«, die sich bereiten, mit sinnlichen Händen an den Verwundeten herumzutappen und ein wenig Liebe zwischen den Amputationen zusammenzukratzen. Ich sehe heute Abend zum ersten Mal Louis Blanc, den sein Bruder bei Peters an meinen Tisch bringt. Ein Kopf, der eine Mischung von Komödiant und südlichem Seminarist ist, über einem geradezu lächerlich kleinen Körper. An diesem glatten Menschen ist Eines entsetzlich: nämlich die Verbindung von Kindlichem und Greisenhaftem in seinem Gesicht. Er hat die rosigen Wangen eines Babys und dazu die schwärzlichen Nasenlöcher und den Zug um den Mund der Sechzigjährigen.

Montag, 10. Oktober. – Heute früh gehe ich, um mir eine Karte für die Fleischverteilung zu holen. Ich glaube, eine jener Ansammlungen aus der Zeit der großen Revolution, wie sie mir meine arme alte Cousine Cornelie de Courmont oft geschildert hat, wiederzusehen in dieser wartenden Menge, gemischt aus Frauen in alten Lumpen, Nationalgardisten, deren Uniform nur aus dem Käppi besteht, kleinen Bourgeois, wie Henri Monnier sie gezeichnet hat, und alles zusammengedrängt in improvisierten Lokalen, in den gewissen weiß getünchten Räumen, wo man schließlich in den Allmächtigen in der Offiziersuniform der Nationalgarde, die um einen Tisch sitzen und die allerhöchsten Verteiler der Nahrung sind, seine nicht allzu honetten Lieferanten erkennt.

Ich trage ein blaues Papier heim, typografische Sehenswürdigkeit für künftige Zeiten und künftige Goncourts; dieses Papier gibt mir das Recht, mir und meiner Dienerin täglich zwei Rationen rohes Fleisch zu kaufen, oder vier Portionen der Kost, die in den nationalen Wirtschaften bereitet wird. Es sind Coupons daran bis zum 14. November.

Dienstag, 11. Oktober. – An den Türen jener neuen Häuser, in denen man die Mairien für die überschwemmte Bannmeile untergebracht hat, unterhalten sich bleiche Frauen mit erloschenen Stimmen über die Unmöglichkeit, Arbeit zu finden.

In den Straßen gehen geistliche Schwestern zu zweit und untersuchen einen Augenblick in der Höhlung der fetten Hand den Reis in den Säcken vor den Türen der Krämer.

Bric-à-brac-Trödler lehnen sich an ihre gotischen Kredenzen, die sie auf den Trottoirs ausgestellt haben: Sinnbilder der Melancholie des Luxushandels in elenden Zeiten.

Vor der Nordbahnstation schiffe ich mich im klassischen Stellwagen der Pariser Umgebung nach Saint-Denis ein. Es ist ein Wagen mit Fetzen, die einmal grün waren, überzogen und hat zum Schaffner ein Kind, das mit dem Gesicht einmal ins Feuer gefallen ist. Darin sitzen fette Händler, den Siegelring am Finger, Greise mit roter Krawatte und nicht zugeknöpfter Hose, ein Modell von der Kunstschule, einen Stummel zwischen den Zähnen, eine muntere Offiziersmätresse, die in einer Handtasche die zärtlichen Utensilien einer Liebesnacht mit sich führt.

Wir kommen bis zu der kleinen Brücke über den Kanal, aber es ist uns nur gegeben, von ferne Saint-Denis zu sehen. Zuaven und Feldsoldaten schließen den Eingang zur Stadt ab und halten auf dieser Seite der Brücke zurück die Mütter, die Schwestern, die Verwandten, die Freunde, die Geliebten. Man sagt uns, ein preußischer Spion habe sich in die Stadt eingeschlichen, und um seiner habhaft zu werden, hat man alle Verbindung mit der Außenwelt abgesperrt. Nach einer Stunde entschließt sich alle Welt enttäuscht, nach einer Siesta auf der Böschung wieder nach Paris zurückzufahren.

Überall um uns herum die gleiche Wüstenei der Militärzone, aus der sich da und dort Schutthaufen erheben, Reste einer Mauer, Tapetenmuster zeigend; und vor einem, so weit man sehen kann, Felder punktiert in allen Farben: das sind Männer und Frauen, die Nachlese halten.

Mittwoch, 12. Oktober. – In diesen tragischen Tagen, in denen der Puls höher schlägt und der Kopf einem immer benommen ist, weil man stets den dumpfen Lärm der Schlacht hört, die uns an allen Seiten umgibt, hat man das Bedürfnis, aus seinem wirklichen Wesen herauszukriechen, das unnütze Individuum, als das man sich fühlt, von sich abzustreifen, und sich ein anders erwecktes Leben in einem Traum zu gestalten, sich als Häuptling einer Bande zu »erfinden«, die feindliche Züge überrascht, den Feind dezimiert, Paris von der Blockade befreit, – und so lebt man lange Augenblicke, von einer Art Gehirnhalluzination in eine imaginäre Existenz getragen.

Man erfindet irgendein Mittel zu fliegen, das einen die feindlichen Stellungen sehen und erkennen lässt, man erfindet irgendeine mörderische Maschine, die ganze Bataillone tötet, das große Sterben über ganze Stücke der Armee ausgießt. Und in einer Art Abwesenheit von sich selbst, ähnlich der des Kindes, das seine ersten Bücher liest, schreitet man durch die großen Weiten und die großen Abenteuer des Unmöglichen, Held für eine Stunde der Einbildung. Wie viele Gänge habe ich so in diesem Garten gemacht, nicht mehr der kleinen Promenade angehörend, die mein Körper in der kleinen Allee da ausführt, sondern die Luft auf einem fliegenden Schemel durchziehend, war ich Erfinder einer Substanz, die unter mir den Sauerstoff oder den Wasserstoff der Luft zerstörte und so das Atmen für die preußischen Lungen einer ganzen Armee tödlich machte.

Freitag, 14. Oktober. – Es ist doch erstaunlich, wie man sich an dieses durch den Schlag der Kanonen gleichsam rhythmisch eingeteilte Leben gewöhnt, an dieses schöne ferne Donnern, an dieses fürchterliche Krachen, an dieses Erzittern der Luft; schließlich fehlen einem die energischen, sonoren Lautwellen, und man richtet gespannt seine Ohren nach dem Horizont, wenn es eine Minute still ist.

Ich gehe nach den Tuilerien, um Burty abzuholen ... Unter diesen alten, von all den Festen und Soupers des Kaiserreichs geschwärzten Decken, unter dem schönen, gebräunten Gold, das mich an das Gold der venezianischen Decken erinnert, mitten unter den Bronzen, den Marmorfiguren, die, da das Mobiliar noch nicht ganz eingepackt ist, noch auftauchen, im Widerschein der herrlichen Spiegel sieht man jetzt die bärtigen Gesichter von Schreibern, Sozialistenköpfe mit langen Haaren, Schädel, kahlköpfig mit einem Kranz ergrauter rötlicher Haare –: kurz, die grimmigen Antlitze der Reinen und Tugendhaften.

An den Wänden reichen Fächer aus weißem Holz bis zu den Decken hinauf, vollgepfropft mit Aktendeckeln, und die Schubfächer der Tische, auf denen in Unordnung ganze Berge von Papier liegen, sind förmlich Bäuche für all die Briefe, Quittungen, Rechnungen. Und an einem Nagel, den man in den Goldrahmen eines Spiegels eingeschlagen hat, schweben die »Instruktionen für die Sichtung der Kaiserlichen Korrespondenz«.

Ich habe das Gefühl, in das Schwarze Kabinett der Inquisition der Revolution eingetreten zu sein, und diese gehässige Schnüffelei der Weltgeschichte widert mich an. Es ist der Saal Ludwigs XIV., in dem sich die Mitglieder der Kommission aufhalten; hier wird der große Trumpf vorbereitet. Ich greife unter den Papieren, die da liegen, auf gut Glück eines heraus. Es ist eine Rechnung Napoleons III., des großen Verschwenders, für Ausbessern von Socken, fünfundzwanzig Centimes für das Flicken jedes Paars.

15. Oktober. – Wenn man so auf sich selbst angewiesen leben muss, nichts hat als den Austausch von Ideen, die um nichts verschiedener sind als solche, die sich um eine fixe Idee bewegen, wenn man nichts liest als diese Neuigkeiten eines elenden Krieges, in dem es nichts Unerwartetes gibt, in den Zeitungen nichts findet als den mühseligen Aufputz von Niederlagen, die mit dem Titel »Offensive Revanche« ausgeschmückt werden, wenn man vom Boulevard durch die erzwungene Gasersparnis verjagt wird, das Nachtleben nicht mehr genießen kann in dieser Stadt des »Frühen Zu-Bette-Gehens«; nicht mehr lesen kann, sich nicht mehr in die reinen Gebiete des Gedankens erheben, weil dieser Gedanke selbst durch die elenden Nöte der

Ernährung erniedrigt wird, wenn man so alles dessen beraubt ist, was die Erholung des intelligenten Parisers war, wenn einem das »Neueste« und das »Allerneueste« fehlt, kurz, wenn man in dieser brutalen und eintönigen Angelegenheit vegetiert, genannt: der Krieg – dann ist der Pariser in Paris selbst von einer Langweile erfasst, gleich der Langweile einer Provinzstadt.

Heute Abend geht in der Straße ein Mann vor mir her, die Hände in den Taschen, und trällert beinahe vergnügt. Plötzlich bleibt er stehen und schreit, als sei er plötzlich aufgewacht: »Mein Gott, es geht doch recht schlecht!« Kurz, dieser unbekannte Spaziergänger sprach aus, was alle Welt still denkt.

Am Ende einer kleinen stickigen Passage, die von einem Kranz von Gaslichtern erleuchtet wird, öffnet sich der eindringenden Menge das Tor des Saales *»de la Reine-Blanche«*. Ein Tanzsaal, ausgeschmückt wie alle diese Tanzsäle des Boulevards: Malereien an der Decke, allerlei Plakate auf roten Papierfetzen, kleine schmale Spiegel laufen die Säulen entlang, von den Beleuchtungskörpern aus Zink und Glas sind für heute nur drei Flammen angezündet.

Die Leute, die in ruhigen Zeiten da tanzten, machen heute hier Gesetze. Das Podium der Musikanten ist die Rednertribüne, sie wird besetzt von den ernsten Mitgliedern des Bureaus und den vorgemerkten Rednern, alle in Schwarz; sie alle haben vor sich auf der hölzernen Brüstung, an der gestern noch die Bassgeigen lehnten, die parlamentarische Wasserflasche.

In dem bläulichen Nebel des Pfeifenrauchs sitzen auf Bänken oder, einander gegenüber, an den kleinen Tischen, wo früher Erfrischungen eingenommen wurden, Nationalgardisten, Mobilgardisten, Vorstadtphilosophen, rot von dem Aufputz ihrer Hüte bis zum Oberleder ihrer Schuhe, Arbeiter in blauem Wams und Käppi. Es gibt auch Weiber aus dem Volk, Mädchen, Jugend in roten Umwürfen und sogar kleine Bürgerfrauen, die in diesen Zeiten nicht wissen, was sie mit dem Abend anfangen sollen.

Plötzlich ein Klingelzeichen. Ja, das ist die Glocke, mit der das Volk, so gern wie ein Kind, in der Deputiertenkammer spielt. Tony Révillon steht auf, verkündet die Gründung des Montmartre-Klubs, der bestimmt ist, die Freiheit zu gründen und, wie er erklärt, logischerweise die Monarchie, den Adel und den Klerus zu zerstören. Dann schlägt er der Versammlung vor, die Nummer des Journal de Rouen vorzulesen, das heute Abend in der Vérité erschienen ist. Es ist wirklich rührend zu sehen, wie diese Herden von Menschen auf jedes gedruckte und gesprochene Wort hereinfallen, in wie fabelhafter Art jedes kritische Gefühl ihnen abgeht. Die sakrosankte Demokratie kann wahrlich einen Katechismus fabrizieren, in dem es noch viel mehr erlogene Wunder gibt als im alten: Diese Leute sind völlig bereit, ihn in frommer Anbetung zu verehren.

Und doch: Durch all diese Dummheit, durch all dieses rohe Verschlingen unglaublicher Geschichten, dringt in einem gewissen Augenblick der Hauch der Hochherzigkeit, der heißen Hingabe, eine glühende Brüderlichkeit. So geschieht es in dieser Sitzung, als die Nachricht verkündet wird, dass wir 123000 Gefangene in Deutschland haben: ein Schrei dringt aus allen diesen Herzen und bricht sich in einem schmerzlichen Flüstern, indes sich der ganze Saal mit einem unbeschreiblichen Blick ansieht.

Nachdem Tony Révillon sich wieder hingesetzt hat, hat der Bürger Quentin das Wort ergriffen und mit pathetischen Worten gezeigt, dass all unser Unglück seit Sedan nie eingetreten wäre, wenn man eine Kommune eingesetzt hätte. Und nachdem so die von der Vorsehung bestimmte Kommune zur Genüge bewiesen und festgelegt war, ist die ganze Gesellschaft hinausgegangen, um im Vorzimmer, dort, wo sonst kontrolliert wird, ob alle Tänzer bei der Quadrille gezahlt haben, eine Petition für die sofortige Einsetzung einer Kommune zu unterzeichnen.

Dienstag, 18. Oktober. – Die Kanonade lockt mich hinaus ins Bois de Boulogne zur Batterie Mortemart. Es ist etwas Feierliches in dem Ernst und der überlegten Gelassenheit, mit der die Männer, die mit der Bedienung eines Stückes betraut sind, alle zum Laden notwendigen Handgriffe vollziehen. Endlich ist geladen; die Artilleristen halten sich unbeweglich zu jeder Seite, einige mit schönen, eines Bildhauers würdigen Gebärden an die Winden gelehnt, mit denen sie das Stück hinaufgezogen haben. Ein Artillerist in Hemdärmeln, zur Rechten stehend, hält die Zündschnur.

Ein paar Augenblicke der vollsten Regungslosigkeit, des Schweigens, fast möchte ich sagen, der Ergriffenheit; dann, wenn der Zündfaden abgezogen ist, ein Donner, eine Flamme, eine Rauchwolke, hinter der die Baumgruppe, welche die Batterie deckt, verschwindet. Noch lange sieht man eine weiße Wolke, die sich nur mühsam zerstreut, und das Gelb des Sandes, der von dem Schuss aufgewirbelt ist, das Grau der Sandsäcke, von denen zwei oder drei von dem seitlichen Rückstoß des Stückes durchlöchert sind, das Rot der Artilleristenmützen, ja sogar das Weiß der Hemdärmel dessen, der den Zündfaden gezogen hat, noch besser hervortreten lässt.

Dieses Ding da, das auf weite Ferne hinaus tötet, ist das richtige Schaustück für Paris, das, wie an den schönsten Tagen der Seepromenaden, in Kaleschen und in offenen Landauern hier hinausfährt, rings um den Hügel die Wagen halten lässt; und die Frauen mischen sich unter die Soldaten und drängen sich so nah wie irgend möglich an das entsetzliche Geräusch heran. Heute sind unter den Zuschauern Jules Ferry, Rochefort, der fieberhaft lacht und spricht, Pelletan, dessen Kopf – der eines alten Philosophen – schlecht zum Käppi passt.

Es wird sechsmal aus der Kanone geschossen, dann nimmt der Kommandant von seinem Dreifuß das kleine Kupferinstrument, mit dem die Höhen gemessen werden, legt es sorgfältig in eine Blechschachtel, steckt sie in seine Tasche und geht weg. Auf das Geschütz aber setzt sich ein junger Artillerist, blond, mit einem weiblichen Gesicht, indem etwas von jenem Heroismus sich ausdrückt, den der Maler Gros seinen militärischen Gestalten gibt, und der mit seiner schief aufgesetzten Polizeimütze, eine algerische Binde mit grellen Streifen prall um die Hüften, die Patronentasche auf dem Leib, den Hals entblößt, reizend in seiner pittoresken Unordentlichkeit, sich nun von der Mühsal dieser Vollstreckung des Todes ausruht. Die Vorstellung ist vorbei, alle Welt zerstreut sich.

Das Gespräch heute Abend bei Brébant fängt bei der politischen Unbeständigkeit Gambettas an und kommt dann auf den »blonden Mann«, auf dieses Geschlecht, das in den ältesten Zeiten vom Baltischen Meer hergekommen ist, sich in Frankreich, Spanien, Afrika zerstreut hat, und weder durch die Breitengrade noch durch die Mischungen mit braunen Rassen verändert oder gebräunt worden ist.

Dann führen die ungewöhnlichen Dinge, die wir essen, zu Erzählungen, was ein jeder schon Außergewöhnliches gegessen hat, und Charles Edmond berichtet, von dem berühmten Mammut gekostet zu haben, das man in Sibirien gefunden hat, und von dem Sankt Petersburg höflicherweise ein Stück den höchsten Behörden Warschaus geschickt hat.

Donnerstag, 20. Oktober. – In Batignolles stehen an den Türen der Schlächter lange Reihen Menschen, zusammengesetzt aus alten, ganz zerbrochenen Männchen, rotfarbigen Nationalgarden, alten Weibern, die sich unter dem Arm Sitzbänkchen mitgebracht haben, kleinen Mädchen, die schon stark genug sind, um im großen Marktkorb die schmale Ration nach Hause tragen zu können, Grisetten, die die Nase in die Luft stecken, deren Haare im Wind flattern, und aus deren Augen die Koketterie mit den Veteranen, die in der »Queue« für Ordnung zu sorgen haben, nur so funkelt.

Von Montmartre bis zur Rue Watteau, wo ich speise, sieht man nichts als Zettelkleber in ihren weißen Kitteln, die die Mauern mit Anschlägen bedecken, auf denen Mitteilungen über die Fabrikation von Kanonen gemacht werden.

In allen Läden hat man sich bemüht, die Waren in etwas, was irgendwie mit den Wällen und der Belagerung zu tun hat, umzuwandeln; es gibt nichts anderes mehr als Belagerungsdecken, Belagerungspelze, Belagerungsbetten, Belagerungshüte, Belagerungshandschuhe.

Zugleich aber haben die Auslagen der Nahrungsmittelhändler einen traurigen Zug angenommen, einfach – durch das Nichts, das ausgestellt ist. Die schmutzigen Servietten der Stammgäste, das ist alles in den Auslagen der Speisewirtschaften; zwei kranke Schweinsköpfe zwischen leeren Terrinen, das ist alles bei den Schlächtern. Als einzigen Ersatz sieht man kleine Handwagen auf der Straße hin und her fahren: rollende Krapfenfabriken.

Die Hallen sehen ganz merkwürdig aus; da, wo sonst die Fische verkauft wurden, handeln alle Stände mit Pferdefleisch, und statt Butter wird Fett unbekannter Tiere verkauft, das aussieht, wie die großen Stücke weiße Küchenseife. Aber wirkliche Bewegung, wirkliches Leben gibt es auf dem Markt nur bei den Gemüsen, das die Marodeure noch in reichlichen Mengen herbeischaffen; rings um die kleinen Tische herum, die mit Kohl, Sellerie, Blumenkohl beladen sind, gibt es eine Menge, die sich diese Dinge gegenseitig streitig macht, bis die Bürgerfrauen sie in den Einholtaschen nach Hause tragen. Mitten in dieses Durcheinander der Angebote, der Worte, der Scherze, der Schimpfreden hört man plötzlich ein lautes: »O mein Gott!« Das sind dann die lärmenden Seufzer der Verkäuferinnen an der Bahre eines Franktireurs, den man zwischen den halb offenen Vorhängen einer Tragbahre, auf der man ihn heimbringt, erblickt.

Montag, 24. Oktober. – Ich gehe heute ins Freie hinaus durch die Porte Maillot, deren Zugbrücke und deren mit Schießscharten versehene Teile grün angestrichen worden sind, um eine Verlängerung der Rasenböschung vorzuspiegeln. Das scheint mir *chinesisch* genug.

Der Restaurateur Gillet ist »Stab« geworden, man hat am Tor zwei Schilderhäuser aus Brettern, die von der Demolierung übrig geblieben sind, zusammengezimmert. Leute in großer Zahl warten in Reihen und verlangen Passierscheine.

Die ganze Avenue de Neuilly scheint von ihrer bürgerlichen Bevölkerung verlassen worden zu sein; nur Gamache, der Waffenmeister mit seinem triumphierenden Schild, hat noch Vorhänge in seinem Erdgeschoss. Überall haben die Soldaten in Mengen Einzug gehalten und die zahlreichen Pensionate für junge Mädchen und die Etablissements für » *young Ladys*« haben jetzt Schildwachen, rote Mobilgarden, vor ihren Türen.

Die Flachreliefs des Etoile-Tores hat man in große Holzkisten gesperrt.

Wie ich so die Champs-Elysées hinuntergehe, sehe ich mir das nun abgeschlossene Hotel der Païva an und frage mich, ob nicht hier das Zentralbureau der preußischen Spionage in Paris gewesen ist.

25. Oktober. – Der Blick des Parisers gehört heute nur noch Auslagen, in denen Dinge, die man vielleicht essen könnte, liegen, den Schaukästen mit

Erzeugnissen, mit denen man sich selbst um die gewohnte Nahrung zu beschwindeln vermag. Und vor der Anpreisung eines solchen Erzeugnisses kann man ein ganz merkwürdiges Schauspiel sehen: nämlich den Passanten in seiner Ungewissheit, in seinen inneren Kämpfen, die sich durch das Schieben des Regenschirmes von einem Arm unter den andern, das Fortgehen und Wiederzurückkommen offenbaren. In der Passage Choiseul konnte ich heute dieses Manöver eines Belagerten beobachten, anlässlich eines ganz neuen Produktes, dessen gewohnter Gebrauch und vielleicht auch besondere persönliche Erinnerungen seine Esslust doch wieder hemmten. Einen Augenblick hatte ihn das Vorurteil auch über die Lust hinweggebracht, er war fortgegangen, hatte zwanzig Schritt gemacht ... dann plötzlich jähes Kehrtum, er geht zurück, betritt fiebernd die Konditorei und kauft – »*Kakaobutter*«.

Mittwoch, 26. Oktober. – Ich gehe in die Redaktion des »*Officiel*«, um Théophile Gautier zu sehen, der, wie man mir sagt, aus der Schweiz zurückgekehrt ist.

»Warum, zum Teufel, o Théo, sind Sie in diese entsetzliche, traurige Bude zurückgekehrt?«

»Ich will Ihnen das erklären,« antwortet er mir, während wir die Stiege hinuntergehen, »Geldmangel, mein lieber Goncourt, ja, diese törichte Sache, die man Geldmangel nennt ... Sie wissen, wie rasch zwölfhundert Franken zum Teufel sind ... Das war alles, was ich hatte, und außerdem waren meine Schwestern in Paris auch am Ende ihrer Mittel ... Da haben Sie den Grund meiner Rückkehr!« –

»Ja, diese Revolution ist für mich das Ende, sie gibt mir den Gnadenstoß ... überhaupt, ich bin ein Opfer der Revolutionen. Ja, ganz ohne Spaß! Zur Zeit der glorreichen Julirevolutionen war mein Vater strenger Legitimist, und er hat mit den »Ordonnanzen« à la hausse gespielt ... Sie können sich vorstellen, wie ihm das bekommen ist, wir haben alles verloren, fünfzehntausend Livres Rente ... Ich war bestimmt, als glücklicher Mensch, als Mensch, der tun kann, was ihm passt, ins Leben zu treten, nun musste ich meinen Lebensunterhalt verdienen ... Endlich nach Jahren war ich in ziemlich anständigen Verhältnissen; ich hatte ein kleines Haus, einen kleinen Wagen, sogar zwei kleine Pferdchen ... Die Februarrevolution macht alles wieder pfutsch ... Nach wiederum vielen, vielen Jahren finde ich das Gleichgewicht wieder, sollte in die Akademie gewählt werden, in den Senat ... Sainte-Beuve ist tot, Mérimée auf dem Weg zu krepieren, es war also wirklich nicht unwahrscheinlich, dass der Kaiser einen Literaten hineinsetzt, nicht wahr?... Ich schien also endlich den rechten Platz gefunden zu haben ... Paff! alles zum Teufel mit dieser Republik ... Sie können sich vorstellen, dass ich jetzt nicht mein Leben von Neuem beginnen kann ... Ich werde wieder ein Handwerker in meinem Alter ... Eine Mauer, um, an sie gelehnt, meine Pfeife in der Sonne rauchen zu können, und zweimal die Woche meine Suppe, das ist alles, was ich noch verlange ... Und was das Schrecklichste ist: Ich muss in alle meine Sachen jetzt Lügen hineinfabrizieren ... Sie verstehen mich doch: Meine Schilderungen müssen › trikolor‹ sein ...!«

»Dieses Blech ist geradezu tragisch!« sagt er dann, als wir bei den Auslagen Chevets vorbeigehen, wo nun auf dem Marmor, den gestern noch die gediegensten Feinschmeckereien geziert hatten, nur noch die Blechbüchsen ein paar armer Gemüsekonserven liegen. Dann, nachdem er ein paar Minuten geschwiegen hat, und sein Nachdenken schwer genug auf meinem Arm gelastet, sagt er plötzlich: »Ist das nicht ein fürchterlicher Niederbruch! Ein ganz vollkommener! Zuerst die Kapitulation, heute die Hungersnot, morgen das Bombardement ... Ist es nicht wahrhaft künstlerisch gesteigert, dieses Unglück?«

Dann fängt er wieder an: »Aber ist es nicht auch sonderbar, dass der Mut, die Tapferkeit, diese Sache, die ein ganz spezifisch französisches Erzeugnis zu sein schien ... es war doch die Überzeugung der ganzen Welt, dass wir geborene Helden sind ... also, soll das wirklich nicht mehr existieren? ... Haben Sie die feigen Ausreißer nicht gesehen, denen man die Kleider gewendet hat, und denen ins Gesicht zu spucken man die ganze Bevölkerung freundlichst eingeladen hat?« ...

»Mein lieber Théo,« antworte ich, Abschied von ihm nehmend, »meine Meinung ist: Die ›Blague‹ hat alle diese heroischen Dummheiten getötet,und die Nationen, die die nicht mehr haben, sind zum Tode verurteilt.«

Freitag, 28. Oktober. – Das Erstaunliche, das Wunderbare, das Unwahrscheinliche, das ist das Fehlen jeder Verbindung mit der Außenwelt. Es gibt nicht einen einzigen Bewohner von Paris, der seit vierzig Tagen eine einzige Nachricht von den Seinigen draußen erhalten hätte. Kommt durch den größten Zufall einmal eine Zeitung aus Rouen in die Stadt hinein, so macht man davon Faksimiles und verbreitet sie wie die unschätzbarste Rarität. Niemals sind zwei Millionen Menschen in einem so vollendeten Gefängnis eingeschlossen gewesen. Es gibt keine Entdeckung, keine Neuerung, keine glückliche Kühnheit. Es gibt auch keine Fantasie mehr in Frankreich.

Allmählich beginnt man mit den hässlichen Dingen des Krieges näher Bekanntschaft zu machen. In der Hauptstraße von Auteuil sehe ich zwei Liniensoldaten mit erdfahler Haut an mir vorbeitragen, vor ihnen ein Soldat, der das Pferd am Zügel führt, sie selbst hängen in einem Korb auf dem Rücken des Tieres und scheinen bei jedem Stoß in ihren Hüften förmlich einzuknicken, ihre armen hilflosen Füße versuchen, in den Steigbügeln Halt zu finden. So was tut weh. Verwundete, das ist der Krieg; aber Leute, die die Kälte, der Regen, der Mangel an Nahrung tötet, ansehen, das ist viel schrecklicher als Verwundungen in der Schlacht. »Sie sind von meinem Regiment,« sagt eine Marketenderin, die mit mir zusammen im Omnibus fährt, »von meinem Regiment, dem 24. mobilen, alle Tage bringt man solche herein.« Und in ihrem, Ton klingt etwas von der Entmutigung jener, denen sie die Getränke einschenkt.

Auf dem grauen Stein des Pantheons, unter dem goldenen Kreuz, breitet sich eine riesige Tribüne, rot drapiert, wie die Treppen der Weinschenken. Ein großes Rand trägt die Worte: » Bürger, das Vaterland ist in Gefahr! Einschreibungen Freiwilliger für die Nationalgarde!« Darüber ein Wappenschild, das Silberschiff der Stadt Paris darstellend, und darüber ein Bündel Fahnen, von einer schwarzen gekrönt, in deren düsteren Falten die Namen Straßburg, Toul, Châteaudun flattern. An den beiden Enden, unter dreifarbigen Standarten, stehen die Jahreszahlen »1792« und »1870«. An den Pfeilern kann man auf angehefteten Pappschildchen die zwei Buchstaben R. F. lesen.

Die weite Tribüne ist ganz voll von Käppis mit Silberborten, von Schultern, leuchtend unter dem Gummi durchnässter Mäntel, und zwischen durch drängt sich und teilt sich wieder die Menge, die die Treppe hinaufsteigt, eine Menge, die wahre Stockwerke aus menschlichen Rücken in weißen und blauen Wämsern bildet; das alles unter dem Getöse der Trommeln und den Klängen der Hörner. Es ist ein Schauspiel, das ein wenig an den Jahrmarkt erinnert, und dennoch ergreift es einen durch die Elektrizitäten, die sich aus allen hochherzigen Menschlichkeiten entladen, aus den Massen, die sich opfern.

Eine unendliche Menschenmenge bedeckt den Platz; darüber sind noch wahre Pyramiden von Frauen und Kindern, die zwischen die Säulen der Mairie des 5. Arrondissement und der Ecole de Droit geklettert sind.

All die Gesichter sind hager und blass, haben jenes Gelb, das die Belagerungskost gibt, und dazu kommt noch die Aufregung des Schauspiels, in das die ernsten Klänge der Marseillaise tönen.

Schließlich findet der endlose Vorbeimarsch der eben eingeschriebenen Nationalgardisten statt, die alle an dem Bureau, das in der Mitte der Tribüne eingerichtet ist, vorbeiziehen.

Und wie die Stunden gehen, es später wird unter dem regnerischen Himmel, in den wie trockene Blätter Wolken von Staren sich zerstreuen, in der Dämmerung, die die Gestalten noch bleicher erscheinen lässt, ersteht ein fantastisches Bild; diese Tausende bleicher Soldaten, durch die großen Schatten der Tribüne marschierend, wo ihre Gesichter wie verhüllt unter

Schleiern erscheinen, erwecken den Eindruck eines fantastischen Heeres von Phantomen, wie aus einer Mitternachtslithografie von Raffet. Gewiss, in allen diesen Dingen gibt es Motive für die Malerei, aber aufrichtig gesagt, es ist zu sehr die Wiederholung von 92, von 93. Und man ist ein wenig gedemütigt, wenn man merkt, dass es eine so platte Nachahmung der Vergangenheit ist, eine so sklavische, dass man sogar auf den Giebel der Ecole de Droit die Inschrift gesetzt hat: »Unteilbarkeit der französischen Republik! *Freiheit, Gleichheit, Brüderlichkeit, oder Tod!*«

Sonntag, 3o. Oktober. – Vor meinem Wagen bewegt sich eine Reihe der kleinen Wägelchen der Armeeambulanzen mit den grauen Vorhängen, über denen die kleinen Fahnen mit dem roten Kreuz flattern.

Ich gehe einen Augenblick in das Konzert Pasdeloup. Der Saal ist voll, aber die Musik hat in diesen Augenblicken nicht die Macht, mich vergessen zu lassen, nicht die Kraft, meine Gedanken in Träumerei zu verwandeln. Ich fühle mich nicht fortgerissen von der Pastorale Mozarts und will lieber das Schauspiel der Straße genießen.

Der ganze Boulevard ist ein Jahrmarkt; man verkauft alles auf dem Asphalt: Wolltrikots, Schokolade, Scheiben von Kokosnüssen, Sultanpastillen, ganze Stöße der »Châtiments« Victor Hugos, Waffen, die aus der Requisitenkammer eines Theaters zu stammen scheinen, jene Wunderschachteln, in denen man »den oder die man liebt« erblicken kann. Auf der Bank gegenüber den »Varietés« haben Zufallsfischer einen Laden zusammengezimmert und verkaufen zu zwei Franken das Stück kleine Hechte, so groß wie Gründlinge, wer weiß wo gefangen.

Zwischen den Buden spaziert die sorglose Menge eines Sonntags gewöhnlicher Zeiten, mit kleinen Schritten, plaudernd und vor jeder Auslage stehen bleibend, und die kreischenden Rufe erbärmlicher Bengel preisen mit vom Alkohol zerbrochenen Stimmen an: »Frau Badinguet oder die Frau Bonaparte, ihre Liebhaber, ihre Orgien«.

Montag, 31. Oktober. – Auf allen Gesichtern, in der ganzen Haltung der Leute spürt man den Gegenschlag der großen und fürchterlichen Dinge, die in der Luft liegen. Hinter dem Rücken von Leuten, die um einen Nationalgardisten herumstehen und fragen, höre ich die Worte: »... Revolverschüsse ... Pelotonfeuer ... Verwundete«. Auf der Schwelle des Théâtre Francais erzählt mir Lafontaine die offizielle Nachricht von der Kapitulation von Metz. –

Die Rue de Rivoli ist voll Unruhe und Lärm, die Menge mit den Regenschirmen wird immer größer, je näher man dem Hôtel de Ville kommt.

Dort ist eine Zusammenrottung, eine verwirrte Masse von Menschen aller Art, durch die sich alle Augenblicke Nationalgardisten, die Gewehrkolben in der Luft, einen Weg bahnen und rufen: »Vive la Commune!« Das Gebäude ist heute ganz schwarz, nur die Uhr, die ihren Zeiger auf dem Zifferblatt sorglos gehen lässt, ist beleuchtet, die Fenster sind weit offen, und aus ihnen hängen die Beine der Blusenmänner, wie sie dort schon am 4. September zu sehen waren. Der ganze Platz ist ein Wald von erhobenen Gewehrkolben, deren Beschläge im Regen blitzen.

Auf den Gesichtern erkennt man den Schmerz über die Kapitulation Bazaines, eine gewisse Wut über die gestrige Niederlage bei Le Bourget, zugleich aber den zornigen und heroisch unüberlegten Willen, nicht Frieden zu schließen.

Arbeiter mit rundem Hut schreiben mit Bleistiften auf schmutzigen Brieftaschen eine Liste, die ihnen ein Herr diktiert. Unter den Namen höre ich: Blanqui, Flourens, Ledru-Rollin, Mottu. »Jetzt wird's gehen,« schreit ein Blusenmann ins starre Schweigen meiner Nachbarn hinein; dann treffe ich eine Gruppe von Frauen, die, wenn auch ängstlich, schon über die Verteilung des Privatbesitzes sprechen.

Soweit man nach dem äußeren Eindruck schließen kann, ist, wie mir auch die Beine, die aus den Fenstern des Rathauses hinaushängen, schon anzeigten, die Regierung gestürzt, die Kommune errichtet, und die Liste des Herrn auf dem Platz wird durch das allgemeine Wahlrecht bestätigt werden. Es ist nun so weit. Man kann heute auf seinen Kalenderschreiben: »Finis Franciae«. Die Rufe »Vive la Commune« erschallen überall auf dem ganzen Platz, und neue Bataillone stürzen sich in die Rue de Rivoli, gefolgt von einer Lumpenherrschaft, die schreit und gestikuliert ... In diesem Augenblick fragt mich eine alte Dame, die sieht, dass ich das Abendblatt eben zu Ende lese, ob, o Ironie, der Kurs der Staatsrente in meiner Zeitung steht!

Nach dem Essen höre ich, wie ein Mann aus dem Volk zu der Tabakhändlerin, bei der ich meine Zigarre anzünde, sagt: »Ist es möglich, dass sich die Leute so betrügen lassen! Sie werden sehen, wir erleben ein 93, und die einen werden die andern aufknüpfen.«

Der Boulevard ist ganz schwarz. Die Läden sind geschlossen. Es gibt keinen Spaziergänger mehr. Man sieht nur ein paar Menschen, deren Finger ein Bindfaden schneidet, an dessen Ende irgendetwas Essbares eingewickelt hängt, und die halten sich alle im Lichtkreis der Kioske auf; die Wirte der Cafés gehen immer wieder an die Türen, ungewiss, ob sie nicht auch schließen sollen. Es wird Rappell geschlagen, Generalrappell. Ein alter apoplektischer Nationalgardist, das Käppi in der Hand, schreit: »Die Kanaillen!«, ein Offizier der Nationalgarde ruft am Eingang des Café Riche die Leute seines

Bataillons zusammen. Es geht das Gerücht um, der General Tamisier sei Gefangener der Kommune.

Der Rappell wird mit wahrer Wut fortgesetzt; während ein junger Nationalgardist mitten über die Fahrstraße des Boulevards läuft, schreit er aus Leibeskräften: »Zu den Waffen! Gott verdamm' mich!« Der Bürgerkrieg, dazu Hungersnot und Bombardement, ist das nun wirklich unser morgiges Schicksal?

Dienstag, 1. November. – Ausnahmsweise sind wir heute Abend bei Brébant ziemlich zahlreich. Théophile Gautier ist da und Bertrand, Saint-Victor, Berthelot und noch einige andere. Louis Blanc erscheint zum ersten Mal mit dem Äußeren eines Geistlichen und in einem Gehrock, in dem er die Leviten lesen könnte.

Natürlich ergibt die gestrige Revolution den Gesprächsstoff. Hébrard, der im Innern des Rathauses der Szene beigewohnt hat, erklärt, dass man sich gar keine Vorstellung machen könne von der niederträchtigen Dummheit, deren Zeuge er war. Er hat einen Haufen Menschen gesehen, die durchaus Barbès tragen wollten, die guten Leute wussten nicht, dass er schon tot ist. »Ich«, sagt Berthelot, »habe in aller Frühe wissen wollen, woran wir waren, und habe einen Posten am Rathaus gefragt: »Wer ist da drin? Wen bewachen Sie denn?« – »Mein Gott,« antwortete er, »die Regierung von Flourens.« Er wusste also noch nicht, dieser Posten, dass die Regierung, die er zu bewachen hatte, inzwischen gewechselt hat. Was wollen Sie, wenn Frankreich so weit ist!«

Und Louis Blanc erzählt, mit süßen Worten, die nur langsam aus seinem Munde kommen und die er wie köstliche Bonbons noch ein wenig zurückhält: »Alle diese Männer von gestern haben sich selbst ernannt, und sie fügten zu ihrem Namen, um ihm doch einige Geltung zu geben, noch irgendeinen andern, berühmten, sowie man eine Feder auf einen Hut steckt.« Er sagte das in einem halb spitzen und halb zuckersüßen Tone, aus dem man aber doch die geheime Bitterkeit heraushörte, wie wenig sein eigener Name, der im Jahre 1848 populär war, heute bei den Massen gilt. Und man muss auch wirklich zugeben, wie wenig die Berühmtheiten von heute gelten bei einem Volk, das in die Nichtigkeit seiner Herren-Meister förmlich verliebt ist.

Und dann zieht der kleine Louis Blanc, um seinen Worten größeres Gewicht zu geben, aus der kleinen Tasche seiner kleinen Hose eine Liste, auf der zwanzig Namen gedruckt sind, die man der Abstimmung der Bürger des 5. Arrondissements unterbreitet hat, und aus denen eine Kommune gebildet werden soll. Es ist wirklich eine Zusammenstellung der berühmtesten Unbekannten, aus denen man je in irgendeinem Lande der Welt eine Regierung verfertigt hat. Da behauptet Saint-Victor, von einem Freunde Trochus erfahren zu haben, der General rühme sich, binnen vierzehn Tagen die Befreiung von Paris durchzusetzen.

Alle Welt fängt an zu lachen, und jene, die den Gouverneur von Paris persönlich kennen, beginnen ihn zu schildern als eine ganz winzige Intelligenz, vollständig eingesponnen in den engen Vorstellungen des Militarismus, verschlossen jeder neuen Entdeckung, die auftaucht, jeder neuen Idee, sein Veto ebenso jeder ernsthaften Sache wie jedem fantastischen Vorschlag entgegenstellend. Denn fantastische Vorschläge sind ja auch in Hülle und Fülle da: So gibt es wahrhaftig Leute, die Paris mithilfe der – Hunde retten wollen. Man soll ihnen nämlich die Tollwut einimpfen und sie dann auf die Preußen loslassen.

Dann erzählt uns Louis Blanc von der Idee eines Mannes, dessen Projekt er sich angenommen hat; er hat den Plan, den Preußen in Versailles das Wasser abzuschneiden, und zwar durch die Zerstörung der Werke von Marly und die Austrocknung der Teiche. Trochu hat den Vorschlag mit dem einzigen Worte »Absurd!« abgelehnt. Dorian hingegen war von dem Plan ganz entzückt.

Nun entspinnt sich zwischen einem Fabrikanten militärischer Maschinen, der gerade anwesend ist, einem Artillerieoffizier und Berthelot eine Auseinandersetzung über eine Hekatombe von Erfindungen oder neuen Erzeugnissen, die aus dem einen oder dem anderen Grunde abgelehnt worden sind, die meisten ohne jeden Grund gleich von vornherein aus Lässigkeit, aus Verständnislosigkeit. Es ist die Rede von Kohlenzündern für Bomben, einem Ballon, der durch Verbreitung einer Zeitungskorrespondenz in der Provinz 600000 Franken einbringen sollte, und dessen Einführung noch der behördlichen Genehmigung harrt. Louis Blanc sagt: »Was das Ausbleiben von Neuigkeiten anlangt, sagte mir Trochu, als ich darüber staunte: ›Aber die Regierung tut alles Mögliche; wissen Sie, dass die Regierung dafür monatlich 10000 Franken ausgibt?‹ Das hat mich erst recht verwundert: 10000 Franken für eine Sache von so ungeheurer Bedeutung, für die man 100000, 200000, was weiß ich, eine Million ausgeben müsste.«

Von Trochu geht das Gespräch über auf General Guiod, den Berthelot für alle unsere Unglücksfälle verantwortlich macht. Es ist der Mann, der, nicht zufrieden damit, sich der Fabrikation der Chassepotgewehre widersetzt zu haben, die Kanone des Kommandanten Potier zurückgewiesen hat. »Dabei ist die Sache so einfach!«, fügt er hinzu, »seit dem Anfang des Krieges ist alles Artillerieschlacht. Die preußischen Kanonen tragen sechs- oder achthundert Meter weiter als unsere; sie werden also hundert oder zweihundert Meter von unserem Schießbereich aufgestellt und zerstören alles bei uns, wie sie wollen. Die Kanonen von Potier hätten die Partie gleichgemacht.« – »Sie wissen doch,« sagt da der Maschinenfabrikant, »dass während der acht Tage Arrest, die der General Guiod dem Kommandanten Potier zudiktiert hat, die zweitausend Mann, die unter seiner Leitung stehen, nicht gearbeitet haben, und in diesem Augenblick ...« Hier wird der Maschinenfabrikant durch den Artillerieoffizier unterbrochen: »Das ist genau so wie mit den Artilleristen: man sagt, es gibt keine; man sollte lieber sagen, dass man keine will. Einer meiner Freunde hat dem General einen sehr fähigen früheren Offizier vorgestellt. Wissen Sie, wie ihn der General empfangen hat? ›Mein Herr, ich liebe unzeitgemäßen Eifer nicht.‹«Berthelot nimmt das Gespräch auf: »Ja, so ist es überall; Nefftzer begreift meine Verzweiflung nicht, wenn ich mit ihm darüber spreche, er sieht das alles nicht so im Einzelnen wie ich; er kommt nicht den ganzen Tag über in Berührung mit ihren blöden Dickschädeln. Noch ein Beispiel: dieses törichte Gesetz, durch das die alten Veteranen wieder einberufen werden, in einem Augenblick, wo man junge Leute braucht, Fähigkeiten,die sich entwickeln, einen General, der erst seine Kraft enthüllt. Man müsste kleine Ausfälle unternehmen, Ausfälle, von Hauptleuten kommandiert. Der, welcher seine Sache am besten macht, sollte dann zum Kolonel ernannt werden, und, wenn er sich einige Male ausgezeichnet hat, zum General. So würden wir unser Offizierkorps reformieren und eine wirkliche Brutstätte für Offiziere einrichten... Aber man bewahrt alle Beförderungen für die Armee von Sedan auf, ja, es ist kein Scherz, für die Armee von Sedan!«

»Ach,« wirft da ein Skeptiker ein, »was hülfe es auch, die Offiziere zu wechseln, es werden immer die gleichen bleiben ...« Und nun spricht man vom baldigen Niedergang Frankreichs, wie der Vorrat an »wertvollen Hirnen« erschöpft sei, von den Krämpfen, in denen Frankreich zuckend dem Tode entgegengeht.

Indessen sitzt Renan, eingesunken, die Hände wie ein Geistlicher über dem Magen gekreuzt, da und sagt von Zeit zu Zeit Bibelverse in die Ohren Saint-Victors, der entzückt ist, Latein zu hören.

Dann, mitten in einem neuen Geschwätz über die Gründe unseres Verfalls, schreit Nefftzer auf: »Was Frankreich zugrunde gerichtet hat, das ist die Routine und die Rhetorik!« – »Ja, der Klassizismus!« seufzt Théophile Gautier; mit diesen Worten unterbricht er eine Analyse, die er in einem Winkel dem braven Chennevieres über die Vierzeiler des Khèyams gegeben hat.

Sonntag, 6. November. – Der Waffenstillstand ist von den Preußen zurückgewiesen. Ich glaube, es gibt in der diplomatischen Geschichte der Welt kein wütenderes Dokument als das bismarcksche Memorandum. Sein Mitleid mit den Hunderttausenden von Franzosen, die verhungern würden, ähnelt dem Jesuitismus eines Attila.

Montag, 7. November. – Heute früh, beim Dejeuner in der Taverne Lucas finde ich auf der Rechnung meine Serviette mit 15 Centimes berechnet. Es scheint, die Wäscherei ist durch die Rückkehr der Wäscher von Boulogne und Neuilly usw. nach Paris in Unordnung geraten, vielleicht auch durch die Requisitionen von Pottasche und anderen Stoffen, die die Regierung zur Herstellung von Pulver braucht.

Ich mache Victor Hugo einen Besuch, um ihm für den sympathischen Brief zu danken, den der berühmte Meister mir anlässlich des Todes meines Bruders zu schreiben die Güte hatte. Er wohnt Avenue Frochot, bei Meurice, glaube ich. Man lässt mich in einem Speisezimmer warten, wo noch die Reste eines Frühstücks stehen, das man mitten in einem Bric-à-brac von Gläsern und Porzellan serviert hat.

Dann werde ich in einen kleinen Salon geführt, dessen Decke und Wände mit alten Tapisserien bespannt sind. Im Winkel beim Kamin sitzen zwei Frauen in Schwarz, deren Züge man nur vage gegen das Licht sieht. Um den Dichter, halb liegend auf einem Diwan, Freunde, unter denen ich Vacquerie erkenne. In einem Winkel lässt der dicke Sohn Victor Hugos, in der Uniform der Nationalgarde, ein kleines Kind mit blonden Haaren und einer roten Schärpe Dame spielen.

Hugo hat mir die Hand gegeben und sich dann wieder vor den Kamin gestellt. In dem Halbdunkel des alten Trödels, mit dem die Wohnung möbliert ist, die an diesem Herbsttage noch verfinstert wird durch die alten Farben der Wandbespannung, und in dem blauen Zigarrenrauch, inmitten dieser Dekoration einer vergangenen Zeit, in der alles ein bisschen verblichen und ungewiss ist, die Dinge wie die Menschen, erscheint der Kopf Hugos im vollen Licht, im rechten Rahmen und hat einen großen Zug. Sein Haar, schöne weiße, sich gleichsam aufbäumende Locken, wie man sie auf den Prophetenköpfen Michelangelos sieht, und sein Gesicht geben ein Bild ganz eigentümlicher Friedsamkeit, einer fast ekstatischen Friedsamkeit. Ja, ekstatisch – aber von Zeit zu Zeit gibt es das jähe Aufwachen eines Blickes, der schwarz, schwarz, schwarz ist, aber allerdings ebenso plötzlich erlischt.

Ich frage ihn, wie er sich in Paris zurechtfindet. Er sagt mir ungefähr das: »Ja, ich liebe das Paris, wie es jetzt ist, ich hätte das Bois de Boulogne nicht sehen mögen, in der Zeit, als es dort Wagen, Kaleschen und Landauer gab, es gefällt mir jetzt, wo es eine Schlucht, eine Ruine ist ... das ist schön, das ist groß. Glauben Sie aber nicht, dass ich alles, was in Paris gemacht worden ist, verdamme. Ich bin der Erste, die geschickte Restauration von Notre-Dame, von der Sainte-Chapelle anzuerkennen, und sicherlich hat man schöne neue Häuser gebaut.« Und als ich ihm sage, dass sich *der Pariser* in diesem Paris, das nicht mehr Paris ist, nicht mehr heimisch fühlt, antwortet er: »Ja, es ist ein anglisiertes Paris, aber eines, das glücklicherweise zwei Dinge hat, die *nicht* an London erinnern, nämlich die höhere Güte seines Klimas und das Fehlen des Kohlenstaubs. Was mich betrifft, meinen persönlichen Geschmack, so bin ich wie Sie. Ich liebe unsere alten Gassen ...« Und als jemand das Wort von den »großen Arterien« ausgesprochen hat, wirft er zur Gruppe beim Diwan hin die Worte: »Ja, es ist wahr, diese Regierung hatte nichts für die Verteidigung gegen die Fremden getan, aber alles ist geschehen für die Verteidigung gegen die Bevölkerung.«

Hugo setzt sich nun neben mich hin und spricht mit mir von meinen Büchern; er ist liebenswürdig genug, zu sagen, sie seien die Zerstreuung seiner Verbannung gewesen. Er fügt hinzu: »Sie haben Typen geschaffen, das ist eine Fähigkeit, die nicht einmal die Leute von sehr großem Talent immer haben.« Dann, da er mir von meiner Vereinsamung auf dieser Welt spricht und sie mit der seinen vergleicht, als er drüben war, predigt er mir die Arbeit, um dieser Vereinsamung zu entgehen, und tröstet mich mit der Vorstellung von einer Art Zusammenarbeit mit *dem*, der nicht mehr ist. Er schließt mit dem Satz: »Ich für meinen Teil glaube an eine Gegenwart der Toten und nenne sie die ›*Unsichtbaren*‹.«

In diesem Salon ist die Entmutigung vollständig. Selbst die, welche dem »*Rappel*« Artikel voll Vertrauen schicken, gestehen ganz laut, wie wenig Vertrauen sie auf die Möglichkeit einer Verteidigung haben. Hugo sagt: »Wir werden uns eines Tages wieder erheben. Wir dürfen nicht untergehen. Die Welt kann den Germanismus nicht über sich ergehen lassen. In vier oder fünf Jahren wird es eine Revanche geben.«

Victor Hugo zeigt sich bei diesem Besuch als liebenswürdiger, einfacher, braver Mann, nicht im Geringsten großsprecherisch oder »sibyllinisch«. Sei_ne starke Persönlichkeit lässt sich nur an feinen Anspielungen erkennen, so, wenn er von der Verschönerung von Paris spricht und Notre-Dame als Beispiel anführt. Man ist ihm dankbar für seine Höflichkeit, wenn sie auch ein wenig kalt, ein wenig hochmütig ist, doch ist man froh, in dieser Zeit banaler Äußerungen derlei zu treffen, in dieser großen Zeit, wo die großen Berühmtheiten einen gleich bei der ersten Begegnung empfangen mit Zurufen wie: »Ah, Du bist's, altes Haus!« Mittwoch, 9. November. – Ich stoße heute Abend auf Nefftzer, der mich auf ein Glas »*Aff-Aff*« zu Frontin mitnimmt. Wir steigen in den Keller hinunter, den die Demokraten unsicher machen. Nefftzer ist schon angeregt und redselig gemacht durch ein paar Schoppen, und sein schwäbisches Lachen dröhnt entsetzlich.

Als ich ein Wort von Victor Hugo sage, fängt er an, sich über den Mann zu verbreiten, mit dem er in der Conciergerie viel zusammen gewesen ist, in der Zeit, als Victor Hugo alle Tage mit seinen Söhnen und Vacquerie zum Essen hinkam. Er erzählt mir von dessen vollständiger Ahnungslosigkeit, was die Kost angeht: »Proudhon«, erzählt er, »und ein anderer meiner Freunde hatten sich zu Diners, die je zehn Sous kosteten, zusammengetan. Denken Sie, für die zehn Sous bekam man drei Platten, aber was für Platten! Man bekam Wein, aber was für Wein! Ich, ich kann zwischen den guten und den schlechten Dingen unterscheiden, aber ich bescheide mich mit auch den schlechten. Er, Hugo? Merkt nichts von alledem. Ich erinnere mich, eines Tages kam er zu spät, und wir erwarteten ihn nicht mehr. Das übrig gebliebene Essen war in eine Ecke geworfen worden, ein Höllenragout, eine geradezu infame Mischung aller möglichen Dinge, wie Kalbsblanquette und Stockfisch in brauner Butter. Nun gut, Hugo hat sich darauf gestürzt, und wir sahen ihm zuerst förmlich entsetzt zu ... dabei müssen Sie wissen, er isst wie Polyphem ...«

»Sehr amüsant war er, Hugo, als die Wahl des Präsidenten stattfand. Ich hatte damals das beste Zimmer, das für Beauvallon hergerichtete. Man hielt sich also viel bei mir auf. Hugo kam oft hin, um Proudhon mit Worten gleichsam zu liebkosen, aber es half nichts, Proudhon hatte für ihn dieselbe Verachtung, die er für einen Musikanten gehabt hätte ...

Mein Zimmer diente damals allen möglichen Zwecken. Eines schönen Tages gab es ein großes Diner. Crémieux hatte Konstanzer Wein mitgebracht, den er von Rothschild bekam, weil er ein Jude war. Frau Hugo fing damals an zu sprechen, ein bisschen viel zu sprechen, – ich werde niemals den Blick vergessen, den man gar nicht schildern kann, mit dem Hugo sie versteinert, zum Schweigen gebracht hat ...

Früher, in der Zeit, da Hugo in die Redaktion der »Presse« kam, erkannte ich ihn nie auf den ersten Blick: Denn die Vorstellung, die ich von dem großen Dichter hatte, stimmte im ersten Augenblick niemals zu dem Herrn, den ich da leibhaftig vor meinen Augen hatte ... Stellen Sie sich nur den Anblick eines Schiebers, eines Studenten im dreißigsten Semester vor ... er war nicht gepflegt und hatte überdies die Gewohnheit, schmale Strippen unter perlgrauen Hosen voller Flecken zu tragen, dazu immer einen schwarzen Gehrock.

Als ich ihn in Belgien wiedersah, war er ein anderer Mensch. Man hätte ihn für einen alten Kavallerierittmeister halten können ... Aber man muss zugeben, ob es sich nun um den alten oder um den neuen Hugo handelte, er hat immer etwas Verführerisches gehabt in der Art, einen zu empfangen, eine gewisse graziöse und charmante Artigkeit ... So erinnere ich mich: Wenn wir mit unsern Frauen zu ihm zu Besuch kamen, ließ er nie eine einzige von ihnen fortgehen, ohne Ihr ihren Schal oder Umhang über die Schulter zu hängen. Bei einem andern wäre das einfach lächerlich gewesen; bei ihm war es eine schöne Geste.«

Es ist halb elf, und gemäß der Verordnung der Défense Nationale löscht ein Mann das Gas aus und stellt eine Kerze auf den Tisch. Der Keller hat nun das Aussehen eines jener unterirdischen Cafés wie die, in denen ich in Berlin nachts gegessen habe.

Nun erheben sich die Worte und die Gedanken Nefftzers zu sonderlichen Höhen: »Ich, für meinen Teil, bin ein Germane, ein vollständiger Germane, ich verteidige Frankreich nur aus Pflichtbewusstsein, aber ich betrüge mich nicht selbst. Vielleicht ist der Tag nicht mehr fern, wo wir wieder eine phokische Republik sehen werden, ein Großherzogtum Aquitanien, ein Großherzogtum Bretagne ... Seien Sie überzeugt, es ist alles die Schuld der Bartholomäusnacht, sie bringt jetzt das Ende Frankreichs ... Wäre Frankreich protestantisch geworden, dann wäre es für alle Zeiten die große Nation Europas gewesen. Sehen Sie, in den protestantischen Ländern gibt es Abstufungen zwischen der Philosophie der höheren Klassen und dem freien Urteil der niederen Klassen ... In Frankreich ist ein Abgrund zwischen dem Skeptizismus der oberen und dem Aberglauben der niederen Klassen, und das, glauben Sie es mir, das ist es, was Frankreich zugrunde richtet.«

In dem Café, das dunkel geworden ist, vom Düster erfüllt, erscheint jetzt sein dickes Jordaënsgesicht rot unter dem grellen Licht der Kerze, das fette und warzige Fleisch tritt deutlicher hervor; aber aus diesem Geschwätz, das manchmal unverständlich ist, diesen fortwährend plätschernden Worten, die wie Rülpser hervorkommen, springen manchmal Gedanken voller Tiefe auf: Ironien, Paradoxe, ja manchmal was vom Genie.

Er schließt seine Tirade, indem er ganz laut erklärt, Herr von Bismarck sei der erste Staatsmann aller Zeiten; es sei nur fraglich, ob er so große Dinge vollbracht hätte, wenn er den Schwierigkeiten und den widrigen Umständen begegnet wäre wie Pitt.

Dann lässt er sich noch Ale und Porter bringen und sagt, dass er dem Bier seinen regelmäßigen Schlaf verdankt.

Donnerstag, 10. November. – Alle Leute, die man jetzt sieht, haben ein dringendes Bedürfnis nach Seelenruhe, nach geistiger Ruhe, nach einer Flucht aus Paris. Alle sagen: »Sowie die Sache hier zu Ende ist, fahre ich fort«, und dann nennen sie irgendeinen Winkel von Frankreich, irgendein Stück fernes Land, wo man weit weg von Paris und allem, was daran erinnert, lange Stunden nicht mehr nachdenken, nicht mehr denken, vor allem aber sich nicht mehr erinnern wird.

Es könnte schon sein, dass das große Jahr 89, das niemand, auch unter seinen Gegnern, in einem Buch anders bespricht, als mit allerlei Reverenzen, für die Schicksale Frankreichs doch weniger bedeutsam gewesen ist, als man bisher angenommen hat. Vielleicht wird man merken, dass von damals an unserer Existenz nichts war als eine Folge von Wellenberg und Wellental, eine Folge von Ausflickereien der sozialen Ordnung, und dass jede Generation einen neuen »Retter« gebraucht hat. Sieht man genau zu, so hat die Französische Revolution die Disziplin der Nation getötet, hat die Selbstverleugnung des Individuums getötet, Eigenschaften, die durch die Religion und einige andere ideale Gefühle noch aufrechterhalten worden waren. Was aber von diesen idealen Empfindungen vielleicht noch übrig geblieben war, das hat unser erster Retter Louis Philippe vernichtet, durch den Satz seines ersten Ministers: »Bereichert Euch!« und dann unser zweiter Retter, Napoleon III., durch sein Beispiel und das Beispiel seines Hofes, der da sagte: »Genießet!« Dann, als alle uneigennützigen Seelenreligionen gestorben waren, machte man durch das allgemeine Wahlrecht aus dem zerstörenden und desorganisierenden Willen der niederen Schichten unserer Gesellschaft die rechte französische Souveränität.

Das Jahr 89 hätte die Herrschaft eines anderen Volkes einleiten können, eines Volkes, das ernsthaft die Freiheit und die Gleichheit geliebt hätte, eines gebildeten Volkes, das die Fähigkeit, aus freier Wahl zu entscheiden, gehabt hätte, aber bei dem skeptischen und spöttischen und »*wurschtigen*« Temperament Frankreichs war – nach meinem Gefühl wenigstens – das Jahr 89 bestimmt, mit dem Ende anzufangen.

Freitag, 11. November. – Den Verwundeten gehören jetzt alle Herzen. Den Boulevard Montmorency entlanggehend sehe ich eine Dame in ihrem offenen Wagen einen Verwundeten in grauem Mantel mit einer Polizeimütze spazieren fahren. Sie hat nur Augen für ihn, jeden Augenblick richtet sie die Pelzdecke über seinen Beinen, Hände einer Mutter und einer Gattin spazieren die ganze Zeit der Spazierfahrt auf seinem Körper herum. Der Verwundete ist ein Modegegenstand geworden; für andere ist er wieder eine Nützlichkeitssache, eine Art von Blitzableiter. Er verteidigt das Haus, in dem man wohnt, vor dem Eindringen der Vorstadtbevölkerung, er soll in der Zukunft vor Feuer, Plünderung, preußischen Requisitionen schützen. Jemand erzählte mir, dass ein Bekannter von ihm eine Ambulanz eingerichtet hat; acht Betten, zwei Schwestern, Charpie, Verbandzeug und, was man noch für ein Lazarett braucht – nichts fehlte. Aber trotzdem wollte kein Verwundeter am Horizont erscheinen. Der Mann mit dem Lazarett blieb in Unruhe um sein Haus. Was tat er? Er ging in ein Lazarett, das mit Verwundeten gesegnet war, legte dort dreitausend Franken hin, ja, wirklich dreitausend Franken, damit man ihm einen einzigen ablasse.

Ich verlange lebhaft nach dem Frieden, ich wünsche mit allem Egoismus, dass kein Geschoss in mein Haus fällt und meine schönen kleinen Sachen zerstört; trotzdem ging ich traurig wie der Tod an den Festungswerken entlang. Ich schaute alle diese Arbeiten an, die nicht gegen den deutschen Sieg protestieren sollen; und an der ganzen Haltung der Arbeiter, der Nationalgardisten, der Soldaten, an dem, was die Seele der Leute von ihnen und ihrer Stimmung aussagt, spürte ich, dass der Frieden von vornherein schon unterzeichnet ist, und zwar so, wie ihn Bismarck verlangen wird; und ganz töricht litt ich wie an einer Enttäuschung über ein geliebtes Wesen. Jemand sagte mir heute Abend: »Die Nationalgarde? Ach Gott, sprechen wir gar nicht von Ihr, nicht wahr? Die Liniensoldaten werden die Gewehre in die Höhe heben, die Mobilsoldaten ein wenig Widerstand leisten, die Seesoldaten ohne Überzeugung schießen: So wird man sich schlagen, *wenn* man sich schlägt.«

12. November.– Dass es nur der Nachwelt nicht einfalle, künftigen Geschlechtern Geschichten vom Heroismus des Parisers anno 1870 zu erzählen. Sein Heldentum wird nur darin bestanden haben, stark gesalzene Butter zu den grünen Bohnen gegessen zu haben, und Pferde-Rostbeef statt Rinder-Rostbeef – und das ohne viel davon gemerkt zu haben. Denn der Durchschnittspariser hat nicht die Fähigkeit zu wissen, *was* er isst.

Sonntag, 13. November. – Mitten unter all dem, was das Leben in diesem Augenblick beengt und bedroht, gibt es jetzt doch auch etwas, was das Leben erhält, aufpeitscht, ja fast lieben lässt: Das ist die Aufregung. Im Kanonendonner spazieren gehen, sich an das Ende des Bois de Boulogne vorwagen, zusehen, wie, zum Beispiel heute, die Flammen aus den Häusern von Saint-Cloud hervorschlagen, von der fortwährenden Erregung des Krieges, der einen umgibt, berührt leben, die Gefahr streifen, sein Herz immer ein wenig schnell schlagen fühlen –: Das ist schließlich auch eine Lust; und ich fühle: Wenn das vorbei sein wird, kommt nach dieser fieberhaften Lust eine ganz, ganz gemeine, recht gemeine Langweile.

Sonntag, 20. November. – Auf der Höhe der Butte Mortemart hörte ich heute ein kleines Mädchen, indem es auf Saint-Cloud zeigte, seinen kleinen Freundinnen sagen: »Unser Haus dort ist immer noch da – das letzte bei den Bäumen ... seht Ihr's?«

Das ist der Trost dieser Augenblicke. Kleine und Große kommen von Zeit zu Zeit her, um einen Blick auf ihr geliebtes Haus zu werfen. Vor ein paar Tagen verlangte ein Herr, den ich gar nicht kenne, von mir die Erlaubnis, aus einem meiner Fenster nach seinem Atelier in Sèvres sehen zu dürfen.

Ich begegne heute Abend dem jungen Frédéric Masson, der im Uniformmantel eines Mobilgardisten steckt. Ihn, der die Briefe, die er mir aus dem College schrieb, mit »*Brumaire*« und »*Messidor*« des republikanischen Kalenders datierte, ihn finde ich heute gar sehr ernüchtert von der Republik, den Republikanern, den demokratischen Soldaten. Er beklagt sich, dass, als er mit Goubie vormarschierte, die »Brüder« nicht Schritt hielten. Und von seiner schlechten Stimmung über die Gegenwart färbt etwas auf das Gefühl gegen das Jahr 89 ab, und das führt einen sichtbaren Niedergang seines früheren lyrischen Enthusiasmus für die erste Republik herbei.

Es ist ein Symptom. Ich bin überzeugt, dass viele junge Leute, die in sich wie Masson ein Korn revolutionärer Überspanntheit hatten, nun auf dem besten Wege sind, Reaktionäre zu werden.

Donnerstag, 24. November. – Madame Burty erzählte mir heute, ihre Wäscherin habe ihr versichert, die Ernährung ihres Pferdes koste sie 13 Franken im Tag.

Der Lumpensammler unseres Boulevards, der zurzeit an der Halle für einen Garkoch »Queue steht«, erzählte Pélagie, er kaufe für seinen Garkoch Katzen zu sechs Franken, Ratten zu einem Franken das Stück und Hundefleisch zu einem Frank fünfzig das Pfund.

Samstag, 26. November. – Heute ist der letzte Tag der offenen Stadttore. Morgen wird Paris an den Wällen endigen, und das Bois de Boulogne nicht mehr Paris sein. Ich will, bevor es vielleicht für immer verschwindet, den ganzen Tag darin spazieren gehen. Und so war ich heute auf dem Rundgang, über dem der Mann mit dem Fernrohr steht und den Vorbeigehenden zuruft: »Wer will die Preußen sehen?; man sieht sie sehr gut, meine Herren, überzeugen Sie sich selbst!« Jeden Augenblick muss man über große Gräben springen, über Erdlöcher, die mit Faschinen versehen sind ... Das Tor des Pré Catelan ist offen, Kanonen sind auf der Wiese aufgestellt, und die Artilleristen machen Anstalten, ins Freie vorzugehen. Vom Pré Catelan wandere ich weiter nach dem Jardin d'Acclimatation, auf dem hübschen Weg, der unter grünen Bäumen an einem Bach entlang geht. Dort ist eine Bande von Kindern und Frauen, die die armen Bäumchen zerbricht, spaltet, sodass sie dann, wenn die Bande vorbei ist, mit ihren weißen Strünken, den zu Boden hängenden Ästen als ein Bild der Verwüstung übrig bleiben, als Zeichen, dass die Pariser Bevölkerung förmlich eine Lust am Zerstören hat. Ein alter Landmann, der vorbei geht und, wie eben das Alter, die Bäume liebt, hebt die Augen schmerzerfüllt zum Himmel.

In der allgemeinen Verwüstung bleibt nur die große Insel, die durch das Wasser geschützt ist, heil und unverletzt, mit ihren Bäumen, Sträuchern, ihrer englischen Nettigkeit. Am Ufer des Sees, nahe an diesem so viel begangenen Ufer, promeniert heute ganz allein ein langer magerer Geistlicher und liest sein Brevier.

Ich beeile mich, um rechtzeitig um fünf Uhr, der anbefohlenen Stunde der Rückkehr, da zu sein ... Es schlägt fünf Uhr. Man eilt sich. Man stößt sich. Artilleriewagen veranlassen eine Stauung. Ein armer alter Mann neben mir auf der Zugbrücke wird ängstlich und fällt in den Graben. Ich sehe, wie er reglos auf den Schultern von vier Männern, der Kopf hin und her fallend, wieder heraufgebracht wird. Er hat sich das Rückgrat gebrochen.

Montag, 28. November. – Ich bin heute Nacht von der Kanonade geweckt worden. Ich steige in ein Zimmer hoch oben.

An dem Himmel ohne Sterne, der durch die Äste der großen Bäume in Felder geteilt wird, sieht man vom Fort von Bicêtre bis zum Fort von Issy auf der ganzen Strecke dieses großen Halbkreises eine ununterbrochene Reihe kleiner Feuerpunkte, die sich entzünden wie Gasflammen, und deren Aufleuchten dumpfer Donner folgt. Diese lauten Stimmen des Todes im Schweigen der Nacht: Sie erschüttern einen ... Nach einiger Zeit mischen sich bellende Hunde in das bronzene Donnern; die weinerlichen Stimmen aus dem Schlaf aufgeschreckter Leute fangen an zu flüstern; Hähne werfen ihre hellen Töne hinein. Dann ziehen sich Kanonen, Hunde, Hähne, Männer und Frauen wieder in das Schweigen zurück, und mein Ohr, gespannt vom Fenster hinauslauschend, kann nichts mehr hören als, weit, weit in der Ferne, den Lärm der Gewehrschüsse, erinnernd an das dumpfe Tönen des Ruders, wenn es an das Holz des Schiffes schlägt.

Eine sonderbare Gesellschaft heute im Omnibus! Kriegsmänner aller Arten und jeder Fasson. Neben mir sitzt ein Feldgeistlicher aus dem Süden, mit Augen, die zugleich munter und sanft sind, und er sagt mir, dass seit der Schließung der Tore die Moral der Armee und der Mobilen vollständig geändert ist, dass die Entmutigung und die Demoralisation immer wieder in die Armee hineingetragen wurde von den Marodeuren und den Dirnen, die von den Franzosen zu den Preußen gingen und von den Preußen wieder zu den Franzosen zurückkamen. Jetzt aber hätten die Leute Vertrauen und seien bereit, sich gut zu schlagen.

Dienstag, 29. November. – Das eingesalzene Fleisch, das einem die Regierung gibt, ist einfach nicht zu zerreißen, nicht zu essen. Ich bin gezwungen, einem meiner letzten Hühnchen den Hals abzuschneiden, mit einem japanischen Säbel. Es war etwas Abscheuliches, wie dieses arme kleine Huhn einen Augenblick im Garten ohne Kopf herumflatterte.

Heute scheinen sich alle Leute tief in sich zurückzuziehen. In den öffentlichen Fahrzeugen spricht kein Mensch, jeder verschließt sich in sich selbst, auch die Frauen aus dem Volke haben gleichsam den Blick eines Blinden für das, was sich um sie herum zuträgt.

Bei Brébant spricht man heute von dem dunklen Elend, dem alle die Leute, die gestern noch recht gut gelebt haben, plötzlich verfallen sind. Charles Edmond erzählt, dass seine Frau, als sie gerade bei ihrem Schlächter war, dort eine Frau, die anständig und wie eine Dame der Gesellschaft gekleidet war, eintreten und für einen Sou Pferdefleischabfälle verlangen sah. Und als Frau Edmond ihr ein Geldstück in die Hand legte, brach die Frau zum Dank in Tränen aus.

Dann spricht man von der nervösen Überreizung des Weibes, von den Wahnvorstellungen, die durch die Ereignisse hervorgerufen werden, dass man Angst haben müsse, Frauenrevolten würden zu unterdrücken sein.

Dann bringen die Drohungen der Zukunft das Gespräch auf die Verbannung, die das Los vieler, die heute hier speisen, sein könnte.

Und diese Perspektive lässt die einen sagen, dass die Verbannung das Todesurteil sei, so wie es auch die alten Römer auffassten, indes der Kosmopolit Nefftzer sagt, dass es gar keine Verbannung gibt.

Es ist wahrhaftig sonderbar, wie das Gefühl »Vaterland« manchen Menschen, und besonders den Denkern, den Idealisten, abgeht. In diesem Zusammenhang erzählt Renan, dass das Gefühl für das Vaterland in der antiken Welt etwas sehr Natürliches war, dass aber der Katholizismus das Vaterland verpflanzt hat, und so wie der Idealismus der Erbe des Katholizismus ist, dürften die Idealisten keine so engen Bande an den Erdboden haben, keine so elend ethnografischen Bindungen wie die: »Vaterland«. – »Das Vaterland der Idealisten«, ruft er aus, »ist das Land, in dem man ihnen zu denken erlaubt.« Unter den nervösen Unterbrechungen Berthelots spürt er, hingerissen von der Logik seiner Behauptungen, gar nicht, dass in der Tatsache einer fremden Herrschaft etwas ist, was die Herzen der Patrioten entrüstet, empört, zu Zorn und Aufstand reizt.

Wahrhaftig, ich entdecke, dass meine Freunde der Menschheit zu sehr überlegen sind, und fast zornig gehe ich von Brébant weg.

Dienstag, 6. Dezember. – Heute steht auf der Karte des Restaurants Büffel, Antilope, Känguru – das ist authentisch! ...

Im Freien sieht man heute Abend bei jedem Licht, bei jedem blassen Schein improvisierter Gaslaternen Gestalten, die sich voll Schrecken über Zeitungsblätter beugen. In ihnen steht die Nachricht von der Niederlage der Loire-Armee und der Wiederbesetzung Orléans'.

Donnerstag, 8. Dezember. – Wenn die Republik Frankreich rettet – ich will noch nicht an meinem Lande verzweifeln – so wird man wissen müssen, dass Frankreich nicht dank der Republik, sondern trotz der Republik gerettet sein wird. Die Republik wird uns nichts anderes gebracht haben als die Unzulänglichkeit ihrer Männer, die hohl tönenden Proklamationen Gambettas, die Schwächlichkeit der Bataillone von Belleville. Sie wird durch Ernennungen à la Garibaldi die Desorganisation in die Armee getragen haben, den nationalen Widerstand durch den Schrecken ihres Namens getötet, – und nicht ein Träger eines populären Namens wird auf einem Schlachtfeld zwischen einem Baroche und einem Dampierre für die Befreiung des Vaterlandes gefallen sein.

Die Männer, die hoch oben sind, sind jetzt weinerliche Advokaten; die, die unten sind, halsbrecherische Politiker, die in einer Regierung alles zerbrechen, ganz so, wie sie in einem Hause, das sie in der Uniform der Nationalgarde betreten, alles in Stücke schlagen. Nein, nein, hinter dem Wort Republik steht heute keine Religion mehr, kein Gefühl; und wäre es auch ein falsches Gefühl, so doch ein ideales Gefühl, das die Menschheit über sich selbst hinausträgt und sie fähig macht zu Größe und Hingabe.

Donnerstag, 8. Dezember. – Man spricht nur noch von dem, was man isst, was gegessen werden kann, was sich an Essbarem findet.

»Wissen Sie, ein frisches Ei kostet fünfundzwanzig Sous.«

»Es scheint, dass es einen Mann in Paris gibt, der alle Kerzen in Paris aufkauft, sie ein wenig färbt und dann daraus das Fett herstellt, das man so teuer bezahlt.«

»Oh, hüten Sie sich vor Kokosbutter, davon stinkt ein Haus mindestens drei Tage.«

»Ich habe Koteletten aus Hundefleisch gesehen, wirklich appetitlich –! Es sieht ganz aus wie Hammelkoteletten!«

»Vergessen Sie nicht: Bei Corcelet gibt es noch Tomatenkonserven!«

»Ich will Sie auf etwas sehr Gutes aufmerksam machen. Sie kochen Makkaroni, nehmen sehr viel Kräuter und machen einen Salat daraus. Was wollen Sie ... in dieser Zeit?«

Die Hungersnot steht am Horizont, und die eleganten Pariserinnen beginnen, ihre Ankleidezimmer in Hühnerställe zu verwandeln.

Es wird aber nicht nur die Nahrung fehlen, sondern auch das Licht. Das Brennöl wird immer seltener, die Kerzen gehen aus. Und was bei der jetzigen Kälte noch schlimmer ist: Der Augenblick ist nahe, wo man weder Holzkohle, noch Koks, noch Holz bekommen wird. Wir schreiten der Hungersnot entgegen, dem Erfrieren, der Nacht entgegen, und die Zukunft scheint Leiden und Schrecken zu versprechen, wie sie noch keine Belagerung gesehen hat.

Samstag, 10. Dezember. – Es gibt nichts Entnervenderes als diesen Zustand, wo die Hoffnung ganz töricht zu glauben beginnt, einen Augenblick zu glauben an die fantastischen Enten, Lügen, Scheinwahrheiten des Journalismus, um dann sofort wieder in den Zweifel zu verfallen, in die Ungläubigkeit allem, was es auch sei, gegenüber.

Es gibt nichts Peinlicheres als diesen Zustand, wo man nicht weiß, ob die Provinzarmeen in Corbeil sind oder in Bordeaux, ja nicht einmal, ob diese Armeen überhaupt sind oder nicht sind; es gibt nichts Grausameres als in dieser Dunkelheit leben, in dieser Nacht, in dieser Unkenntnis des Tragischen, das einen doch bedroht. Es scheint wirklich, dass Herr von Bismarck ganz Paris in die Zelle eines Zuchthauses eingeschlossen hat.

Zum ersten Mal bemerke ich an den Türen der Gemischtwarenhändler Reihen von Leuten, beunruhigende Reihen von Leuten, die sich ohne Wahl auf alles stürzen, was es an Konservenbüchsen in den Läden noch gibt.

In den Straßen wird zwischen Leichenzügen für die Verwundeten gesammelt, große Geistliche in Kutten, jenen ähnlich, die man in Italien zum Karneval anlegt, steigen bis zum zweiten Stockwerk in die Höhe, um die Wohltätigkeit der Leute, die an den Fenstern stehen, zu erbitten.

Man kann sich gar nicht vorstellen, wie provinzlerisch jetzt ein großes Café in Paris aussieht. Woran das liegt? Vielleicht, weil die Kellner so selten sind, vielleicht, weil man immerzu dasselbe Zeitungsblatt liest; vielleicht liegt es auch an den Gruppen, die sich in der Mitte des Cafés bilden und von den Dingen sprechen, die sie wissen, so wie man in der Kleinstadt von den Lokalereignissen spricht; schließlich liegt es sogar an der entsetzlichen Art, wie die Gäste heutzutage im Café gleichsam anwachsen, dort wo früher Leute mit der Leichtigkeit von Zugvögeln sich ein paar Augenblicke mit leichtsinnigen Gedanken zerstreuten, indes draußen das Vergnügen und die tausend Zerstreuungen von Paris schon auf sie warteten.

Alle Welt schmilzt förmlich zusammen, alle Welt magert ab. Man hört von den Leuten nichts als Klagen, sie müssten ihre Hosen enger machen lassen, auch Théophile Gautier jammert darüber, zum ersten Male in seinem Leben Hosenträger tragen zu müssen: Sein Leib halte die Hose nicht mehr.

Wir beide gehen zusammen, Victor Hugo im Pavillon de Rohan einen Besuch machen. Wir treffen ihn in einem Zimmer des Hotels, dessen Zweck unbestimmt ist, das mit einem gelben Speisezimmerbuffet möbliert ist, als Schmuck des Kamins sind zwei Lampen aus gefälschtem chinesischen Porzellan da, als Mittelstück dazwischen eine vergessene Schnapsflasche. Der Gott ist von weiblichen Wesen umgeben. Ein ganzer Diwan voll Frauen ist da, die eine unter ihnen, die die Honneurs des Salons macht, ist ein altes Weib mit silbernem Haar, in einem Kleid, das die Farbe welken Laubs hat;

sie zeigt sehr offenherzig ein großes Stück ihrer alten Haut her: eine Frau, die etwas von der Marquise vergangener Zeiten hat und etwas von der Komödiantin von heute.

Ihn selbst, den Gott, finde ich heute alt: Heute Abend hat er rote Augenlider, den ziegelfarbenen Teint, den ich bei Roqueplan gesehen habe, Bart und Haare sind zerzaust. Ein rotes Wams geht über die Ärmel seiner Jacke, und ein weißes Halstuch ist unordentlich um seinen Hals geschlungen.

Nach allerlei Hin- und Hergehen, nachdem Türen sich geöffnet und wieder geschlossen haben, Leute gekommen und wieder gegangen sind, u. a. Schauspielerinnen, die ein Stück aus den »*Châtiments*« auf dem Theater vortragen wollen, und mancherlei geheimnisvolle Dinge sich im Vorzimmer ereignet haben, lässt sich Hugo in einen Lehnstuhl fallen und beginnt mit langsamer Stimme, als gebe er die Frucht langen, mühseligen Nachdenkens, vom Mond zu reden, wie neugierig er immer gewesen sei, etwas Bestimmtes über die Mondlinien in allen Einzelheiten zu erfahren.

Er erinnert an eine Nacht, die er von Anfang bis zu Ende mit Arago im Observatorium verbracht hat. Er beschreibt die Fernrohre jener Zeit, die den Planeten nur auf eine Entfernung von neunzig Meilen dem Auge näherbringen konnten, »sodass man«, sagt er, »wenn dort ein Gebäude gewesen wäre« – und er gibt immer, wenn er von einem Gebäude spricht, Notre-Dame von Paris als Beispiel – »es nur wie einen Punkt hätte merken können. Heutzutage« – fügt er hinzu – »bei all den Vervollkommnungen, mit den metergroßen Linsen, müsse die Möglichkeit, sich dem Gestirn zu nähern, ungeheuer größer sein. Es ist ja wahr, dass die außerordentlichen Vergrößerungen auch die chromatischen Fehlerquellen vermehren sowie die Zerstreuung des Lichts und das Irisieren der Konturen des Objektes, aber das macht alles nichts, die Fotografie müsste uns doch Besseres geben als die heutigen ›Bergkarten‹.«

Dann kommt, ich weiß nicht wie, das Gespräch vom Mond auf Dumas Vater, und Hugo erzählt Théophile Gautier: »Sie wissen, man sagt, ich sei in der Akademie gewesen ... und zwar sei ich dort gewesen, um die Ernennung Dumas' durchzusetzen. Ich hätte seine Wahl auch durchgesetzt, denn, schließlich und endlich, ich habe Autorität über meine Kollegen. Aber im Augenblick waren in Paris nur dreizehn anwesend, und zu einer Wahl braucht man einundzwanzig Mitglieder der Akademie.«

Montag, 12. Dezember. – Pélagie hat heute einen Neffen zu Besuch gehabt, der Feldsoldat aus Paris ist und zurzeit auf der Hochebene von Avron im Lager ... Er erzählte ihr, so naiv wie nur irgend möglich, von seinen Plünderungen in den Häusern und Schlössern und sagt, die Offiziere drücken dabei ein Auge zu unter der Bedingung, dass man ihnen den besten Teil überlasse. Sie war ganz entsetzt über die schändliche Gesinnung, die er dort angenommen hat, und berichtete mir eine kuriose Einzelheit: Sie alle hätten Sonden, um die falschen Mauern und die Verstecke, die man zum Schutz gegen die Preußen eingerichtet hat, zu »sondieren«. Unsere Soldaten haben also Sonden, um die Häuser, die sie verteidigen und bewachen sollen, besser berauben zu können!

Das hatte die Entrüstung dieser Tochter der Vogesen erregt, – ein Schrecken war ihr von diesem Besuch in den Gliedern stecken geblieben, weil sie gar nicht begreifen konnte, wie man so wenig an das Vaterland, an ihre vom Feinde besetzten Berge denken könne, – und dabei hatte dieser Mann gesagt, das »Metier« sei recht gut, abgesehen von der unerhörten Angst, getötet zu werden ...

Dienstag, 13. Dezember. – Bei Brébant erzählt man, wie die Vorstadtbevölkerung die Häuser, in denen man sie untergebracht hat, zerstört. Du Mesnil berichtet, dass einer dieser Flüchtlinge aus dem Hause, das er bewohnt, eine Lumpenhöhle gemacht hat. Ein zweiter hat aus einem anderen Hause ein Bordell gemacht, nicht etwa ein heimliches, sondern ein ganz schändlich öffentliches, so wie eine große 8 der Avenue de Vincennes ... Und dann fängt Renan an, das Unmögliche vorauszusagen, das zu prophezeien.

Donnerstag, 15. Dezember. – Heute Abend speiste ich bei Voisin. Während des Essens hörte ich einen Herrn zu seinem Tischnachbarn sagen: »Ich hätte gern Nachrichten von meiner armen Frau: denken Sie nur, seit September weiß ich nichts von ihr ...« Dann geht »der Mann der armen Frau«, als er mit seinem Diner fertig ist, fort. Ein paar Augenblicke später kommt ein Gast und setzt sich an den Tisch meines Nachbars, den er kennt. »Stellen Sie sich vor,« sagt mein Nachbar zu dem neu angekommenen, »X ... war eben da und beklagte sich, dass er keine Nachricht von seiner Frau habe. Ich wusste nicht, was ich ihm antworten solle.«

»Ja,« antwortet der andere, mit vollem Mund, »sie ist gestorben, in Arcachon.«

»Ganz recht; aber er weiß nichts davon.«

Ist das nicht grässlich, diese Ungewissheit über Leben oder Tod der Menschen, die man liebt?

Freitag, 16. Dezember. – Heute die offizielle Nachricht der Einnahme Rouens.

Ich bin von einer geradezu törichten Liebe zu meinen Sträuchern erfasst, verbringe Stunden, die Gartenschere in der Hand, damit, alten Efeu von seinen kleinen Reisern zu befreien und zu putzen, Veilchenbeete auszujäten, für sie die rechte Mischung aus Gartenerde und Dünger zusammenzustellen – und das im Augenblick, wo die Kruppschen Kanonen aus meinem Haus und meinem Garten eine Ruine zu machen drohen. Es ist zu dumm! Der Kummer hat mich verblödet, mir die Narrheit eines alten, von seinen Geschäften zurückgezogenen

Krämers geschenkt. Ich fürchte, in meiner Literatenhaut steckt nur noch ein Gärtner.

Sonntag, 18. Dezember. – Heute ist Konzert in der großen Oper, und ich bemerke, dass alle die Händler ermäßigter Karten in der Uniform der Nationalgarde stecken.

Dienstag, 20. Dezember. – Ich weiß nicht, woran es liegt, aber das Fehlen des roten Fleisches, das Fehlen des nahrhaften Elements in dieser aufgebrühten Konservensoße, das Fehlen des Stickstoffs, kurz das Elende, Unwirkliche, Sophistische alles dessen, was die Restaurants jetzt seit sechs Monaten einem zu essen geben, lässt mich in einem Zustand steter Unbefriedigung des Hungers. Man hat immer einen dumpfen Hunger, was immer man auch isst.

Seit der Belagerung scheint mir der Gang des Parisers ganz verändert. Er war gut, dieser Gang, immer ein wenig hastig, aber man fühlte doch das Vergnügte, das Bewegte, das Leichtfertige, das Ziellose. Heute geht alle Welt wie ein Mann, der es eilig hat, nach Haus zu kommen.

Donnerstag, 22. Dezember. – Ganz Paris ist ein Jahrmarkt, und alles wird auf allen Trottoirs von Paris verkauft. Man verkauft da Gemüse, man verkauft Muffe, man verkauft Lavendel, man verkauft Pferdefett.

Die Belagerung steigert die Fantasie der Gauner. Heute erwartete Magny vergeblich einen Offizier, der bei ihm ein Diner für zwölf Kameraden bestellt hatte. Er hatte Fisch, Geflügel, Trüffeln verlangt. Und die ganze Bestellung war nur gemacht worden, um den Kutscher, der den Offizier zu Magny gebracht hatte, um fünf Franken zu prellen.

Sonntag, 25. Dezember. – Es ist Weihnachten. Ich höre einen Soldaten sagen: »Weihnachtsfest? Bei uns sind fünf Soldaten im Zelt erfroren.«

Was für sonderbare Wandlungen hat der Handel mitgemacht, was für bizarre Umformungen die Läden! Ein Juwelier der Rue de Clichy stellt jetzt in Schmucketuis frische Eier, in Watte gewickelt, aus.

Paris hat jetzt eine hohe Sterblichkeit. Sie ist nicht nur die Folge des Hungers. Die Toten sind auch nicht nur Kranke und Kränkliche, die die beschränkte Nahrung und die beständigen Entbehrungen zugrunde gerichtet haben. Sehr viel trägt zu dieser Sterblichkeit der Kummer bei: der Zwang sein Heim einzubüßen, das Heimweh, die Sehnsucht nach dem Fleck Sonne, den die Bewohner der Umgebung von Paris hatten. Unter der kleinen

Flüchtlingskolonie aus Groissy-Beaubourg (höchstens fünfundzwanzig Personen) gibt es schon fünf Tote.

Montag, 26. Dezember. -- Man hat für den immer schlecht befriedigten Appetit der Pariser ein neues Nahrungsmittel entdeckt: nämlich das Arsenik. Die Zeitungen sprechen mit einer gewissen Nachgiebigkeit von der Elastizität, die dieses Gift den Gämsjägern der Steiermark gibt, und bieten als Dejeuner die Arsenpille irgendeines Doktors an.

In den Straßen der Umgebung der Avenue de l'Impératrice stoße ich auf eine drohende Menge; in ihrer Mitte entsetzliche Köpfe alter Weiber, noch liebenswerter gemacht durch große Strohhüte, sodass sie aussehen wie die Furien der Kanaille. Sie drohen, ein Ende zu machen den Nationalgarden, die man als Wachtposten die Rue des Belles Feuilles absperren sieht.

Es handelt sich um ein Holzdepot, das den Zweck hat, für die Erzeugung von Kohle zu sorgen, und das man zu plündern begonnen hatte. Die Kälte, der Frost, der Mangel an Brennmitteln, mit denen man die magere Fleischration, die ausgeliefert wird, wärmen könnte, hat diese weibliche Bevölkerung in Wut versetzt, sodass sie sich nun auf die Gitter, die Balken stürzt und alles, was unter ihre zornigen Hände kommt, fortreißt. Sie werden in ihrem Zerstörungswerk unterstützt von abscheulichen kleinen Jungen, die einander Leiter stehen im Kampf gegen die Sträucher der Avenue de l'Impératrice und dort alles, was sie erreichen können, zerbrechen und hinter sich ein kleines Bündel herschleifen, das an einen Strick angebunden ist, den ihre in die Tasche gesteckte Hand hält. Wenn dieser furchtbare Winter andauert, werden alle Bäume von Paris dem dringenden Bedürfnis nach Wärme zum Opfer fallen.

Dienstag, 27. Dezember. – Die erste Zeitung, die ich heute in die Hand bekomme, teilt mit, dass das Bombardement begonnen hat.

Man weiß heute Abend bei Brébant nichts, als was im militärischen Tagesbericht der Abendzeitungen auch steht. Man spricht von der Beschießung und meint, dass sie für den Augenblick eher die Leute nervös machen soll, als die Pariser Bevölkerung wirklich erschrecken – was übrigens im Gegensatz zu der Ansicht einer deutschen Zeitung steht, die findet, dass nun der psychologische Moment für das Bombardement gekommen ist. Der »psychologische Augenblick« für die Beschießung – ist das nicht ausgesprochen deutsch?

Man plaudert auch über die Untätigkeit der Regierung, die Unzufriedenheit, die in der Bevölkerung dadurch erregt wird, dass der General Trochu es an jeder Tat fehlen lässt, durch sein endloses Hinausschieben und die Nichtigkeit seiner Versuche und Anstrengungen.

Ein Gast erzählt, dass der General nicht das geringste militärische Talent hat, aber gewisse Gaben des Politikers und Redners. Da unterbricht Nefftzer, um zu erklären, dass das auch das Urteil ist, das Rochefort über ihn fällt, der viel mit ihm verkehrt hat und ihn sogar ein wenig bewundert. Die Beredsamkeit des Generals pflege zwar ein wenig in der Art des beredten Herrn Prudhomme zu beginnen, allein er werde schnell warm, und dann verwandle sich nach wenigen Augenblicken seine Sprache in eine wirklich fortreißende und überzeugende Rede.

Von Trochu springt das Gespräch auf die politische Ehrenhaftigkeit, und bei diesem Anlass zeigt sich Nefftzer sehr hart gegen Jules Simon, von dem er etwas erzählt, was er sein »Volteschlagen« mit Eiden nennt; er macht sich lustig über den groben Scharlatanismus seiner Vorträge und fragt mich, Augen blinzelnd, nach meinem Eindruck. Ich antworte, dass ich Jules Simon gar nicht kenne, dass ich absolut nichts von seinem Leben weiß, und dass ich trotzdem ein ganz unbestimmtes Gefühl des Misstrauens gegen ihn habe, und zwar nur, weil er so viele moralische Bücher geschrieben hat: »Die Pflicht«, »Die Arbeiterin« usw.! Ich halte das für eine offenbare Ausbeutung der sentimentalen Ehrenhaftigkeit des Publikums, und ich füge hinzu, dass unter den Literaten, mit denen ich im Leben zusammengekommen bin, ich nur einen einzigen ganz reinen Menschen kenne, einen, der wirklich im höchsten Sinne des Wortes rein ist, nämlich Flaubert, der bekanntlich die Gewohnheit hat, sogenannte »unmoralische« Bücher zu schreiben. Daraufhin vergleicht jemand Jules Simon mit Cousin, und das gibt Renan den Anlass, Lobreden auf den Minister zu halten – sehr schön, auf den Philosophen – ich enthalte mich aus guten Gründen jeder Meinung, schließlich gar auf den Literaten und ihn als ersten Schriftsteller des Jahrhunderts zu proklamieren – um Gottes willen!

Diese Ansicht bringt uns, Saint-Victor und mich, gegen ihn auf zu heftigem Widerspruch, und das führt eine Diskussion herbei, und zwar kommt Renans Lieblingsbehauptung wieder aufs Tapet: dass man heutzutage nicht mehr »schreibt«, dass die Sprache sich auf den Wortschatz des siebzehnten Jahrhunderts beschränken müsse, dass, wenn man schon das Glück habe, eine klassische Sprache zu besitzen, man sich an sie halten müsse, dass es gerade im gegenwärtigen Augenblicke notwendig sei, sich eng an diese Sprache zu halten, die Europa erobert hat – dass man in ihr, und nur in ihr, das Vorbild für unseren Stil suchen müsse.

Man ruft ihm zu: »Siebzehntes Jahrhundert – ja, von *welcher* Sprache reden Sie denn da? Ist es die Sprache Massillons? die Sprache Saint-Simons? die Sprache Bossuets? Ist es die Sprache der Mme. de Sévigné, die Sprache La

Bruyères? In diesem Jahrhundert gibt es ja so viele verschiedene, ja einander entgegengesetzte Sprachen!«

Ich werfe ihm entgegen: »Jeder sehr große Schriftsteller jederzeit kann nur daran erkannt werden, dass er eine *persönliche* Sprache hat, eine Sprache, die auf jeder Seite, jeder Zeile so sehr sein Gepräge trägt, dass es für den gebildeten Leser ist, als stünde am Ende der Seite, am Ende der Zeile der Name als Unterschrift! Mit Ihrer Theorie aber verdammen Sie das neunzehnte Jahrhundert – und alle folgenden – dazu, keine großen Schriftsteller mehr zu haben.«

Renan entzieht sich nach seiner Gewohnheit der Diskussion, rettet sich mit einem Lob der Universität, die den Stil wiederhergestellt hat, die, wie er sich ausdrückt, die »Kasteiung« der Sprache, die durch die Restauration verdorben worden war, ins Werk gesetzt hat; er erklärt, dass Chateaubriand *schlecht* geschrieben hat.

Ausrufe und Beschwörungen begraben dieses bourgeoise Wort des Kritikers, der in Vater Mainbourg einen guten Schriftsteller entdeckt und die Prosa der »*Mémoires d' Outre-Tombe*« entsetzlich nennt.

Renan kommt von Chateaubriand wieder auf seine fixe Idee, dass der Wortschatz des siebzehnten Jahrhunderts alle Ausdrücke enthält, die man heutzutage braucht, sogar die politischen, und er setzt den Plan auseinander, für die Revue des deux Mondes einen Artikel zu schreiben, in dem jedes Wort aus dem Wortschatz des Kardinals de Retz stammen soll; er bleibt recht lange bei seinem Einfall, und seine Worte gehen immer wieder um diese elende Chinoiserie herum.

Indessen konnte ich mich nicht enthalten, innerlich zu lachen, weil ich an ein »Wort des siebzehnten Jahrhunderts« denken musste, nämlich an das Wort »*gentleman*«, mit dem Renan den sakrosankten »*chic*« Jesu Christi zu charakterisieren versucht hat!

Die Diskussion wird schließlich unterbrochen durch den Bericht über ein Dejeuner des Mathematikers Bertrand auf der Ebene von Avron, in jenem Augenblick, wo man den Auftrag gab, die Mauer der Maison Blanche zu zerstören, und zwar vermutete man, dass diese Unternehmung ein Dutzend Menschen kosten würde. Bertrand sagte, dies sei die Gelegenheit, Dynamit zu verwenden, es sei ein Mittel, Menschen zu sparen.

»Haben Sie welches in der Tasche?« wird er gefragt.

»Nein, aber wenn Sie mir ein Pferd geben wollen, sollen Sie in zwei Stunden haben, was Sie brauchen.«

Man hatte Eile, und so blieb es bei dem Vorschlag.

30. Dezember. – Erst heute wird das Verlassen der Ebene von Avron offiziell bekannt gegeben; die törichten Berichte darüber haben aber den energischen Entschluss zum Widerstand getötet. Die Idee sich zu ergeben, bevor der letzte Bissen Brot aufgegessen ist – eine Idee, die gestern noch gar nicht existierte, – ist ins Hirn des Volkes jetzt eingedrungen. Man kündigt heute den Einmarsch der Preußen einfach im Voraus für einen dieser Tage an. Was vorgeht, verrät eine solche Unfähigkeit der Maßgebenden-, dass sich das Volk leicht täuschen und die Unfähigkeit für Verrat halten kann. Und wenn das geschieht, welche Verantwortung trifft vor der Geschichte diese Regierung, diesen Trochu, der – mit so vollständigen Waffen zum Widerstand ausgerüstet, mit der Riesenarmee von einer halben Million Männern, ohne Schlacht, ohne den kleinsten Sieg, ohne die kleinste mutige Tat, ja sogar ohne einen großen, wenn auch unglücklichen Versuch, kurz und gut ohne irgendetwas Intelligentes oder Kühnes oder blind Heldisches – diese Verteidigung zur schmählichsten aller geschichtlichen Zeiten gemacht hat, zu jener, die am lautesten den militärischen Verfall des heutigen Frankreichs erweist.

Wahrlich, Frankreich ist unselig! Alles ist gegen uns; wenn die Beschießung und der Frost anhalten, wird es auch kein Wasser mehr geben, um Brände zu löschen. Das Wasser in den Leitungen der Häuser bis zu den Kaminen ist beinahe Eis.

Samstag, 31. Dezember. – Das Pferdefleisch ist ein Fleisch der bösen Träume und des Albdrucks. Seit ich es esse, habe ich nur noch schlaflose Nächte.

Die Neugier treibt mich, zu Roos, dem englischen Schlächter auf dem Boulevard Haussmann, hineinzugehen. Ich sehe dort alle möglichen bizarren Überbleibsel. An der Mauer ist auf einem Ehrenplatze der Rüssel des jungen Pollux, des Elefanten aus dem Jardin de l'Acclimatation, aufgehängt, und zwischen allerlei anonymen Fleischsachen und exzentrischen Hörnern bietet der Lehrling Kamelnieren an.

Der Meister selbst hält, umgeben von einem Kreis von Frauen, eine Rede: »Vierzig Franken das Pfund Filet und der Rüssel ... Ja, vierzig Franken ... Sie finden das teuer? Gut, ich aber weiß nicht, wie ich dabei auf meine Rechnung komme ... Ich rechnete auf 3ooo Pfund, und er hat nur 23oo ergeben ... Die Füße ... Sie fragen nach dem Preis der Füße? 20 Franken ... Die andern Stücke zwischen 8 und 4o Franken ... Ah, gestatten Sie mir, Ihnen diese Blutwurst aufs Wärmste anzuempfehlen. Das Blut des Elefanten ist, wie Sie wohl wissen, das ergiebigste Blut ... Sein Herz, wissen Sie, wog fünfundzwanzig Pfund. Und außerdem, meine Damen, ist in meiner Blutwurst sogar Zwiebel drin ...«

Ich handle schließlich zwei Lerchen ein, die ich für morgen zum Frühstück heimbringe.

Beim Hinausgehen bemerke ich einen bärtigen Mann, der um die einzige Ente, die in der Auslage des Fruchthändlers der Rue Saint-Honoré zu sehen ist, feilscht. Es ist Arsène Houssaye.

Er beklagt sich auf drollige Art über das geringe Wissen der Mitglieder der Regierung und zitiert mir das hübsche Wort Mornys, der, gelangweilt durch die Ansprüche der Journalisten, die alles leiten und beherrschen wollen, sagte: »Eure Journalisten – ja, die sind ja nicht einmal Minister gewesen!«

Dann spricht der Dichter von dem finanziellen Untergang Frankreichs und wiederholt ein Wort Roulands, das eben erst, heute früh, gesprochen worden ist: »Wenn man bisher das Vermögen Frankreichs auf fünfzehnhundert Milliarden geschätzt hat, so muss man annehmen, dass es seit heute früh auf neunhundert gesunken ist.«

Das Neujahrsfest von Paris besteht in diesem Jahr aus einem Dutzend elender Kramladen, die da und dort über den Boulevard zerstreut sind, und in denen vor Kälte klappernde Händler den erfrorenen Passanten Karikaturen von Bismarck als Hanswurst anbieten.

Heute Abend bei Voisin sehe ich die berühmte Elefantenblutwurst wieder und esse davon.

Aus dem Tagebuch des Jahres 1871

Sonntag, 1. Januar 1871. – Was für ein trauriger Tag für mich, dieser erster Tag der Jahre, die ich allein zu leben verdammt bin!
Die Kost, die man jetzt zu sich nimmt, die fortwährenden Unterbrechungen des nächtlichen Schlafes durch die Kanonade haben mir eine Migräne eingetragen, die mich zwingt, den Tag im Bett zuzubringen.
Die Beschießung, die Hungersnot, eine außergewöhnliche Kälte: Das sind die Neujahrsgeschenke für das Jahr 1871. Nie, seit Paris steht, hat es solch einen Neujahrstag gehabt. Und trotzdem sind heute Abend infolge der Sauferei die Straßen voll bestialischer Lust.
Dieser Tag lässt mich daran denken, dass Eines vom Standpunkt der Geschichte der Menschheit aus sehr interessant, für einen der Entwicklung gegenüber Skeptischen sogar fast amüsant festzustellen ist: In diesem Jahr 1871 konnte die brutale Gewalt trotz so vieler Jahre Zivilisation, trotz so vieler Predigten über die Brüderlichkeit der Völker, ja trotz so vieler Verträge, die das europäische Gleichgewicht begründen sollten, am Werke sein und, wie zu Attilas Zeit, ohne stärkere Hemmungen an erster Stelle stehen.[2]
2. Januar. – Alle Tage werden jetzt arme Frauen durch die Kälte, die Ermüdung, den Mangel an Nahrung krank, während der langen Stunden, die sie, in Reihen angestellt, stehen müssen, um ihren Anteil an Fleisch zu bekommen.
Ein Stoff zum Nachdenken: Angenommen, wir wären die Stärkeren gewesen, wir hätten uns als Grenze den Rhein geben wollen, was schließlich und endlich unsere ethnografische Begrenzungslinie ist: ganz Europa hätte sich dem entgegengestellt. Die Deutschen machen sich bereit, Elsass und Lothringen zu nehmen, richten sich ein, durch diese Amputation Frankreich zu vernichten, und ganz Europa klatscht Beifall! Warum? Sollten die Nationen sein wie die einzelnen Individuen und die Aristokratien nicht lieben?
5. Januar. – Heute hat die Beschießung auf unserer Seite begonnen. Man sieht nichts. Der Blick ist jenseits des Walles durch einen dichten Nebel gesperrt, aus dessen weißer Undurchsichtigkeit man entsetzliche Detonationen kommen hört.
Während des Nachmittags komme ich wieder, irre um den Friedhof von Auteuil herum. Von Zeit zu Zeit pfeifen Geschosse, und plötzlich stürzen sich zwei Männer, die etwa dreißig Schritte vor mir waren, mit lebhaften

---

[2] Goncourt schreibt: la force brute peut ... *primer*, anspielend an Bismarcks »Macht geht vor Recht«, das er später auch »La force prime le droit« übersetzt hat (siehe Notiz am 21. März 1871).

Bewegungen auf mich zu; einer hält in der Hand ein Stück Blei, mehr wie zwei Pfund schwer, das sie eben gestreift hat.

Man spricht von Verwundeten in Javel, in Billancourt. Trotzdem, alle die Leute, die da sind, – alle Leute, Männer wie Frauen – wollen *nicht* fort und beweisen eine furchtlose Neugier. Seit zwei Monaten hat die Beschießung der Wälle die Pariser Bevölkerung an die Kanonen gewöhnt, und das Bombardement erschreckt sie nicht nur nicht, sondern scheint sie in ihrer Nervosität zur Verachtung der Gefahr zu drängen.

Samstag, 7. Januar. – Die Leiden von Paris unter der Belagerung: ein Spaß zwei Monate lang; im dritten aber ist aus dem Spaß Ernst geworden, Ernst und Entbehrung. Jetzt ist es aus mit dem Lachen, und wir gehen mit großen Schritten der Hungersnot entgegen, oder wenigstens dem gastrischen Fieber. Die Portion Pferdefleisch, 33 Zentigramm, die Knochen mitgewogen, die für zwei Personen und drei Tage als Nahrung gegeben wird, reicht bei durchschnittlichem Hunger für ein Frühstück. Es gibt kein Fleisch, aber man kann sich auch nicht ans Gemüse halten: eine kleine Kohlrübe kostet acht Sous, und sieben Franken muss man für einen Liter Zwiebeln zahlen. Von Butter spricht gar niemand mehr; und sogar das Fett, soweit es nicht Talg oder Wagenschmiere ist, ist verschwunden. Die beiden Dinge schließlich, mit denen sich das minderbemittelte Volk durchbringt, nährt, beköstigt, Kartoffeln und Käse? Der Käse gehört zu den Erinnerungen, und will man Kartoffeln, so muss man Protektion haben, um welche für zwanzig Franken den Scheffel aufzutreiben. Kaffee, Wein und Brot – das ist für den größten Teil von Paris die Nahrung.

Heute Abend verlange ich am Schalter der Eisenbahn eine Fahrkarte nach Auteuil. Der Beamte teilt mir mit, dass von heute an der Zug nur bis Passy verkehrt. Auteuil gehört nicht mehr zu Paris.

Dienstag, 10. Januar. – Wir sind sehr viele heute Abend bei Brébant. Alle Belagerten sind neugierig gewesen, zu hören, wie es den anderen ergangen ist. Charles Edmond gibt schreckenerregende Schilderungen, wie die Bomben über den Luxembourg-Garten niedergeregnet sind. Saint-Victor verlässt, weil eine Granate auf die Place Saint-Sulpice fällt, bei Nacht seine Wohnung in der Rue du Furstemberg. Auch Renan ist aufs rechte Seine-Ufer ausgewandert.

Die Unterhaltung dreht sich nur um die Mutlosigkeit der Haupthähne im Heere, ihren Mangel an Energie und Willen, und die Entmutigung, die sie unter den Soldaten verbreiten. Man spricht von einer Sitzung, in der der arme Trochu, angesichts der schlaffen Haltung oder der Disziplinlosigkeit der alten Generäle, gedroht hat, sich eine Kugel durch den Kopf zu schießen. Louis Blanc fasst das alles in die Worte zusammen: »Das Heer hat

Frankreich zugrunde gerichtet; jetzt will es nicht, dass das Land von den Zivilisten errettet wird!« ...

... Tessié du Motay berichtet von Eseleien unserer Generäle, deren Augenzeuge er gewesen zu sein behauptet. Während der Dezemberaffäre hat er um zwei Uhr den General Vinoy, der den Befehl hatte, Chelles um elf Uhr zu nehmen, auf dem Gelände auftauchen sehen. Um zwei Uhr also und, umringt von einem etwas bezechten Stab, habe er gefragt: »Wo liegt denn eigentlich nun dieses Chelles?« Du Motay wohnte, ich glaube am selben Tage, der Ankunft des Generals Leflô bei, der gleichfalls fragte, ob denn dies auch wirklich die Ebene von Avron sei. Du Motay versichert auch, dass nach unserem vollen Erfolge vom 2. Dezember die Armee den Befehl erhalten hatte, vorzugehen, als man Trochu meldete, es fehle alle Munition. Diese Geschichten geben Saint-Victor den Anlass, in vielen Worten zu verkünden, man brauche einen Saint-Just.

Und während man von der Drohung, Paris zu verbrennen,wenn es nicht kapituliere,die heute ins Ministerium gelangt sein soll, spricht, leitet einer in seiner Ecke eine Untersuchung gegen Alphand ein, eine in ihren Übertreibungen komische Untersuchung; er beschuldigt ihn, der Urheber alles Unheils zu sein, das geschehen ist, und zwar habe er das auf eine recht originelle Art getan: indem er nämlich nichts ablehnte, was man Ferry vorschlug, sondern all das selbst und zwar möglichst schlecht ausführte. Er erinnert an das Einsalzen des Fleisches, das verdorben worden ist, an die Einrichtung der Lazarette im Luxembourg-Garten, wo die Verwundeten erfrieren, an die Schanzarbeiten von Avron, die ihm, wie der Redner in seiner wild-ungerechten Abneigung gegen den Mann sagt, den Beinamen: »Wilhelm von Preußens Haussmann« eintragen werden.

Diese traurigen Worte werden von dem schmerzlichen Ächzen Renans rhythmisch begleitet, der uns weissagt, wir würden den Szenen der Apokalypse beiwohnen.

12. Januar. – Ich mache einen Rundgang durch die Teile von Paris, die beschossen worden sind. Weder Schrecken, noch Aufregung. Alle Welt scheint auf die gewohnte Art zu leben, die Cafetiers lassen mit der bewunderungswürdigsten Kaltblütigkeit die durch die platzenden Geschosse zerbrochenen Spiegel wieder einsetzen. Nur begegnet man unter den Hin- und Hergehenden bald da, bald dort einem Herrn, der seine Penduluhr unter dem Arm trägt, und die Straßen sind voll von Handwagen, die gegen den Mittelpunkt der Stadt zu armseligen Hausrat schleppen, unter dessen Mischmasch gelegentlich ein alter, hilfloser Greis, der nicht mehr gehen kann, sitzt. Die Kellerlöcher sind verstopft. Ein Krämer hat sich eine geistreiche Schutzwehr aus einem Stockwerk von Brettern, beladen mit Erdsä-

cken, bis zum ersten Stock des Hauses eingerichtet. Man entpflastert den Platz des Pantheon. Ein Geschoss hat das ionische Kapitäl einer der Säulen der Ecole de Droit fortgerissen. In der Rue Saint-Jacques sind Mauern durchlöchert, durchrissen, von denen sich jeden Augenblick Stücke ablösen. Enorme Steinblöcke, ein Stück von dem Giebelwerk der Sorbonne, errichten gegen das alte Gebäude hin eine Barrikade. Der Ort, wo das Bombardement am deutlichsten zu den *Augen* spricht, ist der Boulevard Saint-Michel, dort sind von den Häusern an den Ecken der Parallelstraßen zu den Thermen des Julien ganze Winkel von den Geschossen abgerissen. An der Ecke der Rue Soufflot hängt der Balkon des ersten Stocks, der vom Stein losgerissen ist, drohend im Leeren.

Von Passy nach Auteuil ist die beschneite Route rosenrot gefärbt vom Reflex der Brände in Saint-Cloud.

Freitag, 13. Januar. – Man muss der Pariser Bevölkerung Gerechtigkeit widerfahren lassen und sie bewundern. Dass die Leute vor den frechen Auslagen der Delikatesswarenhändler, welche ungeschickterweise die arme verhungernde Bevölkerung immer wieder daran erinnern, dass die Reichen mit ihrem Geld sich immer und immer noch Geflügel, Wildbret und Tafelfreuden beschaffen können, dass sie da nicht die Scheiben einschlagen, sich nicht an den Händlern und Waren vergreifen – darüber muss man staunen.

Nur vor dem Laden des Bäckers Hédé in der Rue Montmartre habe ich einige Entrüstung bemerkt; es ist der einzige Bäcker, der heute noch Weißbrot und Hörnchen herstellt. Das Volk, das sonst stets Weißbrot isst, und jetzt zum »Hundebrot« verdammt ist, schien nur unter dieser Gunst des Schicksals, die freilich auch erst durch stundenlanges Warten in der Reihe erkauft wird, zu leiden.

Als ich in Marats Tagebuch die wütenden Anklagen des *Orateur du Peuple* las, die er da gegen den Stand der Delikatesswarenhändler richtet, da glaubte ich an eines Verfolgungswahnsinnigen Übertreibung. Heute merke ich, dass Marat ganz recht hatte ... Dieser Handel, der ganz »nationalgardisiert« ist, ist ein wahres Wuchergeschäft. Ich für meinen Teil würde kein Unglück darin erblicken, wenn man zwei oder drei dieser heimtückischen Räuber vor ihren Auslagen aufhinge, weil ich ganz überzeugt bin, dass dann der Zucker nicht mehr jede Stunde um zwei Sous aufschlagen würde.

Vielleicht sind ein paar klug gewählte Morde in Revolutionstagen das einzige praktische Mittel, die Teuerung in vernünftigen Grenzen zu halten.

Ich sah heute Abend bei einem Restaurateur, wie das Tranchiermesser des Maitre d'hôtel ungefähr 200 Scheiben aus einer Kalbskeule herausschnitt; das war wohl ein Kalb gewesen, das man in einem vierten Stock entdeckt hatte, vielleicht das letzte überhaupt in Paris existierende Kalb. Zweihundert Scheiben zu je sechs Franken, jede so groß und so dick wie eine Visitenkarte, das macht 1200 Franken.

Ein Gespräch neben mir:

»Unsere Damen haben uns heute Abend verlassen.«

»Desto besser; so wollen wir zum Pantheon gehen und der Beschießung zuschauen.«

Der Besuch der bombardierten Stadtviertel ist an die Stelle des Theaters getreten!

Heute verbringe ich einen Teil der Nacht an meinem Fenster, weil mich das Kanonen- und Gewehrfeuer um Issy nicht schlafen lässt. Im Schweigen der Nacht erscheint es nahe, nahe, und da man in solchen Stunden der Furcht und der Verwirrung Fantasie hat, schien es mir einen Augenblick, als hätten die Preußen das Fort und griffen den Wall an.

14. Januar. – Das allgemeine Wahlrecht, angewendet auf die Wahl der Offiziere der Mobilgarde, hat eine entsetzliche Wirkung gehabt. Es hat mit sich gebracht, dass lauter »brave Kinder« gewählt worden sind: d. h. Offiziere, die, wenn sie auch nicht zu allem ermutigen, doch nichts verhindern.

Der Großindustrielle Dumas erzählte mir heute traurige Einzelheiten über das Benehmen dieser Offiziere der Mobilen. Er hat einen Schwager, dem eine sehr schöne Besitzung in Neuilly gehört. In diesen Besitz stürzen nun Soldaten und Offiziere; unter ihnen war ein Herr X... Diese Herren begnügten sich nun nicht, Feuer inmitten der Zimmer anzumachen, sie schleppten auch beim Fortgehen 25 Paar Linnen, die ihnen geliehen worden waren, mit, und Herr X... ließ aus dem Treibhaus 15 Palmenstöcke fortführen, die er einer Kokotte zu Neujahr schenkte. Auf die Klage des Herrn Dumas bewirkte ein Befehl des Stabes, dass Tücher und Palmen zurückgegeben wurden.

Sonntag, 15. Januar. – Die fürchterlichste Kanonade, die der südwestliche Wall je gehört hat. »Das poltert ordentlich!« sagt im Vorbeilaufen ein Mann aus dem Volke. Das Haus bebt in seinen Grundmauern und schüttelt den ganzen alten Staub aus seinen Simsen und Decken.

Trotz des Frostes und des eisigen Windes gibt es am Trocadéro eine Menge Neugierige. In den Champs-Elysées, jetzt ein Verhau großer Bäume, hat sich eine Kinderschar auf die noch nicht auf Rollwagen geladenen Bäume gestürzt, sie schwingen Äxte, Messer, alles, was schneidet, säbeln Stücke ab und schleppen sie in den Händen, Taschen, Schürzen davon, indessen man bei den Stümpfen der abgesägten Bäume Köpfe von alten Frauen sieht, die mit Hacken ausroden, was noch an Wurzeln übrig geblieben ist.

Inmitten dieser Verheerung scheinen ein paar Spaziergänger und Spaziergängerinnen so sorglos wie einst ihre Vormittagspromenade auf dem Asphalt zu machen.

An der Tür eines Boulevardcafés paradieren und kokettieren sieben oder acht junge Offiziere um eine Lorette mit fliegenden Haaren herum, die zur Verblüffung der Passanten die Speisenfolge für ein höchst fantastisch und geistreich ausgedachtes Diner bestimmt, das Menü, aus dem angeblich heute Abend ihr Diner bestehen wird.

Meine Lage als Hausbesitzer ist eigentümlich. Alle Abende, wenn ich zu Fuß heimkehre, suchen meine Augen aus so weiter Entfernung, als sie nur sehen können, zu entdecken, ob mein Haus noch steht. Dann, wenn ich diese Gewissheit habe, stelle ich, je mehr ich mich unter den pfeifenden Geschossen nähere, eine Untersuchung im Einzelnen an, und ich staune, dass an meinem Hause noch kein Loch, noch keine abgeschundene Ecke zu finden ist – immerhin lässt man die Haustür ein wenig offen, damit ich nicht zu lange zu warten brauche...

Montag, 16. Januar. – Der Geburtstag des Königs Wilhelm. Die Kanonen hatten mich die ganze Nacht nicht schlafen lassen, und ich war noch in den Federn, von Müdigkeit wie betäubt. Zwischen dem Donnern der Batterie von Mortemart hatte ich ein Geräusch über meinem Kopfe gemerkt und geglaubt, man rüttle ein Möbelstück. Einige Minuten später trat Pélagie in mein Zimmer und verkündete ganz munter, ins Nachbarhaus sei eine Granate gefallen, und zwar gerade in ein Zimmer, dessen Mauer auch zu meinem Haus gehört. Das Geschoss, oder vielmehr die beiden Geschossteile haben das Dach durchschlagen und sind in ein Zimmer gefallen, in dem ein kleiner Junge lag, den Frostbeulen am Laufen hindern. Das Kind ist mit dem Schreck über den Stuck, der von der Decke herabfiel, davongekommen.

Heute beginnt die Verteilung einer Art Brot, von der ein Stück für spätere Sammlungen eine rechte Sehenswürdigkeit bilden wird. Es ist nämlich ein Brot, in dem Strohhalme verarbeitet sind.

Mittwoch, 18. Januar. – Heute beginnt die Brotzuteilung, nach der auf jedes Individuum 400 Gramm kommen. Denkt man, dass es Leute gibt, die dazu verurteilt sind, mit so wenig Nahrung auszukommen?

Frauen, die bei dem Bäcker in Auteuil in der Reihe angetreten waren, weinten.

...Jetzt sind's nicht verirrte Granaten mehr wie in den vergangenen Tagen, es ist ein Regen von Blei, der mich nach und nach umfängt und umschließt. Rings um mich herum platzen Geschosse, so hundertfünfzig Schritt weit am

Bahnhof, in der Rue Poussin, wo einer Frau das Bein weggerissen worden ist. Und wie ich gerade aus dem Fenster mit einem Fernrohr die Batterien von Meudon erkenne, zerplatzt eine Granate so nahe, dass ich fast gestreift werde, und der Schmutz bis dicht vor meiner Haustüre aufspritzt.

Um drei Uhr ging ich wieder bei den Schranken des Etoilebogens vorbei. Die Truppen defilierten. Ich blieb stehen.

Das Monument unserer Siege, von der Sonne hell beleuchtet, die ferne Kanonade, der ungeheure Zug, dessen letzte Bajonette Lichter unter dem Obelisken warfen: Das war schon etwas Theatralisches, Lyrisches, Episches!

Sie bot ein großes und stolzes Schaustück, diese Armee, wie sie Kanonen,die man hörte, entgegenzog, in ihrer Mitte Zivilisten mit weißem Bart, die Väter waren, unbärtige Gestalten, die Söhne waren, und außerdem in den halb offenen Reihen Frauen, die die Gewehre ihrer Männer trugen.

Unmöglich das Pittoreske zu schildern, das der Krieg durch diese Bürgermenge bekommt, die zum Teil in Fiakern hinausgebracht wird, zum Teil in noch nicht angestrichenen Omnibussen, in Lastwagen aus der Pianofabrik von Erard, die eilig in militärische Trainwagen verwandelt worden sind.

Wohl gab es auch einige Trunkenbolde, ein paar Lieder von Spaßvögeln stachen etwas ab von der Nationalhymne, und überall war auch etwas von der Spitzbüberei, deren sich der französische Heroismus niemals entledigen kann, aber der Gesamteindruck des Schauspiels war doch rührend und grandios.

Donnerstag, 19. Januar. – Ganz Paris geht von zu Hause fort und bummelt, Neuigkeiten erwartend. In Reihen stehen die Leute vor den mit Stroh ausgepolsterten Türen der Lazarette. Vor der Mairie der Rue Drouot steht die Menge so dicht gedrängt, dass kein Apfel zur Erde fallen könnte. Der dicke Maler Marchai, den die Belagerung nicht zusammengeschmolzen hat, steht in der Uniform der Nationalgarde da und sperrt den vorbeikommenden Wagen den Weg.

Gute Nachrichten laufen um. Dann kommen die ersten Zeitungen und verkünden die Wiedereroberung von Montretout. großer, froher Jubel! Die Leute, die eine Zeitung haben an sich bringen können, lesen sie Gruppen, die sich um sie herum bilden, vor. Dann gehen alle froh zu Tisch, und rings um sich herum merkt man, wie alles über die glücklichen Einzelheiten des heutigen Kampfes plaudert.

Ich gehe zu Burty hinauf, den die Granaten aus der Rue Watteau verjagt haben, und der vorläufig am Boulevard über der Buchhandlung von Lacroix wohnt. Gegen vier Uhr hat er Rochefort gesehen, der ihm gute Neuigkeiten mitgeteilt hat und ein geistreiches Wort gesagt. Nämlich: Als Trochu sich beklagte, er sähe seine Divisionen nicht mehr, rief Rochefort: »Gott sei Dank! Wenn er sie sähe, riefe er sie zurück.«

Freitag, 20. Januar. –Trochus gestern Abend gekommene Depesche scheint mir der Anfang des Endes; sie verdirbt mir den Magen.

Ich schicke einen Teil meiner Brotportion meinem Nachbar, einem armen Nationalgardisten, der eben vom Krankenbett aufsteht und den Pélagie frühstücken gesehen hat: Zwei Sous Pfeffergurken, das war sein Déjeuner.

An der Porte Maillot gibt es immer noch eine Menge Leute, allerdings weniger zahlreich, als jene, die an der Barrière Du Trône nach der Affäre von Champigny gewartet hat. Alle sehen sich die Dinge mit einer traurigen Ahnung an, aber sie haben doch noch nicht das Bewusstsein des kläglichen Fiaskos.

Mitten unter den Lazarettwagen, den Karren, ziehen ziemlich unordentlich, ohne Musik, mürrisch, niedergeschlagen und ermattet, mit Kot bedeckt, die Männer aus den Marschkompanien der Nationalgarde.

Aus einer dieser Kompanien ertönt die scharf ironische Stimme eines Zurückkehrenden, der in das allgemeine stumme Staunen die Worte hineinwirft: »Nun, ihr singt ja keine Siegeslieder!«

Ich werde aus einem Wagen, der heimfährt, angerufen. Drin sitzt Herr Hirsch, der Unglücksmaler, der mir damals am La Chapelle-Tor das Unglück von Le Bourget angekündigt hat. Er ruft mir mit lässigem Tonfall zu: »Alles ist aus, die Armee kehrt zurück!« Und auf spöttische Weise erzählt er mir, was er gesehen, was er gehört hat, Dinge, die allerdings alle Grenzen der menschlichen Torheit zu überschreiten scheinen.

Die Menge wird ernst, sie zieht sich gewissermaßen in ihre Trauer zurück. Auf den Bänken warten Frauen von Nationalgardisten in verzweifelten Stellungen.

Mitten unter diesen Menschen, die sich von dem traurigen Schauspiel nicht losreißen können, die nicht fortgehen, die immer weiter warten, hüpfen zwei Männer herum, denen man ein Bein abgenommen hat; sie führen auf ihren Krücken ihr funkelnagelneues Kreuz spazieren; man sieht den beiden tief ergriffen von rückwärts nach.

Ich gehe am Hotel der Prinzessin vorbei, das Tor ist offen, wie in den Tagen, wo wir in Wagen vorfuhren, um dort intelligentes Vergnügen zu suchen. Von dort gehe ich nach dem Friedhof. Sieben Monate sind es jetzt, dass mein Bruder gestorben ist.

In Paris, auf dem Boulevard, sehe ich wieder die verzweifelte Mutlosigkeit einer großen Nation, die durch ihre Anstrengungen, ihre Resignation, ihren moralischen Zustand selbst viel getan hat, um sich zu retten, und sich nun doch verloren fühlt, weil das Militär unintelligent ist.

Ich esse bei Peters zu Mittag, neben drei Aufklärern von Franchetti. Man merkt ihnen die tiefste Hoffnungslosigkeit an unter einer ironischen Maske, was ja die besondere Form der französischen Verzweiflung ist. »Nun sind wir so weit, wir sind so weit!« Sie sprechen von der Pariser Armee, die sich nicht mehr schlagen will, von dem heroischen Kern, der sie aufrecht hielt und bei Champigny, bei Montretout gefallen ist ... und immer, immer sprechen sie von der Unfähigkeit der Führer.

Samstag, 21. Januar. – Ich bin betroffen, mehr als je betroffen von dem Todesschweigen, das ein Unglück über eine große Stadt bringt. Heute hört man Paris nicht mehr leben.

Alle sehen aus wie Kranke, wie Rekonvaleszenten. Man sieht nur noch magere, schmächtige, hagere Gesichter, sieht nur noch bleiche Menschen, deren gelbe Hautfarbe wie das Pferdefett aussieht. Im Omnibus sitzen vor mir zwei Frauen in tiefer Trauer: Mutter und Tochter. Jeden Augenblick zucken die schwarzen Wollhandschuhe der Mutter nervös, fahren mechanisch an die roten Augen, die nicht mehr weinen können, indes eine langsam fließende Träne auf den Wimpern des zum Himmel erhobenen Auges der Tochter trocknet.

Nach und nach haben wir die Läden der Charcutiers zu leeren Lokalen werden sehen, geschmückt nur noch mit gelblichen Fayencen, die Läden der Schlächter haben herabgelassene Vorhänge, und vor den Türen sind Vorlegschlösser; heute sind die Läden der Bäcker an der Reihe, es sind nur noch schwarze Löcher, die Auslagen sind luftdicht verschlossen.

Burty hat von Rochefort gehört, dass Chancy seine Truppen, als er sie fliehen sah, mit dem Degen in der Hand anfeuern und vorführen wollte; dann, als er sah, dass Schläge und Schimpfworte nichts fruchteten, gab er der Artillerie den Befehl, in sie hineinzufeuern.

Ein vielsagender Satz: Eine Dirne, die hinter mir in der Rue Saint-Nicolas herläuft, flüstert mir ins Ohr: »Herr, wollen Sie zu mir hinaufkommen ... für ein Stück Brot?«

Sonntag, 22. Januar. – Heute früh übersiedle ich mit dem, was mir am teuersten ist, unter dem Platzen der Granaten, die rechts und links von uns niederfallen, voll Angst, dass das einzige Pferd meines Möbelwagens durch einen Splitter getroffen wird, voll Angst, dass ein Granatsplitter einen von diesen armen Teufeln, die meine Übersiedlung besorgen und die mutig über den immer näher kommenden Schall der Kanonade Späße machen, verletzt oder tötet.

Ich schaffe meine Bibelots nach der Wohnung auf dem Boulevard Ecke Rue Vivienne, von der mir Burty liebenswürdig einen Teil zur Verfügung gestellt hat.

Plötzlich ein rasender Lärm. Wir gehen auf die Straße, man erzählt uns, dass man sich am Hôtel de Ville schlägt. Auf unserm Wege überall sich steigernder Lärm, Aufregung, dazwischen aber sehe ich die Schutzmänner von Paris ruhig Stereoskopbilder betrachten. In der Rue de Rivoli erfahren wir, dass alles vorbei ist, und sehen, von Dragonern und Chasseurs eskortiert, den General Vinoy schnell vorbeireiten. Und während Liniensoldaten von Puteaux her, förmlich bekränzt mit Efeu, die Rue de Rivoli hinaufziehen, defilieren Kanonen auf dem Kai nach dem Hôtel de Ville.

Abends bietet der Boulevard den Anblick der bösesten Revolutionstage. Diskussionen, die jeden Augenblick in Schlägereien ausarten. Pariser Soldaten klagen »Trochus Leute« an, ohne jeden Grund gefeuert zu haben; Frauen schreien, dass man das Volk ermordet. Nun sind wir bei den letzten Zuckungen des Todeskampfes.

Montag, 23. Januar. – Heute habe ich wahrlich ein sonderbares Bild gesehen! In Restaurants, die noch offen sind, bringen die Mittagsgäste unter dem Arm ihr Brot mit, weil seit gestern ein Zettel angeschlagen ist, dass die Wirte ihren Gästen das Brot nicht mehr liefern können.

In den Gassen hängt da und dort noch ein alter zerfetzter Anschlag, auf dem von Bourget oder der Ebene von Avron gesprochen wird; so kann man an den Mauern gewissermaßen die Geschichte unserer Niederlagen in Fortsetzungen lesen.

Ich gehe, Duplessis in der Bibliothek besuchen; und im Dunkel dieser Salle des Estampes, wo mein Bruder und ich so viele Stunden des Studiums verbracht haben, ist ein Angestellter verpflichtet, mich darauf aufmerksam zu machen, dass ich mich mit einem Kübel Wasser oder einem Stoß Kartons bewaffnen soll. Heute ist's ein Keller, in dem alle die einzigen Reichtümer, die den Neid ganz Europas erregen, aufgestapelt sind, wie für eine Übersiedlung – aber ich fürchte mich, dieses Wort ausgesprochen zu haben.

Dienstag, 24. Januar. – Vinoy tritt an die Stelle von Trochu; das ist der Wechsel der Ärzte am Krankenbett, wenn der Tod nahe ist.

Heute ist keine Kanonade mehr. Warum? Diese Unterbrechung des Donners am Horizont scheint mir ein schlimmes Vorzeichen.

Das Brot, das man jetzt isst, ist so beschaffen, dass die letzte Überlebende meiner Hennen, eine kleine scheckige, komische Henne, wenn man Ihr davon gibt, ächzt, weint, sich krümmt und sich erst spät am Abend überhaupt entschließt, es zu fressen.

Auf dem Boulevard gerate ich in eine Menschenmenge, die die ganze Fahrstraße absperrt und den Omnibussen den Weg verlegt. Ich frage mich, ob das ein neuer Aufruhr ist. Nein – alle diese in die Lüfte starrenden Köpfe, alle diese Arme, die etwas zeigen, alle die Sonnenschirme der Frauen, die sich bewegen, dieses zugleich ängstliche und hoffende Warten gilt einer Taube – vielleicht bringt sie Depeschen –, die auf dem Schornstein eines der Kamine des Theaters rastet.

In dieser Menschenmenge begegne ich dem Bildhauer Christophe; er teilt mir mit, dass Vorbesprechungen über die Übergabe der Stadt eingeleitet sind.

Bei Brébant in dem kleinen Vorzimmer vor dem großen Raum, in dem man speist, sitzen die Leute heute wie gebrochen auf den Kanapees und den Fauteuils herum; alles spricht mit leiser Stimme, wie in einem Krankenzimmer, von den traurigen Ereignissen des Tages und dem Morgen, der uns erwartet.

Man fragt sich, ob Trochu nicht einfach verrückt ist. Bei diesem Anlass erzählt jemand, er habe eine schon gedruckte Affiche zu Gesicht bekommen, die allerdings dann nicht angeschlagen wurde, sie war für die Truppe bestimmt, und dieser Trochu sprach darin von Gott und der Heiligen Jungfrau, wie ein Mystiker sprechen würde.

In einer Ecke sagt ein anderer, seiner Meinung nach sei das Verbrecherischste an diesen beiden Männern Trochu und Favre, dass sie von allem Anfang an in den intimsten Beziehungen zu den »Entmutigten« gestanden hätten, dass sie aber trotzdem durch ihre Reden, ihre Proklamationen der Menge den Glauben, ja die Sicherheit gegeben hätten, die Befreiung sei nahe, und dass sie ihr die Sicherheit bis zum letzten Augenblick gelassen hätten. »Darin liegt«, sagt du Mesnil, »eine besondere Gefahr: Denn man weiß nicht, ob die Übergabe, wenn sie unterzeichnet ist, nicht von der männlichen Bevölkerung von Paris einfach zurückgewiesen wird.« Renan und Nefftzer machen allerdings ablehnende Gebärden.

»Geben Sie acht,« fährt Du Mesnil fort, »es ist da nicht die Rede von der revolutionären Partei, ich spreche von dem energischen bürgerlichen Element der Bevölkerung, von jenem Teil der Feldkompanien, der sich geschlagen hat, und der sich schlagen will, und der nicht so auf einmal die Übergabe der Gewehre und der Kanonen annehmen kann.«

Zweimal schon hat man uns angekündigt, dass das Diner aufgetragen ist, aber niemand hat hören wollen. Endlich setzt man sich zu Tisch. Jeder zieht sein Stück Brot heraus. Irgendjemand erzählt, Bauer hätte Trochu den Spitznamen gegeben: »Ein Ollivier zu Pferd«.

Die Suppe ist gegessen, und nun sagt Berthelot, was der wirkliche Grund unserer Niederlagen sei: »Nein, es ist nicht so sehr die Überlegenheit der Artillerie, es ist etwas ganz anderes, das ich Ihnen erklären will. Die Dinge liegen so: Wenn der Führer des preußischen Generalstabs den Befehl hat, ein Armeekorps zu einer bestimmten Stunde bis zu einem bestimmten Punkte vorrücken zu lassen, so nimmt er seine Karten, studiert das Land, das Terrain, berechnet die Zeit, die jedes Korps brauchen wird, um einen bestimmten Teil des Weges zurückzulegen. Wenn er irgendwo einen Abhang sieht, nimmt er ein ... (er nennt ein Instrument, dessen Namen ich vergessen habe) und berechnet die Verzögerung, die das ergibt. Schließlich, bevor er sich schlafen legt, hat er die zehn Routen herausgefunden, auf denen zu der gegebenen Stunde die Truppen einmünden werden. *Unser* Generalstabsoffizier macht nichts von alledem; er geht am Abend seinen Vergnügungen nach, am nächsten Morgen kommt er aufs Schlachtfeld, fragt, ob die Truppen eingetroffen sind, und wo der beste Ort für den Angriff ist. Seit dem Anfang des Feldzuges ist das so, und ich wiederhole es, das ist der Grund unserer Niederlagen; von Weißenburg bis Montretout haben wir niemals an einem gegebenen Punkt, zu einer gegebenen Zeit Truppen zusammenführen können.«

Man bringt eine Hammelschulter.

»Ach,« sagt Hébrard, »bei unserem nächsten Diner wird man uns den Hirten dazu vorsetzen.«

In Wirklichkeit ist es ein sehr schöner Hunderücken.

»Hund? Sie sagen, dass es Hund ist,« ruft Saint-Victor mit der weinerlichen Stimme eines zornigen Kindes, »nicht wahr, Kellner, das ist kein Hund?«

»Aber es ist das dritte Mal, dass Sie hier Hundefleisch essen!«

»Nein, es ist nicht wahr! Herr Brébant ist ein ehrenhafter Mann, er würde es uns vorher sagen, Hundefleisch ist ein unreines Fleisch,« sagt er mit einem komischen Ekel, »Pferd, ja. Hund, nein!«

»Hund oder Hammel,« murmelt Nefftzer mit vollem Munde, »ich habe noch nie einen so guten Braten gegessen ... Wie wenn Ihnen Brébant Ratten vorsetzen würde? ... Ich kenne das auch ... Es schmeckt sehr gut ... Der Geschmack ist wie eine Mischung von Schwein und Rebhuhn.«

Während dieser Auseinandersetzung wird Renan, der ganz in Gedanken und Sorgen versunken schien, bleich, dann grün, wirft seinen Teil für die Rechnung auf den Tisch und verschwindet ...

»Sie kennen Vinoy ...« sagt jemand zu du Mesnil, »was ist das für ein Mensch und was wird er machen?«

»Vinoy?« antwortet du Mesnil, »er ist ein Schlaukopf, ich glaube, er wird nichts machen, er wird den Gendarmen spielen.«

Daraufhin zieht Nefftzer gegen den Journalismus und die Journalisten los. Er sieht jetzt aus, als könne ihn jeden Augenblick der Schlag treffen, und seine teutonische Rede, oft erstickt von Wut, bellt gleichsam gegen die Unfähigkeit, die Unwissenheit, die Lügen seiner Kollegen, die er anklagt, den Krieg zuerst veranlasst und dann zu einem so entsetzlichen Verlauf gebracht zu haben.

Da verlangt Hébrard einen Augenblick Stille und zieht aus seiner Tasche ein Papier heraus. »Hören Sie, meine Herren, hier der Brief des Gemahls einer bekannten Frau; er verlangt das Kreuz der Ehrenlegion und führt als Grund seines Anspruchs seine Hahnreischaft an, ja, meine Herren, wörtlich seine Hörner und sein häusliches Unglück, die beide der Geschichte angehören.«

Ein homerisches Gelächter folgt der Lektüre dieser spaßigen Bittschrift.

Bald aber bringt der Ernst der Situation alle Gäste wieder dazu, sich zu fragen, wie die Preußen sich uns gegenüber verhalten werden. Es gibt Leute, die glauben, dass sie die Museen ausräumen werden. Berthelot fürchtet, sie werden das Material unserer Industrie fortführen ... Diese Bemerkung führt, auf welchem Wege weiß ich nicht, zu einer großen Diskussion über die Farbstoffe und das "türkische Rot", von wo das Gespräch dann wieder zum Ausgangspunkt zurückkehrt. Nefftzer behauptet im Gegensatz zu allen übrigen, dass die Preußen durch ihren Edelmut und ihre Hochherzigkeit in Erstaunen versetzen würden. Amen!

Als wir Brébant verlassen, ist auf dem Boulevard das Wort Kapitulation, das auszusprechen vor wenigen Tagen vielleicht noch gefährlich gewesen wäre, auf allen Lippen.

Mittwoch, 25. Januar. - Heute ist nichts mehr von der Widerstandskraft und nichts von der fieberhaften Aufregung zu merken, die alles Kommen und Gehen der vergangenen Tage beherrscht hatte. Die Bevölkerung ist müde und schleppt sich wie ein Vogel unter einem grauen Himmel, von dem immerfort schwere Schneeflocken herabfallen.

Es ist kein Platz mehr für die Absurditäten der Hoffnungen.

Lange Reihen von Menschen bilden sich an den Türen jener Händler, die noch die einzige Sache, die es zu essen gibt, verkaufen: der Verkäufer von Schokolade. Und man sieht Soldaten, die sich rühmen dürfen, ein Pfund Schokolade erobert zu haben.

Donnerstag, 26. Januar. - Nun kommt es näher. Neue Batterien scheinen demaskiert. Geschosse platzen, jeden Augenblick ein neues, auf dem Eisenbahngeleise, und unser Boulevard Montmorency wird von Leuten, die auf allen Vieren gehen, überschritten. Man kann allen jene schmerzliche Geisteswandlung anmerken, durch die allmählich der Gedanke an die Schande der Übergabe gewöhnt wird. Immerhin, es gibt weibliche Energien, die noch widerstehen. Man erzählt von armen Frauen, die noch heute Morgen beim Warten vor den Bäckerläden riefen: »Man soll unsere Rationen noch vermindern, wir sind bereit, alles zu ertragen, aber die Stadt soll man nicht übergeben.«

27. Januar. - Ich gehe heute früh zum Begräbnis Regnaults.

Eine enorme Menge Leute. Man weint angesichts dieses jungen Kadavers eines Talents, beweint das Begräbnis Frankreichs. Diese Gleichheit vor dem brutalen Tode durch die Kanonenkugel oder den Gewehrschuss, der ebenso das Genie wie den Toren trifft, die kostbare Existenz wie die unnütze, ist wahrlich entsetzlich.

Ich hatte davon geträumt, von ihm ein Bildnis meines Bruders machen zu lassen, in der Größe des Knieporträts, das er von der Gräfin von Nils Barck gemacht hat. Nun wird mein Bruder also nicht neu aufleben durch das Talent dieses Koloristen, für den ich hier ein De Profundis höre, angestimmt vom Klang der Hörner und vom Wirbel der Trommel. Hinter der Bahre sah ich ein junges Mädchen in Witwenkleidung gehen wie einen Schatten. Man sagte mir, es sei seine Braut.

Ich gehe fort und trete in den Laden von Goupil, wo ein Aquarell des Verstorbenen, noch nicht eingerahmt, ausgestellt ist. Es zeigt Marokko wie in einer Vision aus Tausend und einer Nacht.

Das Feuern hat aufgehört. Ich mache einen Rundgang in der Umgebung von Auteuil.

Eine Frau schreit ihrem Nachbar zu: »Wir sind noch immer im Keller, aber jetzt werden wir bald wieder in die Höhe steigen!«

Löcher in den Dächern, Risse in den Fassaden, aber wenig wirklicher Materialschaden ist von diesem eisernen Gewittersturm, der über unsere Köpfe hinweggegangen ist, angerichtet worden. Nur eine Erdzunge zwischen dem Viadukt und dem Friedhof von Auteuil ist ganz durchlöchert von drei Meter großen Löchern; die Geschosse sind dort so nahe nebeneinander gefallen, dass - im Riesenmaßstab - ganz die gleichen regelmäßig angeordneten Löcher entstanden sind, wie sie am Point du jour die Barrikadenkommission herstellen ließ.

Nahe am Michelangelotor steige ich auf den Viadukt hinauf. Hundert Häuser brennen in Saint-Cloud lichterloh: das Freudenfeuer, das sich die Preußen für ihren Triumph leisten! Ein kranker Soldat, an die Brüstung gelehnt, lässt die Worte hören: »Es ist ein Jammer, das mit anzusehen!«

Samstag, 28. Januar. - Sie sind wirklich glücklich, diese Journalisten. Sie sind fast stolz auf das, was die Republik für die nationale Verteidigung getan hat. Sie berichten, von Hochgefühl geschwellt, von dem Kompliment, das unserem Heroismus von den Preußen gemacht wird, und hoffen beinahe, dass Trochu von der Nachwelt als großer Kriegsheld anerkannt wird.

Neben der Heiterkeit auf den Gesichtern der Soldaten ist die Verzweiflung, die der Seesoldat, der mit seinem Pack unter dem Arm vorübergeht, in jedem Zug zeigt, geradezu ein schöner Anblick.

Man wird nicht müde, über die Unfähigkeit der Regierung im Ganzen, über die Unintelligenz jedes einzelnen Mitgliedes der Regierung zu sprechen. Ein Gast bei Brébant erzählt mir, er habe das Folgende aus dem Munde von Emmanuel Arago gehört: »Wir bereiten den Preußen eine schöne Überraschung vor, auf so etwas sind sie wahrhaftig nicht gefasst, nun, sie werden schön erstaunt sein, wenn sie in Paris einziehen wollen! ...» Mein Freund erwartete nun die Ankündigung des griechischen Feuers oder irgendeiner ähnlichen Sache. Nein, er täuschte sich. Emmanuel ließ noch einen Augenblick auf seine Antwort warten und gab dann folgenden Satz von sich: »Die Preußen werden nämlich gar keine Regierung finden, mit der sie werden verhandeln können, denn *wir* werden uns zurückgezogen haben!«

Ich streife durch die Stadtviertel, die beschossen worden sind: Risse, Löcher, aber außer einem Pfeiler, der vom Warenhaus *»Balayeuse«* weggerissen worden ist, nichts besonders Erschütterndes. Eine Bevölkerung, die den Entschluss fasst, sich in die Keller zu verkriechen, könnte sehr gut, ohne große Gefahr, einen Monat kräftiger Beschießung ertragen. Jetzt sieht man in diesen Gegenden wieder die kleinen Handwagen, auf denen der Hausrat zurückgebracht wird; die Bewegung des Lebens scheint neu zu erstehen.

Ein Militär in weißem Mantel ruft dem Konduktuer des Omnibusses, indes er ihm eine Granate hinaufreicht, zu: »Nehmen Sie das, während ich aufsteige, und geben Sie acht ... verdammt, geben Sie doch acht!«

Burty bestätigt mir die Geschichte von der mystischen Affiche Trochus, von der man bei dem Diner bei Brébant gesprochen hatte; neun Tage sollte auf höheren Befehl ein Weihegebet an die Jungfrau gesprochen werden, dann sollte ein Wunder folgen. Ist das nicht Ironie? – wenn es nämlich wahr ist, dass Frankreich sein Heil in die Hände eines Mannes gegeben hat, der in ein Narrenhaus gehört.

Montag, 3o. Januar. - Mir scheint die Kapitulation das härteste Schicksal. Sie hat die nächste Nationalversammlung zu einer neuen Versammlung jener

Bürger von Calais gemacht, die, den Strick um den Hals, die Bedingungen Eduards VI. über sich ergehen lassen mussten. Was mich aber am meisten entrüstet, ist das Jesuitische dieser Regierung, die, weil sie das Wort Konvention statt Kapitulation als Titel eines entehrenden Vertrages erreicht hat, nun hofft, Frankreich das wahre Ausmaß seines Unglücks und seiner Schande verheimlichen zu können. Es sind wahrhaftig traurige Schlauköpfe. Bourbaki wird bei dem Waffenstillstand ausgeschaltet, aber es ist ein »allgemeiner« Waffenstillstand! Die Konvention der entsiegelten Briefe! Und all die schändlichen Geheimnisse, die uns die Unterhändler noch verbergen, noch vorenthalten, und die uns von der Zukunft doch langsam und allmählich enthüllt werden! Ach, hat wirklich die Hand eines Franzosen so etwas unterzeichnen können?

Und dass sie wirklich noch stolz darauf sind, die Kerkermeister und die Ernährer ihrer eigenen Armee sein zu dürfen, das ist doch zu dumm! Sie haben also nicht begriffen, dass diese scheinbare Milde eine Falle Bismarcks war? In Paris hunderttausend undisziplinierte und durch ihre Niederlagen demoralisierte Männer in diesen Tagen der Hungersnot, die bis zur Wiederverproviantierung vergehen müssen, heißt das nicht, den Aufruhr, die Meuterei, die Plünderei drin einschließen? Heißt es nicht, förmlich einen Vorwand vorbereiten für den Einzug in Paris?

In einem Zeitungsblatt, das die Übergabebedingungen enthält, lese ich von der Thronbesteigung König Wilhelms als Kaiser von Deutschland. In Versailles in der Spiegelgalerie, hart am Steinbild Ludwigs XIV., das im Hofe steht! Das und da! – es ist wirklich das Ende der Größe Frankreichs.

Dienstag, 31. Januar. - Heute Abend speiste ich im Restaurant neben einem Advokaten am Kassationshof, Herrn P. Ich sagte ihm, es sei sehr günstig, dass die nächste Nationalversammlung nur eine ganz bestimmte Zahl von Advokaten und Worthändlern haben könne. Ich fügte hinzu, dass nach meiner Meinung Frankreich sich vielleicht retten könnte, wenn man sich zwanzig Jahre lang der parlamentarischen Beredsamkeit enthalten könnte, aber dass das wirklich die *conditio sine qua non* seines Heils wäre.

Und, trotzdem er ein Advokat war, gab er zu, dass er meine Ansicht teile, und nahm das zum Ausgangspunkt, um mir den ganzen schmutzigen Handel der kleinen Leute im »Palais« zu enthüllen.

Er schilderte mir alle die Zwei-Sous-Advokaten, alle die Anwälte ohne Prozesse, ohne Talent und ohne Ehrenhaftigkeit, die, von Crémieux unterstützt, auf der Suche nach Posten in der höheren Verwaltung sind.

Dienstag, 7. Februar. - Ein sonderbarer Zug, allerlei Leute, Männer und Frauen, kommt vom Pont de Neuilly nach der Stadt zurück. Alle sind beladen mit Handkoffern, mit Toilettenecessaires, mit Taschen, die zum Platzen mit irgendetwas Essbarem angefüllt sind.

Bürger tragen auf den Schultern fünf oder sechs Hühner und als Gegengewicht zwei oder drei Kaninchen. Ich bemerke eine elegante kleine Frau, die in einem Spitzentaschentuch Kartoffeln trägt. Und nichts ist beredter als die Glückseligkeit, fast möchte man sagen die Zärtlichkeit, mit der diese Leute in ihren Armen die Vierpfundbrote tragen, diese schönen weißen Brote, die Paris so lange entbehrt hat.

Heute Abend bei Brébant verlässt die Konversation die Politik, und man geht zur Kunst über. Renan setzt da ein und erklärt, dass der Markusplatz eine Scheußlichkeit sei. Als Gautier - und wir alle mit ihm - uns dagegen empören, verkündet Renan, die Kunst müsse nach »rationellen Elementen« beurteilt werden, man brauche nichts anderes, und nun deliriert er in aller Öffentlichkeit.

Ach, was ist das für ein komisches Gehirn, wenn es nämlich Gedanken über Dinge, von denen es nichts versteht, vorbringt. Und so sehr ich ihn als Menschen liebe, werde ich doch über dieses blasphemische Gerede ungeduldig, unterbreche ihn plötzlich und frage ihn sozusagen aus heiterem Himmel, was für eine Farbe die Tapete seines Salons hat. Diese Frage verwirrt ihn, bringt ihn außer Fassung, er kann nicht antworten. Ich bestehe auf meiner Ansicht, dass jemand, der von Kunst sprechen will, die Farben der Wände, zwischen denen er seine Tage verbringt, kennen muss, und dass die Augen immer noch die besten Werkzeuge der künstlerischen Erkenntnis sind, besser als das »rationelle Element«.

All die Tage schließe ich mich, von einer Art Wut gegen mein Vaterland, gegen diese Regierung ergriffen, ein, lege mir Klausur in meinem Garten auf, versuche, meine Gedanken, meine Erinnerungen zu töten, meine Vorstellungen von der Zukunft durch Arbeit zu vernichten; ich lese keine Zeitungen mehr und fliehe die Leute, die Nachrichten haben.

Dieses Paris mit allen den Feldsoldaten, die hier ihre Langeweile und ihre Heimatlosigkeit spazieren führen, bietet einen herzzerbrechenden Anblick; die Leute gleichen fast den blöden und aus der Fassung gebrachten Tieren, die man zu Beginn des Krieges im Bois de Boulogne herumirren sah; aber es gibt ein anwiderndes Bild, und das sind die geckenhaften Offiziere, die alle die Cafétische auf den Boulevards in Besitz genommen haben, und die nur von einem Gedanken erfüllt sind, nämlich von dem Spazierstock, den sie heute früh gekauft haben, um auf dem Asphalt zu paradieren!

Diese so wenig heroischen Uniformen lassen sich wirklich zu viel sehen, es fehlt an Takt und Diskretion.

Samstag, 11. Februar. - Paris fängt an, wieder Fleisch und essbare Dinge zu haben, nur fehlt den Parisern die Kohle, um zu kochen.

Sonntag, 12. Februar. - Ich steige zu Théophile Gautier hinauf, der sich von Neuilly nach Paris in die Rue de Beaune geflüchtet hat, in den fünften Stock eines Arbeiterhauses.

Ich gehe durch ein kleines Zimmer, wo auf dem Fensterbrett in elenden Kleidern seine zwei Schwestern sitzen, die Schwänzchen der weißen Haare in Netzen aus Baumwollstoff.

Die Mansarde, in der sich Théo aufhält und die ganz vom Rauch seiner Zigarre erfüllt ist - so klein und niedrig ist sie -, enthält nur ein Eisenbett, einen alten eichenen Lehnstuhl und einen Strohsessel, auf dem sich magere Katzen, wahre Hungersnotkatzen, Schatten von Katzen herumtreiben und rekeln. Zwei oder drei Studienblätter sind irgendwo an der Wand angeheftet, und drei Dutzend Bücher liegen kreuz und quer auf weißen Holzbrettern, die man eiligst angebracht hat.

Mitten drin ist Théo in einer roten, nach venezianischer Art zugespitzten Kappe und einem Samtwams, ehemals als »kleiner Anzug« für die Empfänge in Saint-Gratien angefertigt, jetzt aber so voll von Flecken und so speckig, dass es aussieht wie die Jacke eines neapolitanischen Kochs. Und der üppige Meister der Schrift und des Wortes erscheint einem jetzt wie ein Doge in der Misere, wie ein armer und melancholischer Marino Faliero aus einer Aufführung des Théâtre Saint-Marcel!

Während er sprach - sprach, wie Rabelais wohl gesprochen haben muss -, dachte ich immer wieder an die Ungerechtigkeit, mit der Kunst bezahlt wird. Ich dachte an das üppige und scheußliche Mobiliar Ponsons du Terrail, das ich heute früh aus der Rue Vivienne für die Zeit der Belagerung irgendwo anders hinbringen sah, weil dieser Verdiener von 70000 Franken im Jahr gestorben ist.

Sonntag, 26. Februar. - Man kündigt an, dass die Preußen morgen die Stadt besetzen werden. Morgen werden wir also den Feind in unserer Mitte haben. Gott behüte Frankreich vor diplomatischen Verträgen, die Advokaten aufgesetzt haben! Montag, 27. Februar. - Etwas Düsteres und Unruhiges ist heute in der Pariser Physiognomie. Man sieht auf ihr die ängstliche Befangenheit, die schmerzliche Ahnung der Okkupation.

Auf dem Platz vor dem Hôtel de Ville, nahe am Ufer, defilieren, angeführt vom Tambour, Nationalgardisten, Immortellensträußchen im Knopfloch, vom Weine berauscht, grüßen sie das alte Baudenkmal mit dem Rufe: »Vive la République!«

Die Rue de Rivoli ist ein Jahrmarkt aller erdenklichen Produkte, die man auf den Bürgersteigen ausgebreitet hat, auf der Fahrstraße aber kreuzen einander die Wagen des Todes und des neu erweckten Lebens: nämlich Leichenwagen und die Gefährte, auf denen getrocknete Stockfische herbeigeschafft werden.

Es gibt eine große, göttliche Ironie, die sich darin zu gefallen scheint, die menschlichen Programme Lügen zu strafen. In diesen Tagen des allgemeinen Wahlrechts, in diesen Tagen, wo die Geschäfte und die Regierung des Landes von allen Bürgern geführt werden, ereignet es sich, dass die Geschicke Frankreichs so despotisch gelenkt werden, wie es nie, nie vorher der Wille eines Mannes, gleichviel ob Favre oder Thiers, getan hätte, und dies geschieht noch dazu mit einer ganz vollendeten Unkenntnis des wahren Wesens der Bürger sowie aller Ereignisse, aller Dinge, die in ihrem Namen geschehen. Dienstag, 28. Februar. - Es ist unmöglich, die traurige Stimmung wiederzugeben, die einen umgibt. Paris ist von der schrecklichsten Vorstellung beherrscht: von der Angst vor dem Unbekannten.

Meine Augen erblicken nur noch bleiche Gesichter in Krankenwagen; es sind die Verwundeten aus dem Florapavillon, die man in aller Eile irgendwo anders hinbringt, damit König Wilhelm in den Tuilerien frühstücken kann.

Auf der Place Louis XV. haben die Statuen der Städte Frankreichs heute die Gesichter mit Schleiern verhüllt. Diese steinernen Frauen mit ihren nächtlichen Antlitzen erheben in der Sonne und dem klaren Tageslicht einen Einspruch von seltsamer, todestrauriger, fantastisch-aufrührerischer Art.

1. März. - Unseliges Auteuil! Diese Vorstadt wird von dem übrigen Paris abgeschnitten gewesen sein, geplündert von den Mobiltruppen, ausgehungert, beschossen, nun wird sie auch noch das Unglück der preußischen Besetzung haben.

Heute früh hat Paris nicht mehr seine große und tönende Stimme, die beunruhigende Stille schlechter Stunden ist so groß, dass wir von der Boulogner Kirche her elf Uhr schlagen hören.

Der Horizont ist leer, gleichsam unbewohnt. Man hat noch nichts gesehen als ein paar Ulanen, die mit allen möglichen Vorsichtsmaßregeln den Bois de Boulogne abgesucht haben.

Dann erhebt sich aus dem schweigenden Erdraum der stumpfe und ferne Lärm der preußischen Trommeln; sie kommen näher. Ich weiß nicht, warum es so ist - aber das Gefühl, dass meine Tür sich auftun soll, diesen Deutschen Eintritt gewähren, sie für ein paar Tage zu Herren meines Hauses machen - diese Perspektive fügt mir einen fast körperlichen Schmerz zu.

Und jetzt ist das Rollen der Wagen und der preußischen Militärfuhrwerke schon wie ein Donner. Von meinem Garten aus sehe ich durch das Gitter zwei Soldaten mit vergoldeten Uniformkappen vor meinem Hause haltmachen, es betrachten und dann französisch kauderwelschen ... Sie gehen vorüber.

Niemals sind mir die Stunden so lang erschienen, Stunden, in denen es mir unmöglich war, meine Gedanken auf irgendetwas zu konzentrieren, Stunden, in denen es mir nicht möglich war, auch nur einen Augenblick auf demselben Fleck zu bleiben. Die preußische Retraite hat dann schließlich ertönt, und noch ist kein einziger Preuße erschienen, - wir werden sie also wohl erst morgen haben.

In der Nacht schleiche ich mich nach Auteuil, wo nicht ein einziges lebendes Wesen auf der Straße zu sehen ist, nicht ein Licht in den Fenstern, und durch die Straßen mit ihrem todestraurigen Aussehen sehe ich Bayern gehen, die in Gruppen von je Vieren herumspazieren und sich in der Todesstimmung dieser Stadt nicht sehr wohl fühlen.

2. März. - Es ist neun Uhr früh; noch immer nichts. Ich empfinde ein sonderbares Gefühl der Erleichterung. Wir werden vielleicht den Preußen entwischen. Ich gehe in den Garten hinunter. Es ist blauer Frühlingshimmel, voll von der jungen Sonne, und überall zwitschern die Vögel. Die Natur, über die ich so viel Böses gesagt habe, rächt sich wahrlich grausam an mir. Ich bin von ihr wie besessen, von ihren Umarmungen gleichsam erdrückt, durch sie verdummt. Mein Garten wird zu meiner einzigen Beschäftigung, zum einzigen ehrgeizigen Ziel meiner Gedanken.

Ich versuche nach Paris zu kommen, und trotzdem ich den Wunsch habe, keinen Preußen zu sehen, gehe ich bis nach Passy. An der Muette, wo der Stab des Kreises ist, sind bayrische Schildwachen. Auf der Straße sieht man ruhige und durchaus nicht aufreizende Gruppen von Soldaten spazieren gehen oder einfältig die geschnitzten Parapluiegriffe betrachten. Auf allen Türschwellen bayrische Uniformen. Trotz eines gelben Anschlags, der die Kaufleute auffordert zu schließen, sind alle Läden offen. Mitten unter Bürgern und Arbeitern, die ohne Aufregung das Fremde betrachten, sind nur ein paar alte Frauen, deren hochgradige Aufregung sich durch wütende Blicke und das Flüstern von Flüchen, die sie im Gehen aus ihren zahnlosen Mündern gleichsam ausspucken, verrät.

Als ich vom Hause fortging, hatte man mir gesagt, dass der Friede unterzeichnet sei ... dass sie noch heute Mittag fortgehen würden. In Passy kündigt man mir an, dass neue Korps ankommen, und dass sie die Häuser von Auteuil heute besetzen werden. Ich gehe wieder nach Hause und warte den ganzen Tag, grausam aufgeregt durch die Vorstellung, dass mein Haus besetzt werden soll von den Siegern, in deren Heimat mein Vater und meine Oheime von mütterlicher und väterlicher Seite so lange ihrerseits Quartier genommen haben.

Freitag, 3. März. - Ich werde aufgeweckt von Musik, *ihrer* Musik. Ein herrlicher Morgen, eine schöne Sonne, die sich um menschliche Katastrophen nicht kümmert, ob sie nun Schlacht bei Austerlitz oder Einnahme von Paris heißen. Wunderbares Wetter, aber der Himmel ist voll von krächzenden Raben, deren Schreie man sonst hier in dieser Jahreszeit nie hört - die führen sie immer mit sich, gleichsam ein schwarzes Geleit ihrer Heere. Sie gehen fort, sie verlassen uns endlich - man kann an die Befreiung noch gar nicht glauben, und in stummer Ergriffenheit betrachtet man die lieben und teuren Dinge seines Heims, die *nicht* nach Deutschland fortgeführt worden sind.

Die Befreiung kam für mich in Gestalt zweier Gendarmen, die im Galopp heransprengten, um wieder Besitz vom Boulevard Montmorency zu ergreifen.

Die Leute an meiner Seite gehen mit kleinen Schritten, glückselig, wie Genesende, die zum ersten Male ausgehen.

Passy hat als einzige Zeichen der Besetzung die Kreideinschriften behalten, die an den Haustoren und den Läden der Kaufleute die Zahl der Soldaten angeben, die von den Bewohnern untergebracht werden mussten.

Die Champs-Elysées sind heute voll von beweglichen und gesprächigen Menschen, die die frische Luft genießen und die Demolierung eines Cafés gar nicht zu bemerken scheinen, eine Tat der Rache, weil es in allen den Nächten der Besetzung für die Preußen offen geblieben war.

Sonntag, 5. März. – Die Friedensbedingungen scheinen mir so drückend, so niederschmetternd, so tödlich für Frankreich, dass ich fürchte, der Krieg beginnt von Neuem, bevor wir noch auf ihn vorbereitet sind.

Samstag, 18. März. – Heute früh erzählt die Frau, die uns das Brot bringt, dass man sich auf Montmartre schlägt.

Ich gehe hin und finde nur eine sonderbare Gleichgültigkeit allem, was sich begibt, gegenüber. Die Bevölkerung hat in den letzten Monaten so viel mit ansehen müssen, dass nichts sie mehr erregen kann.

Ich komme auf den Orléansbahnhof, wo der Leichnam des Sohnes Victor Hugos aufgebahrt ist. Der alte Hugo empfängt in dem Zimmer des Stationschefs. Er sagte zu mir: »Sie haben einen schweren Schlag zu tragen gehabt, ich auch ... aber bei mir ist es nichts Alltägliches mehr, zwei solche Donnerschläge in einem einzigen Leben!«

Und dann setzt sich der Leichenzug in Bewegung. Eine sonderbare Gesellschaft, in der ich kaum zwei oder drei Schriftsteller erkenne, dafür gibt es aber eine große Menge weiche Hüte, und je weiter wir kommen, je mehr wir in die Viertel der Cabarets kommen, desto mehr Trunkene mischen sich in den Zug oder schließen sich schwankend an. Der weiße Kopf Hugos in einer Art von Kapuze beherrscht, wie er so hinter der Bahre hergeht, diese gemischte Gesellschaft und gleicht dem Haupt eines streitbaren Mönches aus der Zeit der Heiligen Liga.

Rings um mich herum spricht man von Aufreizung zum Aufruhr, man macht sich über Thiers lustig, und Burty ärgert mich fürchterlich durch seine Spöttereien und sein offenbares Unverständnis der revolutionären Bewegung, die sich rings um uns vorbereitet. Ich bin sehr niedergeschlagen und voll der schmerzlichsten Ahnungen.

Bewaffnete Nationalgarden, durch die sich der Leichenzug einen Weg bahnen muss, präsentieren die Waffen vor Hugo, endlich sind wir beim Friedhof angelangt.

Dort kann dann die Bahre nicht in die Gruft hinein. Vacquerie hält eine lange Rede.

Wir kehren heim. Die Insurrektion triumphiert und nimmt Besitz von Paris. Man sieht immer mehr Nationalgarde, überall erheben sich Barrikaden, gekrönt von bösen Gassenjungen. Die Wagen fahren nicht mehr. Die Kaufläden schließen.

Die Neugierde führt mich bis zum Rathaus; dort auf dem Platz sieht man kleine Gruppen, in deren Mitte Redner »Den Tod für die Verräter!« fordern. In der Ferne, an den Kais, in einem Staubnebel, geben die Munizipalgardisten blinde, ungefährliche Schüsse ab, während die Nationalgardisten ihre Gewehre in der Rue de Rivoli laden, und der Mob mit Geschrei, Geheul und Steinwürfen einen Sturm auf die beiden Kasernen hinter dem Rathaus unternimmt.

Auf dem Rückweg höre ich Leute, die auf der Straße schwätzen, von der Füsillade Clément Thomas' und Lecomtes sprechen.

Sonntag, 19. März. – Die Morgenblätter bestätigen die Nachricht von der Füsillade Clément Thomas' und des Generals Lecomte.

Ein Gefühl der Müdigkeit, Franzose zu sein, erfasst mich, und der Wunsch, irgendwo in der Ferne ein anderes Vaterland zu suchen, in dem der Künstler ruhig denken darf und nicht jeden Augenblick durch dumme Hetzereien gestört wird, oder durch die törichten Krämpfe eines zerstörungslustigen Mobs.

In der Eisenbahn erzählt man in meiner Nähe, dass die ganze Armee sich nach Versailles zurückziehe und Paris in den Händen der Insurrektion sei. Nefftzer, den ich Rue Caumartin frage, wer denn zur neuen Regierung gehört, schleudert mir aus seinem dicken Gesicht, aus dem die Freude über unser Unglück zu leuchten scheint, die Worte entgegen: »Ihr habt Assi!«
Auf den Pariser Gesichtern sieht man starre Betroffenheit. Kleine Gruppen Menschen, die Nasen in der Luft, sehen vertrottelt durch die Breschen der Rue Lepeletier und der Rue Laffitte nach Montmartre und seinen Kanonen.
Victor Hugo, dem ich begegne, hat seinen Enkel an der Hand und sagt eben zu einem Freunde: »Ich glaube, es wäre klug, nun wieder an ein bisschen Verproviantierung zu denken.«
Am Boulevard Montmartre finde ich endlich die Namen der neuen Regierungsleute angeschlagen, Namen, die mir so unbekannt sind, dass das Ganze einer Mystifikation ähnlich sieht. Nach dem Namen Assi ist der am wenigsten unbekannte der von Lullier ...
Dieser Anschlag besagt meinem Gefühl nach den endgültigen Tod der Republik. Die Erfahrungen, die man 1870 mit den besten Leuten gemacht hat, waren schon beklagenswert. Die jetzigen aber, die man mit den schlechtesten macht, müssen das Ende dieser Regierungsform bringen. Gewiss, die Republik ist ein schöner Traum groß denkender, hochherziger, uninteressierter Gehirne, aber sie ist unbrauchbar bei den niedrigen und kleinen Leidenschaften der französischen Plebs. Für sie bedeuten die Worte: Freiheit, Gleichheit, Brüderlichkeit nichts weiter als Knechtung oder Tod der höheren Stände.
Ich treffe Berthelot, den die Ereignisse der letzten Zeit wahrhaftig gebeugt, fast zum Buckligen gemacht haben. Er schleppt mich zum *Temps*, wo wir, da niemand von der Redaktion anwesend ist, uns gemeinsam der Verzweiflung über Frankreich, das im Todeskampf liegt, hingeben. Fast sehen wir in alledem, was sich jetzt ereignet, in den Gewalttätigkeiten des letzten Tages, eine Chance für die krassesten Gegner jener, die heute triumphieren, für den Grafen Chambord. Berthelot wiederum fürchtet, dass die Hungersnot noch dazu kommt. Er ist eben durch das Land von Beauce gefahren, wo man, weil es keine Pferde mehr gab, Gerste gesät hat.
Ich nehme den Weg nach dem Hôtel de Ville. Ein Mann, Broschüren in der Hand, ruft aus: »Enthüllungen über Trochu! Der nackte Trochu!« Ein Ausrufer des *Avenir national* schreit: »Verhaftung des Generals Chancy!«
Der Kai und die großen Straßen, die nach dem Rathaus führen, sind durch Barrikaden gesperrt, vor ihnen stehen Reihen von Nationalgardisten. Man wird von Ekel ergriffen, wenn man diese törichten und verworfenen Ge-

sichter sieht, in denen der Sieg und die Trunkenheit sich zum leuchtenden Ausdruck der Gemeinheit vereint haben. Jeden Augenblick sieht man einen, das Käppi schief auf dem Kopf, aus der halb offenen Tür einer Weinschenke herauskommen; das sind auch die einzigen Läden, die heute offen sind. Rings um die Barrikaden sind Ansammlungen von Vorstadt-Diogenesen und fetten Bürgern zweifelhaften Berufs, die ihre Tonpfeifen rauchen, die Frau Gemahlin am Arm.

Vom Glockenturm des Rathauses hängt eine rote Fahne, und darunter grölt hinter drei Kanonen bewaffneter Mob.

Auf dem Heimweg sehe ich auf den Gesichtern Gleichgültigkeit, aber auch Bestürztheit, manchmal traurige Ironie, am häufigsten aber jene Verzweiflung, die alte Herren ihre Arme zum Himmel erheben lässt, allerdings, nachdem sie sich zuerst vorsichtig rings umgesehen haben.

Montag, 20. März. – Drei Uhr früh. Ich werde von den Sturmglocken geweckt, von jenem grausig klagenden Läuten, wie ich es in den Nächten des Juni 48 gehört habe. Das große Wehklagen der Riesenglocke von Notre-Dame herrscht über das Geläut aller anderen Stadtglocken, herrscht über den Lärm des Generalmarsches, beherrscht die menschlichen Geräusche, die alle zu den Waffen zu rufen scheinen.

Ja, so ist alle menschliche Voraussicht zuschanden geworden! Gott scheint wahrhaftig zu lächeln und in seinen weißen Skeptikerbart hinein zu spotten über die Widersprüche der irdischen Logik. Wie konnte es geschehen, dass die Bataillone von Belleville – vor dem Feind so matt, vor den Truppen, die am 30. Oktober Ordnung machen sollten, so matt – sich nun der Stadt Paris bemächtigen konnten? Wie konnte es geschehen, dass die bürgerliche Nationalgarde, vor einigen Tagen noch so entschlossen, sich zu schlagen, sich nun aufgelöst hat, ohne auch nur einen Schuss abgegeben zu haben? Alles scheint in diesen Tagen wahrhaftig nur zu geschehen, um uns die Nichtigkeit aller menschlichen Erfahrungen zu zeigen. Die natürlichen Folgen der Dinge und der Ereignisse beginnen zu lügen. Das Ende ist, dass, für den Augenblick, Frankreich, Paris unter der Macht der Plebs steht, die uns eine Regierung, lediglich aus ihren Leuten erzeugt, gegeben hat. Und wie lange das dauern wird? – man weiß es nicht. Das Unwahrscheinliche herrscht.

In der Eisenbahn sieht man viele Leute, die nach der Provinz reisen: die Rue du Havre ist voll von Gepäck, das man in Handwagen – da es keine Pferde mehr gibt – hingebracht hat.

Von Zeit zu Zeit reitet ein fantastischer Stabsoffizier der neuen Regierung im stolzen Galopp vorbei, in ein rotes Wams gekleidet, und die Leute auf der Straße drehen sich nach ihm um. Die Kohorten von Belleville streifen gegenüber Tortoni über den Boulevard, zwischen ein wenig spöttischen, verwunderten Leuten, deren Gesichtsausdruck sie zu genieren scheint, sodass sie mit ihren Siegeraugen auf ihre Stiefelspitzen und die – nicht immer vorhandenen – Socken blicken.

Weiß Gott, manchmal scheint es, als ob das, was geschehen ist, trotz der weißen Anzeigen der Regierungsanschläge, die man auf allen Mauern sehen kann, doch nicht geschehen ist. Ganz wach geht man doch mit dem Gefühl eines Menschen herum, der schläft und einen bösen Traum hat, der aber doch fühlt, dass er nur träumt.

Dienstag, 21. März. – Jeden Augenblick hört man den eiligen Trommelwirbel des Rappells. Das Aussehen der Gruppen hat sich geändert. Die Erregung nimmt immer mehr zu; die Worte werden immer lauter, die Gewehrschüsse kommen näher. Die Bataillone von Belleville werden nun auf den Boulevards beschimpft. Man ist gleichsam umgeben vom Donner des hohen Meeres, das sich bald im Sturm aufbäumen wird.

Von einem Fenster sehe ich auf den Zug einer imposanten Kundgebung herab; vor den Leuten wird eine Fahne getragen, auf der »Vive la République! Les Hommes d'Ordre!« zu lesen ist.

Diner bei Brébant. Irgendjemand erzählt etwas sehr Charakteristisches über die neue Regierung. Nach der Zerstörung der Polizeiakten ist es die erste Beschäftigung dieser Herren gewesen, das Register der polizeilich eingeschriebenen Dirnen zu vernichten.

Saint-Victor gibt Bruchstücke einer Unterhaltung mit Ernest Picard wieder. Der geistreiche Advokat soll ein Bildnis Trochus so gezeichnet haben: »Er ist ehrlich *und* falsch!« Von Gambetta hätte er folgende Anekdote erzählt, die, wenn nicht wahr, doch gut erfunden ist. Der alte Stammgast des Café de Madrid habe zu allen möglichen Beschäftigungen in seiner Umgebung die früheren Stammgäste seines Lokals bestimmt. Aber damit hätte er sich noch nicht begnügt. Das Café de Madrid war für den Diktator in Bordeaux doch noch nicht ganz wiederhergestellt. Er ließ also den Kellner, der ihn dort bedient hatte, kommen und bekleidete ihn mit der Würde des Huissiers seines Kabinetts und hängte ihm so die Stahlkette um den Hals.

Dann fliegt die Konversation über diese Anekdoten hinweg in die Höhe. Es ist zugleich wunderbar und traurig zu hören, mit welchem Despotismus alles auf Renans Denken wirkt, was in Deutschland gesagt, geschrieben, gedruckt wird. Heute höre ich, wie dieser Gerechte die verbrecherische Formel Bismarcks: »Macht geht vor Recht« annimmt; ich höre ihn erklären, dass die Nationen und die Individuen, die ihr Eigentum nicht verteidigen können, auch nicht wert sind, es zu bewahren.

Als ich mich dagegen empöre, antwortet er, dass das immer so Gesetz und Recht gewesen sei. Nur das Christentum, so muss er bekennen, versuchte eine Abschwächung dieser Lehre durch den Schutz des Schwachen, des »armen Mannes«. Und nach einer wortreichen Auseinandersetzung über die Bücher Hiob, Esther, Judith, der Makkabäer, über die Anpassungskraft der judäischen Rassen, über die Philosophie Spinozas kommt er wieder auf Christus, den er für einen Plagiator erklärt, der nichts Originales und ihm selbst Eigenes gehabt habe als das »Gefühl«. Und um seine Behauptung zu stützen, führt er die Worte an, die 800 Jahre vor Christus Jesaias ausgesprochen hat: »Was helfen mir Eure Opfer? Bessert Euch!« – das Thema, das Racine in seiner Athalie umschrieben hat.

Ich höre mir alles das an, ein wenig zerstreut, mit den Ohren mehr bei dem Geräusch der Straße, das heraufdringt, und das die biblischen Glaubensstreiter überhören.

Inzwischen wird der Tumult immer größer, die Menge fängt an, laut zu werden und zu drohen, die Nationalgardisten von der Mairie Drouot werden ausgepfiffen und angeheult. Plötzlich hört man zwei Schüsse. Nun werde ich inmitten einer Menge, die mich in ihrem Schreckenszug fortführt, hin und her gestoßen, und der Schrei: »Zu den Waffen!« ertönt über den ganzen Boulevard.

Mittwoch, 22. März. – Den ganzen Morgen über Beschießung, die nie nachlässt und schließlich noch einmal so stark wird. Gegen ein Uhr ist dann plötzlich Stille in der Luft, in die sogleich das Krähen der Hähne und der Lärm der Eisenfabriken hineinschallt. Ich weiß nicht, was diese Kanonade zu bedeuten hat, und habe nicht den Mut, hinzugehen und mir Nachrichten zu holen. Gut so! ich habe mich umsonst aufgeregt: Die ganze schreckliche Schießerei ist nur eine Feier der Preußen, die irgendeinen Namenstag[3] haben. Ich atme wieder auf.

Im gleichen Augenblick aber kommt Pélagie aus Paris zurück und kündigt an, dass man sich dort schlägt. Und nun den ganzen übrigen Tag Rappell, fürchterlicher Rappell. Abends keine Zeitungen. Ich gehe nach Passy, um Neuigkeiten zu hören. Paris sieht aus wie eine Souspräfektur, hundert Meilen von Paris entfernt, in der man sich über eine Revolution in der Hauptstadt aufregt, ohne aber irgendetwas zu wissen.

Ich dringe bis zum Trocadéro vor. Dort deutet ein Herr auf drei ferne Silhouetten in der Nacht, sagt, dass einer dieser Männer ihn an der Hand gefasst hat und ihn fortziehen wollte: »Verstehen Sie,« sagt er zu mir, »das sind schlechte, ausgerissene Soldaten, sie wissen, dass es keine Strafen mehr

---

[3] Wilhelms I. Geburtstag, von Goncourt irrtümlich früher angesetzt.

gibt, und sind imstande, einen umzubringen, um irgendeine Kleinigkeit zu rauben.«

Ich kehre nach Passy zurück, wo immer weiter die Hornklänge und das eilige Trommeln des Generalmarsches zu hören ist. Ein junger Mensch erzählt in einer Gruppe, dass auf der Place de la Concorde die Bataillone des Komitees auf eine Kundgebung der »Ordnung«, deren Teilnehmer ohne Waffen waren, geschossen haben, dass es etwa zehn Tote und Verwundete gegeben hat, und dass er selbst einen, de Pène, mit einer Verwundung am Schenkel aufgehoben hat.

13. März. – Generalmarsch den ganzen Tag über. Ich finde das 2. Arrondissement in Waffen. Jede Straße ist von Männern aus dem Stadtviertel bewacht. Der Führer einer starken Ablösung, die eben auf dem Börsenplatz Stellung nimmt, wirft im Vorbeigehen die Worte hin: »Wir haben eben einen Posten entwaffnet.«

Ich gehe für einen Augenblick zu Burty. Ein Offizier der Nationalgarde untersucht die Wohnung, den Balkon, der den Boulevard beherrscht. Er verlangt, dass alle Türen zur Wohnung offen gelassen werden, damit bei der ersten Annäherung des Komitee-Heeres seine Leute in ihr Stellung nehmen können. Ich sehe meine Marketerie-Möbel an, meine Bibelots, mein Porzellan, meine Bücher, die zur Hälfte aufgestellt, zur Hälfte auf dem Boden ausgelegt sind, und denke: Die werden, wenn das Haus gestürmt wird, eine böse Viertelstunde mitmachen.

Auf dem Saint-Lazare-Bahnhof schlägt mir ein wütender Nationalgardist eine Holzschranke vor der Nase zu und schreit mich an: »Die Eisenbahn geht nicht mehr!«

Freitag, 24. März. – Trotz der Barrikaden, die ich auf der Place Vendôme machen und vervollkommnen sehe, gibt es eine Art von Erleichterung und Entspannung. Es braucht ja nur einen einzigen Schuss, um alles wieder zu ändern, aber zurzeit büßt die Situation etwas von ihrem Ernst ein, weil die einen nicht genau wissen, was sie eigentlich erreichen wollen, die anderen nicht, was sie gewähren wollen.

Dienstag, 28. März. – Die Zeitungen sehen in den Ereignissen nur eine Frage der Dezentralisation. Was sich ereignet, ist nichts anderes als die Besitzergreifung Frankreichs durch die Arbeiterbevölkerung, die Knechtung des Edelmannes, Bürgers, Bauern unter die Despotie des Arbeiters. Die Regierung geht aus den Händen jener, die besitzen, in die Hände derer über, die nichts besitzen, aus den Händen derer, die ein Interesse an der Erhaltung der Gesellschaft haben, in die jener, die gar kein Interesse an Ordnung, Festigkeit, Bewahrung haben.

Schließlich und endlich, möglich ist es ja, dass die Arbeiter, wie ich ja schon in meinen »Ideen und Sensationen« gesagt habe, nach dem großen Gesetze von der Änderung der irdischen Dinge für die menschliche Gesellschaft das sind, was für die antike Gesellschaft die Barbaren waren: krampfhafte Mittel der Zerstörung und der Auflösung.

Freitag, 31. März. – *Risum teneatis!* Jules Vallès ist jetzt Minister des öffentlichen Unterrichts! Der Bohêmemensch aus den Brasserien sitzt auf dem Fauteuil Villemains. Und dabei muss man zugeben, dass unter der Bande Assis er noch der Mann ist, der das meiste Talent hat und die geringste Bösartigkeit. Aber Frankreich ist ein so klassisches Land, dass die literarischen Theorien dieses Schriftstellers der neuen Regierung schon mehr geschadet haben als die sozialen Theorien seiner Kollegen.

Eine Regierung, aus der ein Mitglied zu schreiben gewagt hat, dass man Homer zum alten Eisen tun müsse, und dass im »Menschenfeind« Molières keine Fröhlichkeit, keine Heiterkeit sei, scheint dem Bourgeois erstaunlicher, umstürzlerischer, antisozialer, als eine, die am gleichen Tage die Aufhebung des Erbrechts und den Ersatz der Ehe durch die freie Vereinigung dekretieren würde.

Samstag, 1. April. – Eines bringt mich am meisten auf gegen diese Regierung der Gewalt und der äußersten, verzweifeltsten Mittel, und das ist ihre schwächliche Resignation dem Friedensvertrag gegenüber, ihre feige Ergebung den entehrenden Bedingungen gegen über, es ist – ich will es geradeheraus sagen – ihre halbe Freundschaft mit den Preußen.

Die Friedenspräliminarien sind wahrhaftig die einzige Voraussetzung, die vor diesen Menschen Gnade findet, die sonst alles zerstören; und kein Mensch protestiert dagegen …! Ich stelle traurig fest, dass in den heutigen Revolutionen das Volk sich nicht mehr für ein Wort, eine Fahne, ein Prinzip, für irgendeinen Glauben schlägt, nicht mehr den Tod der Männer ein uneigennütziges Opfer sein lässt. Ich stelle fest, dass Vaterlandsliebe ein aus der Mode gekommenes Gefühl ist. Ich stelle fest, dass die Generationen von heute nur noch für die Befriedigung rein materieller Interessen sich erheben können, und dass Fressen und Saufen heutzutage die einzigen Dinge sind, für die sie heroisch ihr Blut lassen können.

Sonntag, 2. April. – Gegen zehn Uhr Kanonade in der Richtung von Courbevoie. Gut, nun hat also der Bürgerkrieg begonnen. Ich muss gestehen: Wenn die Dinge erst einmal so weit sind, so ist das noch besser als verlogene Korruption … Die Kanonade verstummt … Ist Versailles geschlagen? Wahrhaftig, wenn Versailles auch nur die kleinste Niederlage erleidet, ist Versailles verloren! Irgendjemand, der mich besucht, erzählt, dass er nach Reden, die er auf der Straße aufgegriffen hat, eine Niederlage befürchtet.

Ich fahre sofort nach Paris. Ich studiere die Physiognomie der Leute, die gewissermaßen ein Barometer der Ereignisse während der Revolutionen ist; ich finde in den Mienen eine Art heimlicher Zufriedenheit, verhaltener Freude. Schließlich erfahre ich aus einer Zeitung, dass die Leute von Belleville geschlagen worden sind.

Einer meiner Freunde, ein sehr »Roter«, sieht in dem, was sich ereignet, eine »*neue Ära*«. Ich für meinen Teil habe genug von jenen neuen Ären, die von Leuten eingeleitet und geführt werden, mit denen nicht einmal mein roter Freund eine Partei bilden möchte.

Montag, 3. April. – Kanonade, wie in den Zeiten der Preußen. Frühmorgens beginnt sie am Mont Valérien, dann breitet sie sich tagsüber um Meudon herum aus, wo Versailles seine Kanonen aufgestellt hat, gerade in den Befestigungswerken der Preußen. Mitten in dem wütendsten Artilleriefeuer sehe ich jetzt noch in aller Ruhe Gärtner ihre Arbeit tun und nebenan Arbeiter Gitter niederlegen, all das mit der Ruhe vergangener Lenze; so sehr hat man sich nämlich gewöhnt, im Kanonendonner zu leben, eine solche Sorglosigkeit hat sich jedermann allmählich erworben!

Was aber unerträglich ist, das ist die Ungewissheit Ereignissen gegenüber, die unmittelbar vor den Augen sich begeben, denen man mit einem Opernglas zusieht, und über die man sich doch keine Rechenschaft zu geben vermag.

Die Requisition greift jetzt nicht nur die öffentlichen Gelder an, sondern auch die Kassen der Kaufleute. Gestern hat man in Passy damit den Anfang gemacht.

Draußen auf den Wegen ist ein so vergnügt-glückliches Hin- und Hergehen, dass man seinen eigenen Ohren, die den Kanonendonner nur zu gut gehört haben, nicht trauen will.

Vor der Hauptwerkstatt sehe ich das 181. Bataillon Nationalgarde heimkehren. Die Leute sind bleich und ernst.

In Paris weiß man nicht, wie der Tag ausgegangen ist. Meine Bekannten, die Gruppen auf der Straße, die Zeitungen, – die einen kennen die Wahrheit so wenig wie die anderen. Plötzlich ertönt auf dem Boulevard eine Sensationsnachricht, die von den Ausrufern des *Journal de la Montagne* überallhin geschrien wird, nämlich: »Eroberung des Mont Valérien«. Ich wittere eine Ente oder eine Finte, um die noch Unentschlossenen zu bestimmen, hinzugehen und sich töten zu lassen.

Dienstag, 4. April. – Auf den Boulevards fängt die Besoffenheit der Nationalgarde an, eine Gefahr für die Passanten zu werden.

Ich möchte gerne wissen, warum in den Bürgerkriegen sozusagen der Mut wächst, weshalb die Leute, die den Preußen nicht standgehalten hatten, sich heroisch von ihren eigenen Mitbürgern töten lassen?

Den ganzen Tag über hört man den Lärm der Mordwerkzeuge, die gelegentlich menschliche Wutanfälle zu haben scheinen.

Die Omnibusse haben das *rote* Glas ihrer Laternen nach innen gedreht, um nicht bei der Vorbeifahrt in der Umgebung der Werkstätten geschnappt zu werden.

Mittwoch, 5. April. – Nach den Berichten der Morgenzeitungen scheint die Herrschaft des Komitees ihr Ende erreicht zu haben, trotzdem aber dauert die Kanonade um das Fort Issy herum, wo man im Wind eine große rote Fahne flattern sieht, den ganzen Tag fort.

Die Drohung, die der Assemblée von Versailles günstig gesinnten Truppen mit Gewalt zum Marsch *gegen* Versailles zu zwingen, hat die letzten wohlhabenden Bürger, die noch hier waren, zur Flucht bestimmt.

Wahrhaftig, wenn die Preußen nicht hinter den Kulissen ständen, es wäre zu wünschen, dass die Erfahrungen, die man mit dieser Komitee-Regierung macht, ganz vollständig würden. Ja, es wäre zu wünschen, dass es zwei oder drei Monate Sieg gäbe, sodass sie Zeit hätten, ihr geheimes Programm auszuführen und alles Anarchistische und Antisoziale, das in ihm steckt, zu verwirklichen. Vielleicht kann das Heil Frankreichs um diesen Preis erkauft werden. Das allein würde der jetzigen Generation den Mut geben, das allgemeine Wahlrecht und die Freiheit der Presse aufzuheben, zwei Unterdrückungen, die vom gesunden Menschenverstand der Mittelmäßigkeiten für »unmöglich« erklärt werden. Ja, auch die Freiheit der Presse! Ich habe nicht mehr Respekt vor dieser sakrosankten Macht, als Balzac oder Gavarni vor ihr hatten. Für mich ist das politische Journal nichts anderes als ein Werkzeug der Lügen und der künstlichen Erregungen, und das literarische Journal, das »kleine« Journal, wie ich es in den *Hommes de Lettres* zu zeigen versucht habe, nichts anderes als ein Werkzeug des intellektuellen Niedergangs. Ich würde – das sage ich offen – mit einiger Neugier diese Methode am Werke sehen. Ich will nicht behaupten, dass Frankreich dann für immer vor der Demagogie bewahrt wäre, aber mein »Krebsgangsystem« könnte recht gut der Gesellschaft mehr Friedensjahre bescheren, als ihr seit siebzig Jahren die ohnmächtigen Versuche der Versöhnung zwischen Autorität und Freiheit gebracht haben.

Beim Mondschein lese ich einen kannibalischen Anschlag, der von »den Morden der Versailler Banditen« spricht, ein Repressaliengesetz proklamiert, das durch folgende bedeutsame Zeile angekündigt wird: »Auge um Auge, Zahn um Zahn!« Wenn Versailles sich nicht beeilt, so werden wir es mit ansehen, wie die Wut über die Niederlage sich in Massaker, Füsilladen und andere Liebenswürdigkeiten dieser sanften Freunde der Menschlichkeit verwandelt.

Donnerstag, 6. April. – Den ganzen Morgen über Kanonade um Issy herum, um Neuilly herum. Fürchterlicher Kanonendonner, Mitrailleusen, Musketenfeuer, wie ich es zur Zeit der Preußen nie gehört habe. Ein Dutzend Ambulanzwagen fährt mit mir zusammen die Avenue der Champs-Elysées hinauf. An den Schranken der Etoile ist eine enorme Menge versammelt und starrt drei Versailler Batterien an, die man auf der Neuilly-Brücke aufgestellt hat, um gegen die Barrikade und die Wälle zu schießen.

Arbeitergruppen sitzen auf zwei Schilderhäusern. Junge Mädel schaukeln auf den Eisenketten, das eine lehnt sich an die Schulter der anderen, so halten sie sich das Gleichgewicht. Engländerinnen stehen in ihren Mylords, die vorne an der Barre halten, und betrachten die schwarze Menge; manchmal leuchtet über ihr das blinkende Messing eines großen Fernrohres.

Im Grunde beherrscht alle eine gleichgültige Neugier, Bürger und Arbeiter, Damen der Gesellschaft und Frauen aus dem Volke. Um das Gewissen zu beruhigen, und wie man eine Rolle spricht, lässt eine von den Frauen von Zeit zu Zeit die Worte fallen: »Es ist recht traurig!« Aber kaum ist das gesagt, so findet sie auch schon ihr kleines, närrisches, grundloses Lachen wieder.

Versailles begeht die Torheit, nicht einen großen Schlag zu wagen. Die Pariser, durch die offiziellen Lügen und Halblügen in Unkenntnis gehalten über das Ausmaß ihrer Niederlagen, sind nicht entmutigt. Ja, man muss eingestehen, dass sie beinahe beginnen, den Krieg, wie er sich hinter den Wällen in Issy oder in den Häusern von Neuilly abspielt, amüsant zu finden.

Die Verirrungen und Erfindungen des Hirnes der bewaffneten Plebs übersteigen nun schon alles erdenkliche Maß. Will man ein Beispiel dafür? Heute früh erzählte ein unschuldiger Communard in meiner Villa: »In Versailles füsiliert man die Nationalgarden, aber heute werden unsere Uniformen geändert, wir bekommen jetzt die Uniform der Truppe, und wenn dann die Versailler noch so weitermachen, dann werden *die fremden Mächte intervenieren!*«

Freitag, 7. April – Heute ist der sechste Tag, dass man einander mit Kanonen beschießt, dass man einander füsiliert, dass man einander tötet.

Beim Etoile-Bogen gibt es immer noch eine Menge Menschen, Ambulanzwagen, herangaloppierende Meldereiter, Bataillone der Nationalgarde, die nacheinander ins Feuer gehen. Die Kanonade dauert fort und bedeckt Neuilly mit Geschossen.

In einem Winkel Gruppen von Frauen, unbeweglich, vertrottelt; sie sagen, dass sie da auf ihre Männer, die man mit Gewalt zum Marschieren gezwungen hat, warten. In diesen niederen Schichten lebt ein von der Vernunft unkontrolliertes Gefühl, das Versailles für all das Übel, das das Komitee angerichtet hat, verantwortlich macht, ein Gefühl, das nur sehr schwer zu zerstören ist und sie veranlasst, die Versailler wie die Preußen zu beurteilen.

7. April. – Man umringt vereinzelte Nationalgardisten, die zurückkommen. Ein Franktireur mit energischem, vom Pulver schwarz gefärbtem Gesicht erzählt mit einem wilden Ausdruck von Schmerz, dass Neuilly sich unter dem Hagel von Geschossen nicht mehr halten kann. Durch die halb offenen Vorhänge der Ambulanzwagen sehe ich tote Köpfe oder lebende Verwundeter, deren Augen starr blicken.

Vier oder fünf Kanonen kommen, und von den Wällen beginnt man mit der größten Heftigkeit zu antworten. In der Sonne, auf dieser Avenue, die mir in ihrem kerzengeraden Verlauf wie ein Dekorationsstück aus dem alten Zirkus Franconi vorkommt, jenseits des Walltores schwebt ein heißer Nebel, von Lichtern durchfurcht, und hüllt in einen azurfarbenen und dann wieder goldfarbenen Dunst die Bäume der Avenue, die Häuser auf beiden Seiten, die Barrikade: ein Nebel, in dem die Bauwerke und die Denksäule sich am Horizont wie Stockwerke übereinander erheben, so etwa, wie eine Akropolis aufsteigt. Es ist wahrhaftig die Wirkung einer Theaterapotheose mit ihren Lichtspielen, diese lichtvolle Verwandlung aller Dinge, dieser Glanz des Sonnenuntergangs, dieser goldene Himmel, unter dem die Garben des Feuerwerks nur so krachen.

Mitten in meine Überlegungen hinein macht es Piff, Paff, Krach!: Das ist eine Granate, die über unseren Köpfen auf dem linken Pfeiler des Etoilebogens aufschlägt. Im selben Augenblick liegt auch schon alle Welt flach auf dem Bauch, während ein Geschoss neben mir mit trockenem, hässlichem Krachen aufplatzt. Und daraufhin erhebt sich alles, um fortzulaufen und sich zu retten. Ich tue desgleichen.

Ein Anschlag kündigt an, dass jeder Bürger, der sich nicht binnen vierundzwanzig Stunden in die Listen der Nationalgarde hat einschreiben lassen, entwaffnet und verhaftet wird. Dieses Gesetz ... scheint mir ein hübsches Vorspiel der Schreckensherrschaft.

Ein Bekannter, der Beziehungen zu den jetzigen Machthabern hat, erzählt mir so nebenbei: »Es könnte schon sein, dass man heute Nacht den Erzbischof füsiliert!«

Samstag, 10. April. – Bei Voisin frage ich nach der Tagesplatte. »Es gibt keine, es ist ja niemand mehr in Paris,« antwortet man mir. Als einziger

Stammgast diniert nur noch eine alte Frau, die ich während der ganzen Zeit der Belagerung hier gesehen habe. Dann, beim Weggehen, bin ich erstaunt, wie wenig Leuten man begegnet. Paris sieht aus wie eine Stadt, in der die Pest ist. Es gibt nicht mehr männliche Wesen genug, damit sich Gruppen bilden können, und die paar jungen Leute, die man noch trifft, sind Fremde.

Das einzige, was Paris an Bewegung und Leben bietet, sind die kleinen Übersiedlungen um die Dämmerstunde, Handwagen, von Nationalgardisten gezogen: demokratische Mieter, die sich beeilen, den Erlass der Kommune, der die Mietzinszahlung erlässt, auszunützen.

Weder unter den Kandelabern der Oper noch an der Ecke der Rue Drouot gibt es heute Ansammlungen, nur beim Eingang in die Rue Montmartre stehen ein paar zusammengewürfelte Menschen.

In den kleinen Gruppen, denen ich mich nähere, merke ich etwas Sonderbares: Man spricht nicht von den Ereignissen des Tages, ich höre nur von der Vergangenheit reden, von der Belagerung von Paris, von Vorgängen während dieser Belagerung und der Torheit der Verteidigung. Man spürt sehr gut, dass die Erhebung ihren wesentlichen Grund nicht in dem hat, was in Versailles Dummes oder Ungeschicktes getan wird, sondern in dem, was die Trochu und die Favre zu tun unterlassen haben. Und es ist der große Fehler Thiers', in sein Ministerium Leute aufgenommen zu haben, deren Unfähigkeit dem Volke als Verrat erscheint.

Auf dem Boulevard hört man heute Abend das Geheul der Ausrufer des *Soir*, der *Commune*, der *Sociale*, schließlich der *Montagne*, welche die Proklamation der Republik in Russland ankündet.

In Auteuil gibt es jetzt Leute, die sich Stricke kaufen, um sich von Freunden über die Belagerungswerke hinabbefördern zu lassen und sich so vor der »nationalen Requisition« zu retten.

Sonntag, 9. April (Ostersonntag). – Mein Schlaf wird jeden Augenblick von Kanonenschüssen unterbrochen.

Der Pförtner meiner Villa meldet mir, dass zu Mittag Haussuchungen gemacht werden sollen. Er rät mir, Waffen, wenn ich irgendwelche habe, zu verstecken. Diese Herren nehmen alles: Luxuswaffen, Museumsstücke. Er hat gesehen, dass man Bogen und Pfeile wilder Völker so fortgeschleppt hat.

Auf dem Weg nach Paris sehe ich zwischen fünf Nationalgardisten einen armen Teufel vorbeikommen, einen Flickschuster, den ich oft in seiner kleinen Bude nahe am Markt arbeiten sah, und den man, krank, wie er war, aus dem Bett geholt hat. Man schleppt ihn zur Wache. Seine Frau folgt ihm, fürchterliche Schreie ausstoßend. Warum er verhaftet ist, weiß niemand.

Um elf Uhr bin ich ganz, ganz allein im großen Speisesaal bei Peters, wo – Symptom der Schreckensherrschaft – die Kellner nur ganz leise flüstern.

Bei Burty begegne ich Bracquemond, der mit seinen 38 Jahren noch unter das Gesetz fällt, das alle zur Nationalgarde zwingt. Er geht eben zu einem befreundeten Lazarettverwalter, um ihn zu bitten, ihn als Gehilfen in die Listen einzutragen und in der Baracke schlafen zu lassen, damit er nicht erwischt und festgenommen wird. Burty und ich begleiten ihn in ein Lazarett, das im Garten des *Konzert Musard* eingerichtet ist.

Beim Eintritt ins Lazarett haben wir zuerst den Anblick der Verwundeten, die sich auf ihren Krücken herumschleppen, oder die man in kleinen Wagen herumfährt; unter ihnen ist ein Jüngling, der den Arm noch in der Schleife hat und mit dem Stock ficht.

Wir treten in ein Zimmer der Baracke ein, in dem das Pittoreske des Krieges gemischt ist mit der Unordnung einer Studentenbude. Vier oder fünf junge Spitalärzte speisen zwischen Büchern aus hölzernen Näpfen. Bracquemonds Freund führt uns bald unter ein Zelt, auf dem das rote Kreuz der Internationale die graue Leinwand durchschneidet. Man kredenzt uns Branntwein in Gläsern, die sonst zum Setzen von Schröpfköpfen dienen.

Das Gespräch ist natürlich grauenvoll, mit jenem Zug ins Lustige, den die Worte der Kliniker in der Regel haben: »Die Verwundungen sind furchtbar,« sagt einer von diesen jungen Leuten, der Schere und Pinzette im ersten Knopfloch seines Wamses stecken hat. »Wir hatten achtzehn ›Ausgeweidete‹ im kleinen Pavillon hier unten ... das war einfach *Menschensuppe* ... Es gibt unter ihnen Leute, die den ganzen vorderen Teil ihrer Uniform im Bauch drin haben ... Andere haben die Beine so zerrissen und aufgeschwollen, dass man sagen könnte, sie sehen aus wie Tulpen ... Vor ein paar Tagen hat man einen gebracht, dem sein ganzes Gebiss in den Magen hinuntergewandert war, wie eine antike Maske hat er ausgesehen ... Und denken Sie, der Wärter quälte sich, ihm den Namen abzufragen ...«

Ein zweiter Spitalarzt erzählt von einem Verwundeten, den man umgedreht hat und von rückwärts geöffnet wie einen Schrank, um den sonderbaren Durchschlag einer Chassepotkugel zu studieren.

»Sehen Sie da,« sagt uns Braequemonds Freund, »ein interessanter Herr, der da vorbeigeht, der mit der schwarzen Mütze; das ist der Mann, der vierzig Sous bekommt, um die Toten auszukleiden. Für ihn ist das eine wahre Passion: Er schläft nur dann im Pavillon, wenn er Hoffnung hat, reichlich welche zu kriegen ... Und dann muss man sehen, mit was für einem verliebten Blick er sich umblickt und die ausspioniert, die krepieren werden. Ah, ein Wagen kommt; Verwundete!«

Er verschwindet, erscheint dann wieder und bringt einen Mann mit, den er stützt, einen Mann, dessen Kopf ganz umschlungen ist von Bandagen, das Gesicht voll von Gips wie ein Kalkschleuderer. »Da ist einer, der Glück hat,« ruft Bracquemonds Freund, der ein paar Augenblicke später hereinkommt, »er war auf dem Posten am Maillottor, da platzt ein Geschoss und reißt alles um. Nun sehen Sie: Unser Mann hat überall Quetschungen, aber nicht eine einzige ernste Verletzung ... Es scheint,« fügt er hinzu, »dass die Versailler nun völlig Herren von Neuilly sind. Auf den Festungswällen scheint alles zerschmettert zu sein. Dazu sagt man, dass die Föderierten anfangen, Mangel an Munition zu haben.«

Bracquemond ist einen Rundgang im Saal der Verwundeten machen gegangen. Er kommt sehr bleich zurück. Er hat Strünke von Menschen gesehen, deren Leben nur noch ein Zucken der Augenlider ist.

In diesem Augenblick erscheinen vier Leichenwagen, mit roten Fahnen geschmückt, und Abgesandte der Kommune kommen, verlangen Leichname, die als Eskorte beim Todeszuge von Bourgoin dienen sollen. Man beeilt sich, für sie die ersten Besten auf Bahren festzunageln. Die Delegierten haben's eilig! Sie nehmen nicht alle. Der Lazarettleiter enthüllt uns einen, der zurückgelassen worden ist. Ein Mann, dem ein Geschoss die Hälfte des Gesichts weggerissen hat und fast den ganzen Hals. Das Weiße und Blaue des einen Auges ist über die eine Wange geronnen. Eine Hand ist, noch geschwärzt vom Pulverdampf, hoch in die Luft gehoben, zusammengekrampft, als hielte sie eine Waffe.

Daraufhin nahmen wir Abschied. In dem Augenblick, wo man uns die Schranke öffnet, sagt eine Frau zum Wächter mit leidender Stimme: »Herr, haben Sie meinen Mann unter den Toten?« – »Wie heißt er?« – »Chevalier.« – »Kennen wir nicht. Gehen Sie nach Beaujon, zu Necker.«

Ich trete in ein Café am Anfang der Champs-Elysées, und während die Geschosse in der Höhe des Etoilebogens Tod bringen, trinken hier auf das Ruhigste und mit den glücklichsten Mienen der Welt Männer und Frauen ihr Bier und hören eine alte Violinistin die Lieder der Thérésa spielen.

Dann ziehen, geleitet von Nationalgarden, die Leichenwagen mit den roten Fahnen vorbei, und hinter ihnen geht in großen Stiefeln und in schwarzem Wams mit blutroter Schärpe Vallès, den ich im Spital erkannt hatte, dem ich aber, hinter einem Bett verborgen, ausgewichen war – Vallès, mit sorgenvoller Miene, fettgeworden, gelb wie ein Stück ranziger Speck. Für einen Augenblick nach Auteuil; heimgekommen, wirft mich nun die Wut der fortgesetzten Kanonade nach dem Schreckensschauspiel des ganzen Tages in eine tiefe Traurigkeit, in der ich über das Los dieser Bestien nachdenke.

Heute Abend gibt es Versuche zu Barrikaden auf der Place de la Concorde.

In der Rue neuve du Luxembourg sagt ein Nationalgardist zu einer Pförtnerin: »Wenn der Mann aber verdächtig ist, dann muss man ihn einstecken, und ich werde ihn einstecken lassen!«

Auf dem Boulevard Leute, einige junge Menschen. Es scheint, dass die Erfolglosigkeit des Tages wenigstens einige Pariser aus ihren Verstecken hervorkommen lässt.

Montag, 10. April. – Bei dieser Dauer des Kampfes und dem Nichts, das der einen oder der anderen Partei den Sieg verschaffen kann, durchlebt man die schrecklichsten Aufeinanderfolgen von Hoffnung und Furcht bei allem, was angekündigt, gesagt, gedruckt, gelesen wird.

Gegen fünf Uhr abends ist im Galopp ein Meldereiter angekommen, der, sagt man, den Befehl überbracht hat, die Belagerungsstücke auf den Wällen zu schleifen. Zu gleicher Zeit zog am Tor von Auteuil eine Verstärkung von dreihundert Leuten heraus.

Die Versöhnung zwischen Versailles und der Kommune – der Einfall eines Toren!

11. April. – Ein Nationalgardist aus Passy, den ich auf dem Verdeck des Omnibus treffe, beginnt mit mir zu plaudern: »Ich war mit vollem Vertrauen dabei ... aber jetzt gehe ich fort ... es ist keine Ordnung da ... Die Offiziere sind so wurschtig ... Schließlich und endlich, wenn man das alles ansieht, fragt man sich, ob es nicht Leute gibt, die einfach bezahlt werden, um ein » *micmac*« zu machen ... Ich bin dabei, weil ich keine Arbeit habe, weil man dreißig Sous bekommt, weil ich nicht Räuber werden kann ... Aber wenn ich irgendeine Beschäftigung bekäme, wenn ich nur den Pflug ziehen könnte, wäre ich nicht mehr bei der Nationalen.«

Von der Madeleine bis zur Oper ist der ganze Boulevard leer. Man scheint sich wieder versteckt zu haben, und es ist wirklich ein Jammer, zu sehen, in welcher trostlosen Einsamkeit die Mädchen, die in den Cafés um die Oper herum ihrem Geschäft nachgehen, ihr Bier trinken.

Über Paris scheinen böse Nachrichten zu schwirren. Die Zeitungen künden einen Misserfolg der Versailler in Asnières an. Eine Spur von Leben ist nur um die Passage Jouffroy herum.

Ich gehe heim und sehe an den Türen und den Fenstern alle Bewohner des Kais, die Augen nach Issy gerichtet. Die Kanonade ist furchtbar. Ein Lärmen, als ob der Himmel einstürzen würde. Vom Fenster des Zimmers meines Bruders aus ist von Bicêtre bis zur Ebene von Chatillon eine Linie von Lichtblitzen und das regelmäßige und mechanische Schießen eines Maschinengewehres, so groß wie der Horizont. Das dauert zwei Stunden, dazu das Krachen der Gewehrschüsse, und wird schließlich abgeschlossen von einer entsetzlichen Stille, in die sich das Heulen eines kleinen Hundes aus dem Nachbarhause, der von diesem anhaltenden Donnern erschreckt ist, mischt.

Mittwoch, 12. April. –Heute früh, beim Erwachen, sehe ich vom Fort d'Issy, das ich schon genommen glaubte, die rote Fahne flattern. Die Truppen von Versailles sind also zurückgeworfen worden?

Woher kommt aber diese Zähigkeit der Verteidigung, wie sie die Preußen nicht angetroffen haben? Daher, dass die Idee des Vaterlandes auf dem Wege zu sterben ist; daher, dass die Formel: »Die Völker sind Brüder« ihren Weg gemacht hat, selbst in den Tagen des feindlichen Eindringens und der grausamen Niederlage; und weil die Gleichheits-Lehren der Internationale ihren Weg in die Massen gemacht haben.

Noch einmal: woher diese Zähigkeit in der Verteidigung? Weil in diesem Kriege das Volk sich seinen Krieg selbst sozusagen braut, ihn selbst führt und nicht unter dem Joch des Militarismus steht. Das unterhält die Leute, interessiert sie.

Daher ermüdet sie nichts, entmutigt sie nichts, stößt sie nichts zurück. Man kann alles bei ihnen erreichen, sogar heroisches Wesen. –

In den Champs-Elysées gibt es noch immer Geschosse, bis hinauf zur Avenue de l'Alma; rings um den Obelisk herum stehen Neugierige, deren Gruppen jeden Augenblick der Galopp eines Meldereiters durchschneidet, der flach auf seinem Pferd liegt, ganz wie ein Zirkusaffe.

Donnerstag, 13. April. – Man beginnt, das klagende Huhu der Geschosse zu hören, die auf die Geschützstellung des Trocadéro fallen, von wo über unsere Köpfe hinweg nach dem Mont Valérien gezielt und gekämpft wird.

Ich gehe am Café Helder vorbei, meine Augen suchen dort unwillkürlich nach einer Uniform. Das Café ist ganz leer. Zwei fremde Frauen sitzen allein am Eingang.

Wahrlich, das menschliche Gehirn ist jetzt ebenso in Unordnung geraten wie alles sonst. So gibt es unter anderem sozusagen »starke Gedanken«, aufgrund derer die intelligentesten Leute haushohe Dummheiten sagen. Ein Freund von mir, dessen Ansichten so rot sind wie das Blut eines Stiers, behauptete heute Abend steif und fest, alles müsse sich vor dem Instinkt der Massen beugen. Die »Instinktiven« – so nennt er sie nämlich – dürfen, ohne sich des Gefühls, das sie leitet, auch nur bewusst zu sein, einen Gehorsam verlangen, wie man ihn weder der Wissenschaft, noch den Kenntnissen, noch der Gelehrsamkeit, noch dem Nachdenken schuldet. Das ist nun nichts anderes als ein Bekenntnis zum allein selig machenden Recht der Unintelligenz, und doch etwas zu heftig!

Freitag, 14. April. – Ich werde mit dieser Nachricht, die heute früh Pélagie bringt, geweckt: Ein neuer Anschlag zwingt alle Männer, welches auch ihr Alter sei, gegen die Versailler zu marschieren; in Auteuil spricht man mit Schrecken von einer Jagd auf Drückeberger, die nun in den Häusern gemacht werden soll.

Samstag, 15. April. – Heute früh arbeitete ich im Garten. Ich höre das Pfeifen einiger Geschosse. Zwei oder drei Einschläge kurz nacheinander. In der Villa erhebt sich der Schrei:»Alles in die Keller!« Und nun sind wir, wie unsere Nachbarn, im Keller. Entsetzliches Krachen, Explosionen. Vom Mont Valérien schleudert man eine Granate in der Minute auf uns. Ein unangenehmes Angstgefühl erfasst einen bei jedem Kanonenschuss während der ein paar Sekunden dauernden Flugzeit: die Furcht, dass das Geschoss gerade auf das eigene Haus, auf einen selbst niederfällt.

Plötzlich erfolgt eine schreckliche Explosion. Pélagie, die eben in einem andern Keller Holz zusammenbindet und ein Knie auf dem Erdboden hat, fällt durch die Erschütterung des Hauses zu Boden.

Wir erwarten ängstlich den Zusammenbruch, einen Steinhagel. Nichts ... Ich wage es schließlich, die Nase durch eine halb offene Tür hinauszustecken. Nichts ... Doch es fängt bald wieder an und dauert um uns herum ungefähr zwei Stunden, wir sind schließlich von den uns fast streifenden Geschützschlägen sozusagen eingehüllt. Noch ein Krach, dass das Zinkdach auseinanderreißt. Ein Gefühl von Feigheit, das ich bisher niemals gespürt habe, auch nicht in der Preußenzeit. Meine körperliche Verfassung ist jetzt ganz unten ... ich habe mir schließlich eine Matratze auf die Erde legen lassen, und auf ihr bleibe ich in einem Zustand von schläfriger Betäubung, sodass ich nur sehr vage an die Kanonade und den Tod denke. Dann kommt zur Beschießung noch ein schrecklicher Gewittersturm, und das grelle Licht der Blitze und das Einschlagen der Granaten gibt mir, wie ich da unten im Keller hocke, das Gefühl vom Weltuntergang. Endlich gegen drei Uhr löst sich das Gewitter, auch die Schüsse beginnen regelmäßiger zu werden, und die Granaten fallen vor uns auf den Wall, wo die Föderierten wieder Belagerungsstücke aufstellen.

Als die Beschießung einen Augenblick aussetzt, gehe ich um das Haus herum. Man könnte wahrlich sagen, dass mein Haus der Zielpunkt für den Mont Valérien gewesen ist. Die drei Häuser hinter mir in der Avenue des Sycomores, Nummer 12, 16 und 18, haben jedes eine Granate bekommen. Das Haus Courasse, das an meines anstößt und schon zweimal von preußischen Schüssen getroffen worden war, hat vom Dach bis zu den Fundamenten einen kopfgroßen Riss. Die Granate, die Pélagie zu Boden geworfen hat, hat die Spitze der Eisenbahn getroffen, ein 500 Pfund schweres Stück der Schienen weggerissen und damit der Fassade meines Hauses einen Schlag versetzt, sodass ein großes Feld des Stuckwerkes nun zerschmettert auf dem Boden liegt.

Man spricht von den Gefahren, die für die Nacht drohen. Wir richten uns im Keller ein. Man verstopft das Kellerloch mit Erde, macht im Ofen Feuer, und Pélagie schlägt für mich in einem Winkel unter der Stiege ein Bett auf.

Sonntag, 16. April. – Wider alles Erwarten eine ruhige Nacht, trotzdem ein lebhafter Artilleriekampf bei Sturm und Regen auf der Seite von Neuilly stattgefunden haben soll.

Ein weißer Anschlag fordert die Bürger auf, Barrikaden im 1. und 20. Arrondissement zu errichten. Man bietet vier Franken Lohn den Tag für die Barrikadenbauer.

Ein rosenroter Anschlag fordert die Bürger auf, sich der vierzig Milliarden zu bemächtigen, die den Imperialisten gehören. Und als ob der Unterzeichner dieses Anschlags diese Summe für den Appetit der Plebs noch etwas zu gering findet, stellt er außerdem fest, dass es 7500000 Familien gibt, die zusammen nur zehn Milliarden haben, während es auf der andern Seite 450000 Familien von Finanzleuten und Großindustriellen gibt, die 400 Milliarden besitzen, natürlich durch Gemeinheiten erworben. Dieser Anschlag enthüllt den wahren Kern des geheimen Programms der Kommune!

Ja, ist es denn nicht schon so weit, dass ich auf meinem Boulevard diese Leute mit ihren Gemahlinnen sitzen und unsere Villen betrachten sehe und sie ganz laut sagen höre: »Wenn die Kommune erst einmal eingesetzt ist, dann wird's uns da drin ganz gut gehen!«

Montag, 17. April. – Gehen die Geschäfte der Kommune schon schlecht? Ich wundere mich, heute so etwas wie ein Sichwiederaufrichten des Volkes mit zu erleben. Der Boulevard ist voll kochender Erregung. Vor der Passage Jouffroy höre ich mit Staunen die Rufe: »Nieder mit der Kommune!« Die Nationalgarde will dazwischenfahren. Eine Stentorstimme schreit ihr ins Gesicht: »Vive la République! Nieder mit der Kommune!« Und vom Balkon Burty's sehe ich eine Straßenschlägerei mit an; man schreit: »Zum Tode!«, aber schließlich löst sich aus der Menge ein Mann im Überrock mit drohenden und energischen Mienen, der, die Wut der Lumpen verachtend, den Boulevard hinaufschreitet, sich dann umkehrt und ganz laut den Kommunarden seine Verachtung zuschreit.

Madame Burty versichert mir, dass unter den Nationalgardisten eine Meuterei gewesen ist. Bracquemond soll heute früh im Lazarett einen Verwundeten gesehen haben, der die ganze Zeit, während man ihm die Schulter wieder einrenkte, als Sterbender noch flüsterte: »Die Nationalgardisten haben uns im Stich gelassen ... sie haben uns im Stich gelassen!«

Dienstag, 18. April. – Auf der Place Vendôme ist das Gerüst für die Demolierung der Denksäule aufgerichtet. Der Platz ist der Mittelpunkt eines schrecklichen Getöses und einer fantastischen Schau unmöglicher Kostüme. Man sieht da ganz seltsame Nationalgardisten, unter anderen einen, der einer der Zwerge des Velasquez zu sein scheint, gehüllt in einen Bürgerrock, darunter aber schauen verkrüppelte Dachsbeine hervor.

Auf den Bürgersteigen immer noch ein Jahrmarkt; heute ist unter den Blumen der erste Flieder zu sehen.

Ein Zeichen der Zeit. Ich sehe einen Mann, der in einem Coupé fährt und sich mit den Fingern schnäuzt!

Anschläge, immer und immer neue Anschläge. Das weiße Regierungspapier macht wahrhaftig schon dicke Flecke auf den Mauern. Der neueste Anschlag, der Anschlag der letzten Viertelstunde, ist der Anschlag über die Kriegsgerichte. Dieser Anschlag breitet vor unser aller Augen die Reize der Todesstrafe, der Zwangsarbeit, der Einsperrung, der Verbannung aus, des ganzen barbarischen Strafgesetzbuches, das die Demokraten bemühen, um »die Freiheit zu begründen«!

Vor dem sitzt auf einem Stuhl eine Somnambule mit verbundenen Augen, unterstützt von ihrem Magnetiseur, betätigt sie sich mitten auf dem Boulevard als Sibylle.

Place de la Concorde, oben bei der Rue de Rivoli, arbeiten Leute an einem Schützengraben, der so breit ist wie ein Festungsgraben.

Eine ähnliche Arbeit wird am Anfang der Rue Castiglione gemacht, dort häufen sich unter den Arkaden schon die Sandsäcke mit der ausgehobenen Erde.

An jeder Straßenecke begegnet man Leuten, Männern oder Frauen, die in der Hand eine Reisetasche, ein Toilettenecessaire, ein kleines Paket tragen, – das einzige Gepäck, mit dem man jetzt noch aus Paris fliehen kann.

Es scheint, dass die Angestellten des Louvre in großer Angst sind. Die Venus von Milo ist versteckt, man rate einmal, wo? In der Polizeipräfektur! Sie ist sogar sehr gründlich versteckt, nämlich unter dem ersten Versteck noch einmal verborgen, unter Akten und allerlei Polizeipapieren, die imstande sind, die sorgfältigsten Sucher aufzuhalten. Man fürchtet immer, dass Courbet auf dem Marsche sei, und die ängstlichen Beamten des Museums erwarten, ich glaube mit Unrecht, von dem wilden Modernen das Ärgste für das klassische Meisterwerk.

Renan erzählt uns das bei Brébant, wo heute beim Mittagessen nur noch vier Gäste sind; er beklagt sich, mit Recht und sehr beredt, über die Mutlosigkeit der Pariser Deputierten. Er sagt, sie hätten die Stadt durchstreifen müssen, zu den Menschen sprechen und sie zum Widerstand auffordern. Er sagt, hätte man ihn mit dem Mandat seiner Mitbürger beehrt, er hätte es an dem, was er eine Pflicht nennt, nicht fehlen lassen. »Ich hätte«, fügt er hinzu, »mich gezeigt, auf dem Rücken irgendetwas tragend, was zu den Augen spricht, was ein Zeichen, ein Symbol, etwas Beredtes gewesen wäre, etwas, das dem Joch geglichen hätte, das der Prophet Jesaias oder Ezechiel auf seine Schultern geladen hat ...«

Dann kommt Renan auf jenen Zickzackwegen, wie sie den frei hin und her gehenden Gesprächen eigen sind, auf den Prinzen Napoleon und seine Reisen in der Nordsee zu sprechen. Er erzählt uns, er habe ihn an dem Morgen, wo das Schiff sich segelfertig nach Spielberg machte, angesprochen mit den Worten: »Schönes Wetter, Monseigneur!« – »Ja, schönes Wetter, um nach Frankreich zurückzukehren.«

Der Prinz hatte in der Nacht eine Depesche erhalten, die die Erklärung des Krieges an Preußen mitteilte und ihn nach Frankreich zurückrief. Der Prinz fügte hinzu: »Wiederum eine Narrheit, aber es ist die letzte, die sie begehen!«

Daraufhin verbreitet sich Renan des längeren über die richtigen Ahnungen des Prinzen, über seine Kassandra-Gaben, und erzählt uns von einer ganzen Nacht, die er mit ihm in der Londoner Gesandtschaft verbrachte, und wo er den Prinzen Lavalette und Tissot gegenüber alles das voraussagen hörte, was dann eingetreten ist.

Freitag, 21. April. – Eine Gruppe Arbeiter, die oben an den Champs-Elysées plaudert. Das ganze Gespräch handelt nur von der Teuerung des Lebens, und der Sprecher der Gruppe erzählt, dass sein Vater, der die Mühle drehte, »nur fünfzig Sous am Tag verdient habe, aber er konnte damit doch drei Kinder ernähren, während ich, der ich unter dem Kaiserreich fünf Franken verdiente, alle Mühe der Welt hatte, zwei aufzuziehen«. Die Erhöhung der Löhne entspreche nicht der Verteuerung des Lebens; das ist im Wesentlichen der große berechtigte Vorwurf des Arbeiters gegen die heutige Gesellschaft. Dabei erinnere ich mich, dass mein Bruder und ich irgendwo geschrieben haben, dass das Missverhältnis zwischen dem Lohn und den hohen Kosten der Lebensführung das Kaiserreich stürzen würde ...

Der Arbeiter fügt noch hinzu: »Was hilft es mir, wenn es Monumente, Opernhäuser, Tingeltangel gibt, in die ich nie einen Fuß gesetzt habe, weil ich das Geld dazu nie hatte?« Und er erfreut sich an dem Gedanken, dass es künftig in Paris keine reichen Leute mehr geben werde, überzeugt, wie er nun einmal ist, dass »die Vereinigung reicher Leute an einem Ort das Leben verteuert«.

Dieser Arbeiter ist zugleich töricht und voll von gesundem Menschenverstand.

Die *Vérité* kündigt an, dass morgen oder übermorgen im *Officiel* ein Gesetz erscheinen wird, nach dem jeder Mann, verheiratet oder ledig, zwischen neunzehn und fünfundfünfzig ausgemustert werden soll und gezwungen, gegen die Versailler zu marschieren. Ich stehe also unter diesem drohenden Gesetz. So soll ich also in wenigen Tagen wiederum gezwungen sein, mich, wie in den Tagen der Schreckensherrschaft, zu verstecken. Noch ist ja der Weg aus der Stadt zur Not frei, aber ich habe nicht den Willen fortzugehen.

Wie einseitig und parteiisch sind doch die Parteileute! Sollte man glauben, dass ich dieser Tage Franzosen erklären hörte, sie würden die preußische Besetzung einer Versailler Besetzung vorziehen?

Das sind dieselben Leute, die sich über die Emigranten entrüsten. Dabei hatten diese doch, als sie die Fremden zu Hilfe riefen, einen »mildernden Umstand« für ihr Tun anzuführen, nämlich die Konfiskation ihres Besitzes und die abgeschnittenen Hälse ihrer Frauen, ihrer Schwestern und Töchter.

Auf der Tuilerienterrasse am Ufer komme ich wieder ins Bereich der Beschießung, die heute ganz fürchterlich ist. Von Zeit zu Zeit steigt ein braver Rentner, den der Lärm in seinem Sonnenbad gestört hat, in die Höhe, wird aber gleich wieder von der »guillotinesken« Beredsamkeit eines berauschten Nationalgardisten zur Lektüre seiner »*Petite Provence*« hinuntergejagt.

– Und doch, man kann jetzt nicht fort, in einem Augenblick, wo unsere Freunde dem Feinde so nahe zu kommen scheinen, dass man immer wieder fragt, ob sie noch nicht in der Stadt sind, und stets erwartet, unter dem Etoile-Bogen zwischen aufgelösten Nationalgarden im Kugelregen die Köpfe der Versailler Züge zu sehen. Aber trotz des schrecklichen Lärms zeigt sich schließlich wieder nichts, und man geht fort mit den Worten: »Schön, also morgen!« Und dieses »morgen« kommt – nie.

Samstag, 22. April. – Ich gehe in den Jardin des Plantes, um dort die Örtlichkeiten zu durchsuchen, will sehen, ob ich nicht dort irgendeine Hütte eines Hirsches oder einer Gazelle leer finde, und ob ich nicht einen Wächter bestechen kann, mich dort nachts schlafen zu lassen, für den Fall, dass die militärische Requisition oder die Feindschaft des allmächtigen Spießers mich suchen und in der Rue de l'Arcade aufstöbern sollte.

Der Jardin des Plantes atmet die gleiche Traurigkeit wie ganz Paris. Die Tiere sind schweigsam. Der Elefant, von seinem Publikum verlassen, nachlässig an ein Stück Mauer gelehnt, frisst sein Heu, wie ein Mann, der plötzlich verurteilt ist, allein zu speisen. Die Langeweile der wilden Tiere zeigt sich an ihren lässigen Stellungen.

In den menschenleeren Alleen spaziert ein Dutzend Nationalgardisten herum, von denen einer sentimentale Phrasen über die Mütterlichkeit eines Kängurus von sich gibt, dessen immer offene Backentasche er dem Tun der »Aristo«- Weiber, die ihre Kinder verlassen, entgegenstellt.

25. April. – Heute ist Waffenstillstand zur Räumung der Häuser von Neuilly.

Ich dringe vor bis zum Wall. Bis zur Etoile-Barriere nichts als zerbrochene Kandelaber und Risse im Stein der Häuser. Jenseits aber ist es anders! Die Barriere der Etoile ist ganz durchlöchert von den schwärzlichen Gruben der Geschosse, und am Flachrelief der *Invasion* hat ein Geschoss den Arm des Kindes, das von der Mutter auf der Schulter getragen wird, fortgerissen. Unten sind die Granitsteine zerbrochen bis zu Stücken von der Größe eines Zuckerwürfels.

Die richtige Zerstörung beginnt an der Avenue de la Grande Armée und geht ihre ganze Länge weiter bis zum Wall an der Seite der Rue Pergolèse, de Pressbourg, Rue Rude usw. Überall klaffende Löcher, abgerissene Balkons, Leitungsröhren, die an fünf oder sechs Stellen zertrümmert sind, verbogene und verquetschte Eisenläden. Man geht auf Glassplittern, Ziegelstaub, Schutt, der den ganzen Bürgersteig bedeckt.

Tritt man in die Häuser ein, so kommt man an der Loge des Pförtners vorbei, die mit Matratzen, die man wiederum auf kleine Leitern gestellt hat, auswattiert ist, und findet den vierten Stock im Hof unten liegen.

Die Vernichtung, die ein Geschoss im Innern eines Raumes anrichtet, sehe ich an zwei grässlichen Beispielen. Das eine bei einem Perückenmacher: Von dem ganzen Gerät des Ladens ist nichts übrig als die Schlacke eines gusseisernen Ofens und die Hälfte eines Uhrzifferblattes ohne den Zeiger.

Das andere Exempel bei einem Bäcker: Ein Geschoss, das eine Holzwand bearbeitet hat, hat daraus eine Art von Geflecht gemacht, allerdings eines, dessen Fäden zerrissen sind.

Alle Welt zieht aus. Eine verzweifelte Frau wirft auf einen Wagen die Schubfächer irgendeines Kramladens, und die Türschwelle ist geschmückt mit den Brautbuketts – unter Glassturz – aller verheirateten Frauen des Hauses, die alle bereit sind, nach Paris zu übersiedeln.

Jene, die, den drohenden Tod in jedem Augenblick vor Augen, die Beschießung überlebt haben, haben etwas vom Äußeren der Somnambulen, die Handlungen im Schlaf und in der Nacht begehen. Es gibt welche, die eine fatalistische Resignation zur Schau tragen.

Die Menge, die inmitten dieser Zerstörung herumirrt, hat zornige Gebärden. Und vor dem Anblick all dieser Verwüstung stößt ein kleiner Greis, dessen Augen zwei Gaslichtern ähneln, entsetzliche Flüche gegen Thiers aus und macht dazu Bewegungen mit mörderischen Händen, die sich krampfen, wie um jemanden zu erwürgen.

Zurzeit ist das Café Voisin der Ort, wo der Stab von der Place Vendôme seinen Kaffee mit ein paar Brüdern und Freunden einnimmt. Es ist nun ganz sonderbar, diese Herren anzuhören und aus einem schattigen Winkel ihrem wilden Geschwätz beizuwohnen. Heute bringt sie die Zerstörung der Säule auf dem Vendômeplatz auf das Cluny-Museum. Einer von ihnen hält lauge Reden über diese »falschen Altertümer« und gibt den Gedanken von sich, dass das Geld, das man für diese blöden Ankäufe widmet, einer nützlichen und für das Volk fruchtbaren Verwendung entzogen werde; er schließt: Man müsse diese Kunstwerke zugunsten der Nation verkaufen!

Burty, der den Tag mit den Leuten von der Liga verbrachte, bestätigt mir, dass auch die Leute, die er gesehen hat, so bestürzt und ergriffen von resigniertem Fatalismus sind, dass viele unter ihnen gar nicht nach Paris heimkehren wollen. Er erzählt mir, er sei mit einem Ambulanzwagen an einer Gruppe von Frauen, die sich unter einem Haustor gesammelt hatten, vorbeigekommen und hätte ihnen zugerufen, ob sie mit nach Paris hineinkommen wollten. Seine Aufforderung aber sei mit einer Art von Lachen aufgenommen worden: – eine Zurück Weisung, die zugleich traurig und spöttisch war.

Mittwoch, 26. April. – Ja, ich bleibe bei meiner Überzeugung, dass die Kommune zugrunde gehen wird, weil sie jenem Gefühl, das ihre unerschütterliche Macht gebildet hätte, nicht Rechnung getragen hat. Die städtischen Freiheiten, die Autonomie der Kommune usw., dieses ganze metaphysische Gewölk, in das sie sich hüllt, gut genug, ein paar Wirtshausideologen zu befriedigen, ist nicht das, was ihr Gewalt über die Massen zu geben vermag. Ihre Macht wurzelt lediglich in dem Bewusstsein des Volkes, unvollständig und unfähig von der Regierung der Défense Nationale verteidigt worden zu sein. Wenn also die Kommune, statt sich den preußischen Forderungen noch gefälliger zu zeigen als Versailles selbst, den Vertrag, den sie der Assemblée vorwirft, gebrochen hätte, wenn sie in einem Anfall heroischen Wahnsinns Preußen den Krieg erklärt hätte, dann wäre es für Thiers unmöglich gewesen, seinen Angriff zu beginnen, dann hätte er nicht mithilfe der Fremden die Übergabe von Paris in die Wege leiten können.

Und, wenn dieser Widerstand energisch gewesen wäre, wenn zwei oder drei winzige Erfolge diesen Versuch eingeleitet hätten – was man für unmöglich erklären wird –, wissen Sie, was sich dann ereignet hätte? Dann wäre Thiers, so wenig wie seine Generäle, Herr der Bewegung gewesen, und das ganze Land wäre in einen neuen Krieg hineingezogen worden, in einen Krieg bis zum letzten Mann. Auf alle Fälle aber wäre der Tod der Kommune unter solchen Verhältnissen ein Tod in Größe gewesen, und ein Tod, der die Ideen, die sie auf ihre Fahne geschrieben hatte, um ein gutes Stück weiter gebracht hätte. – –

Dienstag, 2. Mai. –- Seit dem 18. März habe ich in der Auslage keines einzigen Wechslers mehr einen Schein, einen Louis oder auch nur ein Fünffrankenstück gesehen. Das ist vielleicht das charakteristischste Zeugnis für das Vertrauen, das die Kommune dem Geld einflößt.

Mittwoch, 3. Mai. – Ein Kriegsrundschreiben bringt den Nationalgarden das Folgende zur Kenntnis: Da die Entsendung eines Parlamentärs immerhin eine Kriegslist sein könne, müsse man fortfahren zu schießen, selbst wenn der Feind schon das Feuer eingestellt habe ... Zugleich erscheint eine Bekanntmachung des Bürgers Rossel; als Antwort auf die Aufforderung, das Fort d'Issy zu übergeben, droht er, unter dem Vorwand, dass sie eine Unverschämtheit sei, – es ist allerdings ziemlich schwer für eine solche Aufforderung, nicht ein wenig unverschämt zu sein! – er droht also, den ersten Parlamentär, der wieder eine solche Aufforderung bringen wird, niederschießen zu lassen. Das scheint die Unterdrückung jedes mündlichen Verkehrs zwischen den beiden Armeen zu bedeuten.

Acht Uhr abends; mattgoldener Himmel, rosa gefärbt. Unter den verstümmelten Bäumen nähern sich schwarze Silhouetten oder weichen zurück, je nachdem der Schall platzender Geschosse näherkommt oder sich entfernt. In den Champs-Elysees: Gruppen in erregtem Gespräch; jeder, der die Handlungen der Kommune diskutiert, wird »*mouchard*« genannt, ein Wort, das genügt, um die Menge zum Mord aufzustacheln.

Unter den Sprechern fällt ein Arbeiter auf, der die wütenden Züge der Politiker Gavarni's hat. Einen schrecklichen Wutausbruch gegen Versailles beendet er mit folgendem charakteristischen Satze:

»Und dann, nach zehn Jahren, werden sie uns unter dem Vorwand einer Revanche gegen die Preußen marschieren lassen: Und das ist es, was *nicht* geschehen darf!«

Von der Gruppe lösen sich drei Soldaten los; einer sagt zu seinen Kameraden: »Pfui Teufel ... diese »*liberalischen* Diskurse; wichtig ist doch nur, dass wir acht Liter Wein kriegen, ein Vierpfundbrot und ein großes Stück ...« Von irgendwas, das ich nicht mehr verstehen kann.

Donnerstag, 4. Mai. – Schlechte Nachrichten aus Auteuil und vom Boulevard Montmorency. Die Granaten regnen über meinem Haus. Das Gittertor der Villa ist eingeschlagen worden.

Ich begleite Burty ins Rathaus, wo er versuchen will, einen Passierschein für einen armen Teufel, der fliehen will, zu bekommen. Es handelt sich für uns nur darum, den Dichter Verlaine zu entdecken, den man zum Chef des Pressbureaus ernannt hat.

Der Pförtner weiß nicht, welche Zimmernummer das Pressbureau hat, und die Beamten wissen überhaupt nichts voneinander ...

In einem Salon beschäftigen sich die Nationalgardisten, die nichts zu tun haben, damit, mit ihren Bajonetten die grüne Seide, mit der man die Kronleuchter eingehüllt hat, zu zerschneiden. In einem Korridor beschimpft ein Soldat wütend seinen Offizier. Auf allen Stiegen schlagen, halb offen, die Türen gewisser Lokale, und es riecht überall sehr schlecht.

Nachdem wir in dem Palast, in dem jetzt die Bronzestatuen Francois I. und Louis XIV. mitten in all der » *Gardenationalität*« schlecht am Platze sind, herumgeirrt sind, nachdem man uns von rechts nach links geschickt hat, stellen wir uns schließlich dem Komitee selbst vor. Vier oder fünf Matratzen sind dort gegen die Tür geschmissen worden, und in dem großen, leeren Saal irren ein paar schmutzige, närrische Leute herum. Man könnte glauben, man sei im Feldlager einer aufständischen Truppe. Das ist keine Behörde, es ist eine staubige Rumpelkammer.

Am Abend bekennt Verlaine eine unglaubliche Geschichte. Er sagte, er hätte eine Sache, die man vorschlug und die beinahe geschehen wäre, bekämpfen und verhindern müssen: nämlich den Vorschlag, Notre-Dame zu zerstören.

Freitag, 5. Mai. –Die Verdummung, die Gleichgültigkeit dieser Bevölkerung, die unter der Herrschaft der siegreichen Kanaille lebt, bringt mich zur Verzweiflung. Ich kann nicht mehr, ohne in Zorn zu geraten, zusehen, wie sie ihr leichtsinniges, läppisches Leben fortsetzen. Dass aus dieser elenden Herde von Männern und Frauen nicht *eine* Äußerung der Entrüstung, des Zornes laut wird, die bestätigt, dass jetzt alle irdischen und himmlischen Dinge durcheinandergeraten sind! Nein, Paris sieht einfach aus wie das Paris des Monats August in einem sehr heißen Jahre! Oh, diese Pariser von heute: Man könnte ihre Frauen in ihren Armen schänden, oder man könnte, was ihnen vielleicht näher ginge, ihnen die Börse aus der Tasche stehlen, sie würden sein, was sie eben sind: die feigsten »moralischen Wesen«, die ich je gesehen habe.

Heute Abend sind in den Menschengruppen Communards zu hören, die sich voll Ironie über die Wohltätigkeit äußern. Sie weisen – in der Theorie – mit Verachtung die Hilfe der Wohltätigkeitsanstalten zurück. Der eine verkündet, dass die Gesellschaft allen Männern Renten schuldet, kraft des Satzes: »Ich lebe, also muss ich auch existieren!« Der Refrain aller Reden ist: »Wir wollen keine Reichen mehr!«

Sonntag, 7. Mai. –. Kein Zweifel, eine Art von Wahnsinn hat die Pariser Bevölkerung ergriffen. Ich sehe heute, wie eine Frau, die nicht zum niederen Volke gehört, die schon in verehrungswürdigem Alter steht, kurz und gut eine reife Bürgersfrau, einem Mann eine Ohrfeige gibt, ohne von ihm gereizt zu sein, nur weil er sich erlaubte, ihr zu sagen, sie solle die Versailler in Frieden lassen. – –

Ich gehe heute Abend in die Kirche St. Eustache, wo ein Klub eröffnet werden soll. Auf dem Kirchenstuhl, wo sonst Messe gelesen wurde, zwischen zwei Lampen ein Glas Zuckerwasser, und rings herum vier oder fünf Advokatensilhouetten. In den Seitenschiffen, stehend oder auf Stühlen, Publikum, das die Neuheit dieses Schaustücks hergeführt hat. In der Haltung dieser Leute ist wirklich nichts vom Sakrileg, sie führen sogar alle beim Eintreten die Hand an die Mütze und lassen sie nur auf dem Kopfe, weil sie sehen, dass die andern die Hüte auch aufhaben. Nein, das ist nicht, wie 93, die Entweihung von Notre-Dame, noch werden nicht Heringe auf den Hostientellern geröstet – nur ein starker Knoblauchgeruch steigt zu den heiligen Gewölben empor. Die Klingel – die Klingel mit dem silbernen Geläut der Messe kündet an, dass die Sitzung eröffnet wird.

In diesem Augenblick erhebt sich aus dein Gestühl ein Weißbart, und, nachdem er einige puritanische Phrasen von sich gegeben hat, ersucht er die Versammlung, folgenden Vorschlag anzunehmen: »Die Mitglieder der Nationalversammlung, und zwar auch Louis Blanc, Schoelcher und all die andern, kurz alle Mitglieder ebenso wie die andern Staatsbeamten, sollen mit ihrem Privatvermögenbürgen für alles Unglück dieses Krieges, und zwar sollen sie ebenso für jene Soldaten haften müssen, die auf der Versailler Seite zugrunde gehen, wie auf der Pariser Seite. Und das soll so gehandhabt werden,« sagt er, in seinen Erläuterungen fortfahrend, »dass ein Abgeordneter aus der Provinz unangenehm erstaunen soll, wenn der Bauer, dem man den Leichnam seines Sohnes ins Haus bringt, zu *ihm* komme, um von seinem eigenen Vermögen die ihm gebührende Rente zu beanspruchen.« Der Vorschlag wurde zur Abstimmung gebracht, aber nicht angenommen, ich weiß nicht, welcher Grund es hinderte.

Auf den Weißbart folgte eine perlgraue Hose, die mit zorniger Stimme erklärte: »Es gibt nur ein Mittel zum Siege, das ist die Schreckensherrschaft.«

Dieser da verlangt die Einsetzung einer dritten Macht, eines revolutionären Tribunals, und zwar sollen die Köpfe der Verräter alsbald auf öffentlicher Richtstätte »herumrollen«. Der Vorschlag wird von einer Claque, die sich auf Stühlen um den Chor herum versammelt hat, rasend beklatscht.

Ein dritter Prediger, der die ganze Phraseologie von 93 besitzt, teilt mit, dass man 10000 Flaschen Wein bei den Pfaffen des Seminars von Saint-Sulpice gefunden hat, er verlangt, dass man auch bei den Bürgern nachforschen solle, weil bei diesen große Vorräte aufgestapelt sein müssten.

Nun – ich will unparteiisch sein – kommt der Augenblick, wo ein Mitglied der Kommune in der Uniform der Nationalgarde die Tribüne besteigt und gutmütig und geradeheraus spricht. Vor allem bekundet er laut seine Verachtung der »rollenden« Phrasen, mit denen man sich eine wohlfeile Popularität verschaffen kann, und erklärt, dass das Dekret über den Mont-de-piété, dessen Ausdehnung der Vorredner verlangt hatte, nicht auf Objekte im Werte von mehr als 20 Franken erstreckt worden sei, da es sich nicht darum handeln könne zu nehmen, wenn man nicht wisse, wie man bezahlen werde.

Er fügt hinzu, dass der Mont-de-piété Privateigentum sei, dass man sicher sein müsse, das, was man enteignet habe, auch zurückerstatten zu können, dass die Kommune keine Regierung des Raubs sei, dass das sich jeder gut merken müsse; ungeschickte Reden von der Art derer, die vor ihm gehalten worden seien, müssten im Publikum die Idee verbreiten, dass die Männer der Kommune das Prinzip des »*Teilens*« hätten, und zwar so, dass jeder Mensch, der vier Sous in der Tasche habe, verpflichtet sei, zwei davon fortzugeben.

Dann spricht er von den Männern des Jahres 93, die man ihnen, wie er sich ausdrückt, jetzt »immerfort als Knüppel zwischen die Beine werfe«, und erklärt, dass diese Männer als Aufgabe nur die »militärische Handlung« hatten, dass aber wahrscheinlich auch die berühmten Männer von 93 nicht erfolgreicher gewesen wären als die Männer von 71, wenn sie so enorme und schwierige Probleme zu lösen gehabt hätten, wie die Gegenwart sie bietet.

In diesem Zusammenhang findet er ein gutes und auch tapferes Wort: »Was hilft es, über die Versailler zu siegen, wenn wir nicht die Lösung des *sozialen* Problems finden? Wenn der Arbeiter also in denselben Verhältnissen bleibt wie vorher!«

Man erzählt in meiner Umgebung, dass der Redner Jacques Durand heißt.

Mittwoch, 10. Mai. – Thiers' Proklamation ist ebenso altmodisch wie der Mann selbst. Ein so schönes Thema, und nicht ein einziger schöner Satz oder ein schlichter oder ein beredter oder ein entrüsteter!

Dieser Tage verlangte Lefrançais in der Kommune, dass die Sekretäre sich gefälligst anstrengen sollten, die Mitglieder der Regierung zu »ordentlichem Französisch« zu veranlassen. Man hat ihm geantwortet, dass dazu keine Zeit da sei.

Freitag, 12. Mai. – Die Tuilerienterrasse ist ganz bedeckt mit Lumpenballen, mit denen man den Garten auf der ganzen Seite, die nach der Place de la Concorde zu liegt, verbarrikadieren wollte.

Das Haus Thiers' ist noch nicht demoliert, aber schon flattert die rote Fahne über dem kleinen blauen Rahmen, in dem die berühmte Nummer 27 angebracht ist. Der Platz ist militärisch besetzt von den »Rettern des Vaterlandes«, bleichen Lumpen, einem Haufen jener schmutzigen Pariser Jugend, deren Beruf es ist, vor den Boulevardtheatern die Wagentüren zu öffnen.

Samstag, 13. Mai. – Ich komme heute Morgen zufällig zur Massenentlassung der Bibliotheksbeamten, die man fortgeschickt bat, und zur Flucht der Männer, die noch nicht vierzig Jahre alt sind, – ein Zusammenbruch, der grotesk wäre, wäre all das nicht so traurig.

Die Demolierung des Hotels Thiers' ist nun begonnen, das Dach, das man bloß gelegt hat, lässt die Bogen aus weißem Holz sehen, mit denen es aus Sparsamkeit gebaut ist. Genau genommen macht dieser Angriff auf den Privatbesitz, der bezeichnendste von allen, einen ausgezeichnet – schlechten Eindruck.

Wahrlich, einen traurigen Anblick bietet dieser ganze Bezirk, in dem man Jagden nach den Drückebergern veranstaltet, in dem man die nationalen Häscher mit vorgestrecktem Bajonett auf Jünglinge stürzen sieht, die fliehen und mit der Kraft ihrer jungen Beine zu entrinnen suchen.

Sonntag, 14. Mai. – ... Alles, was von der Bevölkerung noch in Paris ist, hält sich nun im unteren Teil der Champs-Elysées auf; dort übertönt das fröhlich-laute Lachen der Kinder, die vor dem Kasperl sitzen, sogar manchmal das ferne Grollen der Kanonade. Das nationale Tier beginnt nun in Wut zu kommen. Ich sehe einen dieser wüsten Nationalgardisten, der den Beruf eines Polizeiagenten ausübt, mit Gewalt einen Mann, der seine Meinung nicht teilt, fortschleppen. Er droht mit nichts Geringerem, als »ihn in der Ecole Militaire einstecken und füsilieren zu lassen«.

Man muss wirklich den Leuten zuhören, die in den Straßengruppen das große Wort führen, um eine Idee von der unkommensurablen Dummheit des intelligentesten Volkes der Welt zu bekommen. Aber es gibt etwas noch

Traurigeres als diese Dummheit: das ist, dass an allem, was gesagt wird, an allem, was geschrien, an allem, was geheult wird, nur eines zu merken ist, nämlich eine idiotische Gier, eine selbstmörderische Lust, sich selbst herabzuwürdigen.

Montag, 15. Mai. – Immer noch warten wir auf den Angriff, die Befreiung, die nicht kommen will.

Man kann sich gar nicht vorstellen, wie man mitten im Despotismus der Straße durch dieses als Soldaten verkleidete Pack leidet.

Dienstag, 16. Mai. – In den Tuilerien. In der Allee, von der man nach der Place Vendôme sehen kann, stehen Stühle bis in die Mitte des Gartens hinein, auf diesen Stühlen Männer und Frauen, die warten, um die Denksäule der großen Armee fallen zu sehen ... Ich gehe fort. Ach, diese Nationalgarde, sie verdient wirklich weder Mitleid noch Gnade! Wenn heute der Rest der Kommune, des »Komitees des öffentlichen Wohls« ersetzt würde durch zehn ganz böse Zuchthäusler, die sie alle kennen würden, die Nationalgarde würde dennoch, knechtisch und ohne ein Wort zu sagen, deren Zuchthausdekrete durchführen.–

Wie ich um sechs Uhr wieder an den Tuilerien vorbeigehe, ist dort, wo die Bronzesäule war, die unseren militärischen Ruhm verkündete, ein leerer Raum im Himmel, und das noch von Gips beflecktes Piedestal zeigt dort, wo früher die Adler waren, vier in der Luft flatternde rote Fetzen.

Auf allen Gesichtern ist etwas, wie die Ankündigung eines glücklichen Ereignisses. Man flüstert bei den Tabakhändlern, die Trikolore flattere über der Porte Maillot.–

17. Mai. – Ich werde geweckt von einer Nachbarin aus Auteuil, die kommt, um mir mitzuteilen, dass ein Geschoss gestern ein Fenster meines Hauses zerstört hat. Die Beschießung wird immer stärker. Heute merkt man in ganz Paris ein gewaltiges Hin- und Herfahren von Artillerie und von mit Weinfässern beladenen Fuhrwerken, was eine nahe Aktion ankündigt.

Die Läden werden geschlossen, einer nach dem andern, und durch die Fensterscheiben jener, die nicht geschlossen sind, sieht man auf einem Stuhl sitzend, niedergedrückt und die Arme traurig hängen lassend, den müßigen Krämer.

Da die Geschosse immer näher kommen, sind auch die Kasperltheater vom unteren Teil der Champs-Elysées geflohen und haben mit dem Polichinell das hübsche Lachen der Kinder, das einen von der Kanonade ablenkte, mitgenommen.

Ich irre auf dem Kai herum. Plötzlich gibt es hinter mir eine andauernde und schreckliche Detonation. Es ist wie ein Krachen in einem Krater, wie das Knattern von Feuerwerk, das in die Luft sprüht. Ich drehe mich um: Über den Häusern liegt eine dichte weiße Wolke, deren Umrisse behauenem Marmor gleichen. Rings um mich ruft man: »Das ist in Saint-Thomas-d'Aquin, im Artilleriemuseum.« Ich stürze mich in die Rue du Bac. »Es ist das Fort d'Issy, das in die Luft gesprengt ist,« höre ich Kaufleute, denen noch der Schrecken über den Tanz ihrer Glasscheiben im Leibe steckt, wiederholen.

Ich steige die Rue du Bac hinunter und stoße auf Bracquemond, der, in die Richtung des Rauches zeigend, sagt: »Es ist die Tabakfabrik oder die Ecole Militaire.«

Wir steigen die Champs-Elysées hinauf; ein altes Weib mit verbundener Hand schreit wie närrisch auf: »Es ist die Munitionsfabrik des Marsfeldes, aber gehen Sie nicht hin, es ist noch nicht aus, es kommt noch eine zweite Explosion!« Wir sind gerade vor dem Lazarett, und von dort wirft uns Guichard, die Tür öffnend, die Worte zu: »Wenn Sie ein sehr festes Herz haben, kommen Sie herein, aber wenn Sie das nicht haben, gehen Sie lieber fort. Ganze Häuser sind umgefallen, Sie können Stücke von Frauen und Kindern sehen, zerschmettert, während sie säugten.«

Sonntag, 21. Mai. – Ich hatte den ganzen Tag in der Angst vor einer Versailler Niederlage verbracht, gereizt, weil Burty, den ich im Spital getroffen hatte, mir viele Male wiederholte: »Die Versailler sind siebenmal zurückgeschlagen worden.« Schließlich gehe ich abends in meiner Trauer, meiner Unruhe auf meinen gewöhnlichen Beobachtungsplatz, auf die Place de la Concorde. Dort umringt eine Riesenmenge einen Fiaker, der von Nationalgarden eskortiert wird.

»Was gibt es!« frage ich.

»Ein Herr wird eben festgenommen,« antwortet mir eine Frau. »Er rief aus dem Wagenfenster, dass die Versailler eben in die Stadt einrücken.« Nun erinnere ich mich, in der Rue Saint-Honoré kleine Gruppen Nationalgarden in aufgelöster Flucht vorbeiziehen gesehen zu haben.

Aber man ist so oft getäuscht worden, so oft enttäuscht worden, dass ich der guten Nachricht kein Vertrauen schenke. Und dennoch bin ich in meinem Innersten bewegt, durch ein Nichts von Hoffnung erregt. Ich gehe lange spazieren, suche Nachrichten, Aufklärung ... aber es ist nichts, nichts zu erfahren. Die Leute, die noch in den Straßen sind, sehen ganz aus, wie die Leute gestern. Sie sind noch ebenso »ruhig-konsterniert«. Niemand scheint etwas von dem Ausruf auf der Place de la Concorde zu wissen. Es ist also wieder eine Ente.

Endlich gehe ich heim ... Verzweifelt lege ich mich zu Bett, kann nicht schlafen. Durch die luftdicht geschlossenen Vorhänge glaube ich ein fernes Lärmen zu hören. Ich stehe auf, öffne das Fenster. Es ist nur der regelmäßige Takt der Schritte der Kompanien auf dem Pflaster entfernter Straßen zu hören, wenn die Truppen einander ablösen, wie das alle Nächte immer war ... Also nur eine Einbildung von mir... Ich lege mich wieder zu Bett ... Aber nun ist es wirklich der Tambour, wirklich das Horn, ich springe wieder zum Fenster... Der Generalmarsch wird in ganz Paris geschlagen, und bald folgen auf den Ton des Tambours, des Hornes, auf die Schreie: »Zu den Waffen!« die gewaltigen, tragisch sonoren Wellen der Sturmglocken, die in allen Kirchen zu tönen beginnen, – ein trauriges Geräusch, das mich aber doch mit Freude erfüllt: Für Paris schlägt die Todesstunde der verhassten Tyrannei.

22. Mai. – Ich kann nicht zu Hause bleiben; ich muss was sehen, was erfahren. Auf meinem Wege treffe ich alle Leute unter den Haustüren versammelt: eine bewegte Welt, scheltend, hoffend und schon kühn genug, um Meldereiter anzupfeifen.

In den sehr spärlich gesäten Menschengruppen auf dem Opernplatz sagt man, dass die Versailler schon im Palais de l' Industrie sind.

Die Demoralisation und die Entmutigung sind deutlich an den Nationalgarden zu merken; sie kehren in kleinen Gruppen, traurig, ermüdet zurück.

Ich gehe zu Burty hinauf, und wir gehen dann gleich wieder aus, um uns Rechenschaft über die Physiognomie von Paris zu geben.

Vor der Auslage eines Zuckerbäckers auf dem Börsenplatz ist eine Zusammenrottung: Das Schaufenster ist von einem Geschoss zerschmettert worden. Auf dem Boulevard vor der neuen Oper erhebt sich eine Barrikade, erbaut aus Fässern, die man mit Erde gefüllt hat, eine Barrikade, die von ein paar Menschen mit sehr wenig energischem Äußeren verteidigt wird.

In diesem Augenblick erscheint laufend ein junger Mann, der uns ankündigt, dass die Versailler an der Pépinière-Kaserne sind. Er hat sich gerettet, als er an dem Saint-Lazare-Bahnhof Menschen an seiner Seite fallen sah.

Wir steigen den Boulevard hinauf; Versuche von Barrikaden vor der alten Oper, vor der Porte Saint-Martin, wo ein Weib mit roter Schärpe Pflastersteine hin und her bewegt.

Überall Streitereien zwischen Bürgern und Nationalgarden.

Eine kleine Schar Nationalgardisten kommt aus dem Feuer zurück; mitten unter ihnen ist ein Kind mit sanften Augen, es hat einen Fetzen quer durchs Bajonett gesteckt: einen Gendarmenhut.

Immer sind sie in Gruppen, ein beklagenswertes Defilé von Nationalgardisten, die die Schlacht verlassen haben. Alles ist in größter Verwirrung. Kein höherer Offizier, der Befehle geben würde! Auf der ganzen Linie der Boulevards nicht ein mit der Schärpe umgürtetes Mitglied der Kommune!
Ein entsetzter Artillerist führt allein eine dicke Kanone herum, aber er weiß nicht, wohin er sie bringen soll.
Plötzlich taucht mitten in der Unordnung, mitten in der Verwirrung, mitten in der feindlichen Menge zu Pferde die zornrotapoplektische Gestalt eines Mannes mit geöffneter Tunika und im Winde flatterndem Hemd auf. Er schlägt mit der Faust auf den Hals seines Pferdes, es ist ein großer, gemeiner Offizier der Nationalgarde, aber er sieht in seiner heroischen Verlumptheit wirklich großartig aus.
Wir gehen nach Hause. Jeden Augenblick dringt vom Boulevard bis zu uns lauter Lärm, Streitereien und Kämpfe der Bürger, die sich aufzulehnen beginnen gegen die Nationalgardisten, die sie aber endlich doch unter Geheul festnehmen. Wir steigen in den gläsernen Aussichtsturm, der das Haus krönt. Eine große, weiße Rauchwolke bedeckt den ganzen Himmel in der Richtung nach dem Louvre. An dieser Stunde ist etwas Entsetzliches und Mysteriöses, an dieser Schlacht, die uns umgibt, an dieser Besetzung, die sich geräuschlos nähert und ohne Kampf heranzukommen scheint.
Ich bin zu Burty gekommen, um einen Besuch zu machen, und nun bin ich dort Gefangener, wer weiß, wie lange? Man kann nicht mehr ausgehen. Man steckt Leute in die Regimenter, man lässt die Menschen, welche die Nationalgarde in den Straßen antrifft, an den Barrikaden arbeiten. Burty macht sich daran, Auszüge aus der »Korrespondenz, aufgefunden in den Tuilerien« abzuschreiben, und ich vertiefe mich in sein Werk über Delacroix, mitten im Lärm der Geschosse, die näher kommen.
Bald platzen sie auf allen Seiten, bald platzen sie ganz nahe bei uns. Das Haus in der Rue Vivienne auf der andern Seite der Straße hat nun schon den Kiosk zerschmettert, ein anderes Geschoss zerbricht die Straßenlaterne uns gegenüber, noch eines platzt während des Mittagessens unten am Sockel des Hauses und schüttelt uns auf unseren Stühlen, so wie bei einem starken Erdbeben.
Man hat mir ein Bett gerichtet. Ich werfe mich ganz angezogen drauf. Unter den Fenstern hört man die ganze Nacht hindurch die Stimmen der betrunkenen Nationalgardisten, die jeden Augenblick einem Vorbeigehenden ein wütendes »*Qui vive?*« entgegenschmettern. Beim Nahen des Tages finde ich Schlaf, in dem Albdrücken und Geschosslärm durcheinandergehen.

23. Mai. – Beim Aufwachen keine zuverlässige Nachricht. Niemand weiß irgendetwas Gewisses. Da setzt denn die Arbeit der Einbildungskraft im Dunkeln ein. Schließlich erfahren wir aus einer Zeitung, die wir aus dem Kiosk unten am Haus bekommen haben, dass die Versailler einen Teil des Faubourg Saint-Germain, Monceau, Batignolles besetzt haben.

Wir steigen in den Aussichtsturm. Bei dem hellen Sonnenschein, der jetzt die unendliche Schlacht beleuchtet ebenso wie den Bauch der Mitrailleusen, Chassepots, können wir eine Reihe von Gefechten sehen, die sich vom Jardin des Plantes bis nach Montmartre hinziehen. Zur Stunde scheint sich in Montmartre die Hauptaktion zu konzentrieren. Gewehrschüsse, die zwischen dem Donner der fernen Artillerie und der Musketen ihr sehr nahes Knattern erklingen lassen, bringen uns auf die Vermutung, dass man sich in der Rue Lafayette und der Rue Saint-Lazare schlägt.

Ein trauriges Bild ist nun der Boulevard mit seinen geschlossenen Läden, mit den großen, unbeweglichen Schatten der Kioske und der Bäume, mit der Todesstille, die nur von Zeit zu Zeit von einem dumpfen Krachen unterbrochen wird.

Jemand glaubt mit seinem Opernglas zu sehen, dass die Trikolore über Montmartre flattert. Jeden Augenblick werden wir aus unserm Glasaussichtsturm verjagt durch das Pfeifen der Kugeln, die rechts und links von uns vorbeifliegen und in der Luft wie kleine Katzen miauen.

Wie wir hinabsteigen und von dem Balkon hinuntersehen, steht ein Ambulanzwagen vor unserem Fenster. Man bringt einen Verwundeten hinein, der sich wehrt und immerzu ruft: »Ich will nicht ins Spital!« Eine brutale Stimme antwortet ihm: »Sie kommen aber doch hin!« Nun sehen wir, wie der Verwundete sich aufbäumt, seine letzten Kräfte zusammenrafft, einen Augenblick gegen zwei oder drei Männer ankämpft und dann in den Wagen zurückfällt, mit verzweifelter und erlöschender Stimme rufend: »Man möchte sich eine Kugel durch den Kopf jagen!«

Der Wagen fährt fort, der Boulevard wird leer, und man hört lange Zeit nur die sich nähernde Kanonade, wir vermuten in der Nähe der neuen Oper. Dann den schweren Trott eines Omnibusses, das Verdeck beladen mit Nationalgardisten, die sich auf ihre Gewehre stützen.

Dann galoppieren Offiziere des Generalstabs heran, die den Nationalgardisten, die sich unter unseren Fenstern sammeln, zurufen, sie sollten Obacht geben, dass sie nicht umzingelt werden.

Dann kommen Krankenträger und steigen den Boulevard in der Richtung der Madeleine hinauf.

Inzwischen weint die kleine Renée, weil man sie nicht im Hofe spielen lassen will. Madeleine, ernsthaft und bleich, wird bei jedem Knall von Zuckungen heimgesucht. Madame Burty verpackt fieberhaft Bilder, Bronzen, Bücher, während sie immer wieder nach einem geheimen Winkel sucht, wo ihre Töchter vor den Granaten und Kugeln in Sicherheit sein könnten.

Das Knattern der Gewehre nähert sich mehr und mehr. Wir hören nun genau die Schüsse, die bei der Rue Drouot abgefeuert werden.

Nun erscheint eine Schar Arbeiter, die den Befehl erhalten haben, den Boulevard in der Höhe der Rue Vivienne abzusperren und eine Barrikade unter unseren Fenstern zu errichten. Sie sind nicht mit viel Liebe bei der Sache. Die einen heben zwei oder drei Pflastersteine aus der Straße aus, die anderen machen, wie um ihr Gewissen zu beruhigen, ein Dutzend Stöße mit der Spitzhacke in den Asphalt des Bürgersteigs. Aber fast sofort verlassen sie ihre Arbeit wieder, weil die Kugeln über den Boulevard und ihre Köpfe hinfliegen. Wir sehen sie mit einem Seufzer der Erleichterung durch die Rue Vivienne verschwinden.

Wir dachten nämlich beide an die Nationalgarden, die in unser Haus hinaufkommen sollten und aus unseren Fenstern schießen, mitten unter unseren Sammlungen, die unter ihren Füßen durcheinandergeworfen und zerstreut werden würden ...

Nun erscheint ein großer Trupp Nationalgarde langsam und in guter Ordnung, mit ihren Offizieren wieder Haltung gewinnend; andere hinter ihnen marschieren etwas schneller, wieder andere aber stoßen einander in wilder Auflösung, in ihrer Mitte sieht man einen Toten mit blutigem Kopf, den vier Männer bei den Armen und den Füßen tragen, wie ein Paket schmutziger Wäsche, von Tür zu Tür – aber keine tut sich auf.

Trotz dieses Rückzuges, des Verlassens der Posten, dieser Flucht dauert der Widerstand an der Barrikade der Rue Drouot noch sehr lange. Das Schießen hört dort nicht auf. Nur nach und nach verliert das Feuer an Stärke. Dann sind es nur noch vereinzelte Schüsse. Endlich noch zwei oder drei letzte Explosionen, und fast in demselben Augenblick sehen wir auch die letzte Rotte der Barrikadenverteidiger fliehen, vier oder fünf junge Burschen von etwa fünfzehn Jahren; einen von ihnen höre ich sagen: »Ich werde unter den Letzten sein, die nach Hause gehen!«

Die Barrikade ist genommen. Die Versailler schwärmen auf der Chaussee aus und eröffnen in der Gegend des Boulevard Montmartre ein furchtbares Feuer. In der Eindämmung der soliden hohen Steinfassaden, die den Boulevard einschließen, donnern die Chassepotgewehre wie Kanonen. Die Kugeln streifen die Häuser nur, und an den Fenstern ist es wie ein Pfeifen, wie das Geräusch von Seide, die man zerreißt.

Eine kleine Weile hatten wir uns in die Hinterzimmer zurückgezogen. Jetzt gehe ich ins Speisezimmer zurück und dort, kniend und so gut wie möglich gedeckt, sehe ich durch den halb offenen Fenstervorhang das folgende Schauspiel:

Auf der anderen Seite des Boulevards liegt auf der Erde ausgestreckt ein Mann, ich sehe nur seine Schuhsohlen und einen Streifen vergoldeter Uniformtresse. Neben dem Leichnam stehen zwei Männer: ein Nationalgardist und ein Leutnant. Die Kugeln lassen über ihre Köpfe die Blätter eines kleinen Baumes, der seine Äste über sie hinstreckt, regnen. Noch ein dramatisches Detail, das ich vergessen habe: Hinter ihnen, in einer Nische vor einem geschlossenen Haustor, der Länge nach hingestreckt und wie auf den Bürgersteig geschleift, eine Frau, die in einer Hand ein Käppi hält, vielleicht das Käppi des Getöteten.

Der Nationalgardist macht heftige Gesten der Entrüstung, spricht gleichsam in die Kulisse und versucht den Versaillern anzuzeigen, dass er den Toten fortschaffen will. Aber die Kugeln lassen weiter die Blätter auf die beiden Männer regnen. Da wirft der Nationalgardist, dessen zornrotes Gesicht ich gut sehen kann, das Gewehr über die Schulter, steckt den Kolben in die Luft und schreitet auf die Gewehrschüsse los, Flüche auf den Lippen. Plötzlich sehe ich ihn anhalten, die Hand an den Kopf führen, dann eine Sekunde Hand und Stirn an einen kleinen Baum stützen, nun dreht er sich um sich selbst und fällt auf den Rücken, die Arme gekreuzt.

Der Leutnant war unbeweglich neben dem ersten Toten stehen geblieben, ruhig wie ein Mann, der in seinem Garten seinen Gedanken nachhängt. Eine Kugel, die auf seinen Kopf diesmal nicht ein Blatt, sondern einen kleinen Ast fallen ließ, den er mit einem Ruck abgeschüttelt hatte, hatte nicht vermocht, ihn aus seiner Unbeweglichkeit zu lösen. Dann wirft er einen langen Blick auf den getöteten Kameraden, und sein Entschluss ist gefasst. Ohne sich zu beeilen, gleichsam mit einer Lässigkeit voll Verachtung stieß er seinen Säbel hinter sich, bückte sich und versuchte den Toten in die Höhe zu heben. Der Tote aber war groß und schwer, und, wie es eben mit einer unbeweglichen Sache geht, er entglitt seinen Versuchen, schwankte nach rechts und nach links. Endlich konnte er ihn doch aufheben, hielt ihn geradeaus gegen seine Brust und trug ihn so fort, als eine Kugel den Toten und den Verwundeten in einer gräulichen Drehung umeinanderwirbelte, und einer auf den andern hinsank.

Ich glaube, dass es wenigen Menschen gegeben war, zweimal Zeuge einer so heroischen und so schlichten Todesverachtung zu sein.

Unser Boulevard ist endlich in der Gewalt der Versailler. Wir wagen es, sie von unserem Balkon aus zu betrachten, da kommt eine Kugel und schlägt über unseren Köpfen ein. Schuld ist der Mieter über uns, der törichterweise am Fenster seine Pfeife anzünden wollte.

Schön, nun fangen die Geschosse wieder an, Geschosse, die jetzt aber von den Vereinigten auf die Stellungen, die die Versailler erobert haben, abgefeuert werden. Wir lagern uns im Vorzimmer, das nach dem Hof geht. Das kleine Eisenbett Renées wird in einen Winkel, der sie schützen soll, geschleppt. Madeleine streckt sich neben ihrem Vater auf einem Kanapee aus, ihr helles Gesicht zeichnet sich, von der Lampe beleuchtet, auf dem weißen Kissen ab, ihr Körperchen verschwindet in den Falten und dem Schatten eines Schals.

Madame Burty streckt sich ängstlich in einen Fauteuil. Und ich habe einen Teil der Nacht im Ohr das herzzerreißende Klagen eines verwundeten Soldaten, der sich bis an unsere Tür geschleppt hat, den aber die Pförtnerin aus feiger Angst, sich zu kompromittieren, nicht aufnehmen wollte.

Von Zeit zu Zeit gehe ich ans Fenster, das Ausblick auf den Boulevard hat, und sehe hinab auf diese schwarze Pariser Nacht: Kein einziges Gaslicht in den Straßen, kein einziges Lampenlicht in den Häusern, und ein dichter und schauriger Schatten behütet die Toten des Tages, die man nicht aufgelesen hat.

24. Mai. – Beim Aufwachen ist das Erste, was meine Augen sehen, der Leichnam des Nationalgardisten, der gestern getötet worden ist. Man hat ihn nicht fortgeschafft, hat ihn nur ein wenig zugedeckt mit den Zweigen des Baumes, unter dem er getötet worden ist.

Der Brand von Paris schafft ein Tageslicht, das an eine Sonnenfinsternis erinnert.

Die Beschießung setzt jetzt einen Augenblick aus. Ich benutze ihn, um Burty zu verlassen und meine Wohnung in der Rue de l'Arcade aufzusuchen. Dort treffe ich Pélagie, die die Verwegenheit gehabt hat, einen großen Rosenstrauß von meinem Gloire de Dijon-Strauch in der Hand durch die ganze Schlacht durchzuschreiten, unterstützt und beschützt von den Soldaten, die die Frau bewunderten, die ohne Furcht mit ihren Blumen mitten durch die Schießerei sich vorwagte, und so ließen sie sie denn auch in der Umgebung der Chapelle Expiatoire durch Gänge, die das Geniekorps geschaffen hat, passieren.

Wir machen uns auf den Weg nach Auteuil und sind begierig, die Tuilerien in der Nähe zu besehen. Ein Geschoss, das an der Place de la Madeleine fast zu unsern Füßen platzt, zwingt uns, nach dem Faubourg Saint-Honoré zurückzulaufen, aber auch dort werden wir verfolgt von den Granaten, die bald über unsern Köpfen platzen, bald rechts, bald links.

Die Geschosse reichen nicht über die Barriere am Etoileplatz hinweg. Von dort sieht man Paris, eingehüllt in den dichten Rauch, der den Kamin eines Gaswerks krönt. Und um uns herum, über uns, vom verdunkelten Himmel fällt ohne Unterlass ein schwarzer Regen kleiner verbrannter Papierstückchen, auf denen steht: »La Comptabilité de la France« – »L'Etat civil de Paris«. Ich weiß nicht, welche Analogie mich treibt, diesen Regen eingeäscherten Papiers zu vergleichen mit dem Aschenregen, unter dem Pompeji begraben liegt.

Passy hat nicht gelitten, erst am Boulevard de Montmorency beginnen die Ruinen, Häuser, von denen nur vier geschwärzte Mauern übrig geblieben sind, Häuser, die gestürzt sind und am Boden liegen.

»Es« steht noch, *mein* Haus, mit einem großen Loch im zweiten Stockwerk; aber von wie viel Geschossen ist es geohrfeigt worden! Ganze Stücke des Stucks liegen auf dem Trottoir, in den Sandsteinen sind Kerben, groß wie Kinderköpfe. Das Tor ist von zwanzig kleinen runden Geschossen durchbohrt, außerdem von einer Kartätschkugel, und ein Stück fehlt, weggerissen von dem Hackenschlag eines Föderierten, der die Tür aufzwingen wollte.

Im Haus geht man auf allerlei Gips, und Stücke des Spiegels mischen sich mit den Splittern der Kugeln und Geschosse, die nun zusammengeschrumpft sind wie Blutegel, die man in Salzwasser gelegt hat. Im ersten Stock hat die Kugel eines Chassepotgewehrs das Haus durchlöchert und ist, was, glaube ich, selten ist, durch eine Persienne, eine Matratze, eine Verbindungstüre, eine lose Portiere, eine Türe, die mit einer Chinamatte verkleidet war, durchgegangen. Der wirkliche Schaden aber ist im zweiten Stock: Ein Geschoss, ein ganz kleines Geschoss, eines der letzten, das die Versailler in der Sonntagsnacht, als sie schon Herren von Point du jour waren, abgegeben haben, hat den Winkelbalken des Hauses zerschmettert, ist durch Pélagies Bettstatt hindurchgegangen, hat die Türe ihres Zimmers durchschlagen und ist schließlich auf den Dielen des Flurs geplatzt, alle Türen des zweiten Stocks in Fetzen zerreißend. Schließlich und endlich: Es hätte schlimmer sein können! Alles, was mir wirklich teuer ist, ist verschont worden, und das Unglück meiner Nachbarn kann mich über meinen Verlust trösten.

Armer Garten! Mit seinem Rasen gleicht er der großen Wiese eines verlassenen Friedhofs, die Büsche mit den leuchtenden Blättern sind voll von Pulverstaub, schwarz vom verbrannten Papier, die großen Bäume haben zerbrochene Äste, deren Löschpapierblätter in das Grün eines noch lebenden Baumes hineinreichen, und mitten in der Wiese ist eine Höhlung, von einer Bombe geschlagen: ein Loch, groß genug, um darin einen Elefanten zu begraben.

Und während wir das Haus besuchen und sie mir das Essen aufträgt, erzählt Pélagie, wie mein Nachbar César, der keinen gewölbten Keller hat, in einem meiner Keller untergebracht worden ist, während sie selbst mit dem Diener des besagten César Besitz von dem andern Keller nahm, wie dann beide die Tage mit Kartenspiel verbrachten, weil sie nichts anderes zu tun hatten, und ihre Augen allmählich sich gewöhnten, auch im Dunkel zu sehen.

Sie erzählt mir von der Angst, die alle Leute im Keller hatten, als die Bombe in den Garten fiel, weil man fürchtete, dass das Haus einstürze, eine solche Menge Erde war nämlich auf das Dach geschleudert worden. Dann erzählt sie mir von ihren kleinen Kämpfen mit den Föderierten, die die Türe einbrechen und ins Haus kommen wollten, unter dem Vorwand, nach Waffen und Männern zu suchen, und wie dann nur einen Tag nach einer schrecklichen Streiterei, bei der es sogar Steinwürfe gab, zwischen ihr und den Männern doch ein Gespräch sich entwickelte, sie gaben ihr Brot, woran es ihr fehlte, und sagten ihr: »Sie können es ruhig essen, es ist nicht geraubt!« Sie erzählt mir, dass in der letzten Zeit die Kugeln so durch das Haus drangen, dass, wenn man trinken wollte, man auf allen Vieren die Stiege hinaufkletterte, die Gießkanne unter den Hahn in der Küche stellte und dann ohne Sorge um das Wasser, das herausfloss, auf eine Pause der Schießerei wartete, um die Gießkanne wieder fortzuholen.

Sie erzählt mir auch, dass sie die ganze Zeit über in den Kleidern geschlafen hat und ein Paket mit ihren wertvollsten Habseligkeiten vorbereitet hatte für den Augenblick, wo das Feuer das Haus ergreifen würde, dass sie das Silber bereitgehalten, um es in die Taschen zu stecken, und eine Matratze, um sie sich auf den Rücken zu legen und sich so gegen alles, was einem auf den Kopf fallen könnte, zu schützen.

Den ganzen Abend über betrachte ich durch die Lichtung der Bäume den Brand von Paris: ein Brand, der in dem Dunkel der Nacht an jene neapolitanischen Aquarelle erinnert, die auf schwarzem Papier einen Ausbruch des Vesuv darstellen.

26. Mai. – Ich gehe nahe am Bahnhof von Passy an der Eisenbahn entlang, da sehe ich zwischen Soldaten Männer und Frauen.

Ich gehe durch die zerbrochenen Schranken, nun stehe ich am Rande der Allee, in der die Gefangenen, bereit zum Abmarsch nach Versailles, stehen. Es sind recht viele, diese Gefangenen! Denn ich höre einen Offizier, wie er dem Colonel ein Papier zurückgibt, halblaut flüstern: »4o7, darunter 66 Frauen.«

Die Männer sind in Reihen von acht eingeteilt worden, und einer an den andern mit einem Strick, der ihnen das Handgelenk einschnürt, gefesselt.

Sie sind da, wie man sie überrascht hat, die meisten ohne Hüte, ohne Mützen, die Haare an Stirn und Gesicht geklebt von dem feinen Regen, der seit dem Morgen herabfällt. Es gibt unter ihnen Leute, die sich aus ihren blaukarierten Taschentüchern eine Art von Kopfbedeckung gemacht haben, andere, vom Regen ganz durchnässt, ziehen über die Brust den armseligen Paletot, in dem ein Stück Brot einen Buckel macht. Es ist Welt aus allen Welten: Blusenmänner mit harten Gesichtern, Handwerker in Wämsern, Bürger mit Sozialistenhüten, Nationalgardisten, die nicht Zeit gehabt haben, ihre Hosen auszuziehen, zwei Liniensoldaten von leichenhafter Blässe, dumme, wilde, gleichgültige, stumme Gesichter.

Unter den Frauen dieselbe Verwirrung. Neben dem Weib mit dem Kopftuch die Dame im Seidenkleid. Man sieht Bürgerinnen, Arbeiterinnen, Dirnen, darunter eine in der Uniform der Nationalgarde. Und aus allen diesen Gesichtern löst sich der tierische Kopf einer Kreatur los, deren Gesicht zur Hälfte *eine* Schramme ist. Keine von den Frauen hat die apathische Resignation der Männer. In ihren Gesichtern lebt der Zorn, bleibt selbst die Ironie bestehen. Viele haben die Augen Wahnsinniger.

Unter den Frauen ist eine sonderbar schön, schön von der ungerührten Schönheit einer jungen Parze. Es ist ein braunes Mädchen mit gebrannten und welligen Haaren, Stahlaugen, roten Wangen, auf denen die Tränen eingetrocknet sind. Sie ist ein Bild der Verachtung, Offiziere und Soldaten mit Beleidigungen in den Tod fluchend, mit Beleidigungen, die über Lippen und aus einer Kehle kommen, die im Zorn so verkrampft ist, dass sie keine Töne, keine Worte zu bilden vermag. Der Mund, zugleich wütend und stumm, kaut gleichsam die Schmähungen, kann sie aber nicht laut werden lassen.

»Es ist so eine wie die, die Barbier mit einem Messerstich getötet hat!« sagt ein junger Offizier zu einem Freunde.

Die am wenigsten Mutigen unter den Frauen gestehen ihre Schwäche auch nur durch ein kleines Neigen des Hauptes zur Seite, wie es Frauen haben, wenn sie lange in der Kirche gebetet haben. Eine oder zwei verbergen sich unter ihren Schleiern, da kommt ein Unteroffizier, der in Grausamkeit macht, und fährt mit seiner Reitpeitsche an einen dieser Schleier: »Runter mit dem Schleier, dass man eure Dirnenfratzen sieht!«

Der Regen wird immer stärker. Einige Frauen bedecken ihre Köpfe mit den in die Höhe gehobenen Röcken. Eine Reihe Reiter in weißen Mänteln hat die Linie der Fußsoldaten nun verdoppelt. Der Colonel, einer von denen mit olivenfarbigen Gesichtern, befiehlt: »Habt Acht!« und die Afrikaschützen laden ihre Musketen. In diesem Augenblick glauben die Frauen, dass man sie füsilieren wird, eine fällt um und krümmt sich in einer Nervenkrise. Aber der Schrecken dauert nur einen Augenblick, bald haben sie wieder ihre spöttischen Gesichter, und einige fangen wieder an, mit den Soldaten zu kokettieren.

Die Schützen haben ihre geladenen Karabiner auf den Rücken genommen und die Säbel gezogen. Der Colonel hat sich an die Flanke der Kolonne begeben und schreit nun mit erhobener Stimme und einer Brutalität, die ich nicht für echt halte und die nur Angst machen soll: »Wer den Arm seines Nachbars loslässt, der ist tot!« Dieses furchtbare: »Der ist tot!« kommt vier- oder fünfmal in seiner kurzen Anrede wieder, und während der Worte hört man das trockene Knattern der Gewehre, welche die Fußeskorte ladet.

Alles ist bereit zum Abmarsch, in diesem Augenblick veranlasst das Mitleid, das den Mann doch nie verlässt, einige Liniensoldaten, ihre Feldflaschen zwischen den Köpfen dieser Frauen spazieren zu führen, und die Frauen halten ihren Mund hin mit graziösen Bewegungen und einem Blicke, der in dem bärtigen Gesicht eines alten Gendarmen, das ihnen nichts Gutes verkündet, herumspioniert.

Das Signal zum Abmarsch ist gegeben, und die traurige Kolonne setzt sich nach Versailles zu in Bewegung unter einem Himmel, der zerfließt.

Sonntag, 28. Mai. – Ich passiere im Wagen die Champs-Elysées. In der Ferne Beine und wieder Beine, die alle in der Richtung nach der großen Avenue laufen. Ich neige mich zum Wagenschlag hinaus. Die ganze Avenue ist voll einer wirren Menge, die sich zwischen zwei Reihen Reitern bewegt; schon bin ich aus dem Wagen ausgestiegen und auch unter den Leuten, die laufen. Es sind die Gefangenen, die man auf den Buttes Chaumont gemacht hat, und die nun in Reihen von je fünf, unter ihnen ganz wenige Frauen, einherziehen. – »Es sind sechstausend; fünfhundert sind gleich im ersten Augenblick füsiliert worden!« sagt mir ein Reiter der Eskorte.

Trotz der Abscheu, den man diesen Menschen gegenüber empfindet, ist der Anblick dieses traurigen Zuges doch schmerzlich; unter den Leuten zieht man auch Deserteure, mit gewendeten Uniformen, die Taschen aus grauer Leinwand schlottern um sie herum, so scheinen sie schon halb entkleidet für die Füsillade.

Ich begegne Burty auf der Place de la Madeleine. Wir spazieren in diesen Straßen, auf diesen Boulevards, die plötzlich überschwemmt sind von der Bevölkerung, die aus ihren Kellern, ihren Verstecken hervorgekommen ist. Während Burty, der unversehens von Madame Verlaine angesprochen worden ist, mit ihr über die Mittel, ihren Mann zu verstecken, spricht, vertraut mir Madame Burty ein Geheimnis an, das mir ihr Mann vorenthalten hatte. Einer der Freunde Burtys, der zum Komitee gehörte, hatte ihm drei oder vier Tage vor dem Einmarsch der Truppen angekündigt, dass die Regierung nicht mehr Herr der Situation sei, dass man sich in die Häuser begeben sollte, sie ausräumen und die Besitzer erschießen.

Ich verlasse das Ehepaar und gehe, das verbrannte Paris entdecken. Das Palais-Royal ist abgebrannt, aber die hübschen Fassaden der beiden Pavillons nach dem Platz zu sind unverletzt. Die Tuilerien müssen nach dem Garten und der Rue de Rivoli zu neu erbaut werden.

Man geht durch den Rauch, man atmet eine Luft, die nach verbrannten Dingen und zugleich nach dem Firnis der Wohnungen riecht, und von allen Seiten hört man das »Pschitt« der Feuerspritzen. Und überall sind noch schreckliche Spuren der Schlacht. Hier ein totes Pferd, dort schwimmen nahe den Steinen einer halb demolierten Barrikade in einer Blutlache Uniformkäppis.

Beim Châtelet beginnt das Reich der großen Zerstörung, der ununterbrochenen Trümmer. Hinter dem Theater, das verbrannt ist, liegen auf dem Pflaster, gleichsam ausgelegt, die Kostüme: Verkohlte Seide, aus der hier und da goldene Pailletten und blitzendes Silber hervorleuchtet. Auf der andern Seite der Kais ist vom Justizpalast das Dach des runden Turms abgeschlagen. Die neuen Bauwerke zeigen nur noch das Eisenskelett ihres Dachwerks. Die Polizeipräfektur ist ein brennender Haufen, in dessen blauem Rauch das neue Gold der Heiligen Kapelle blendet.

Auf kleinen Seitenpfaden, die sich zwischen den noch nicht demolierten Barrikaden öffnen, komme ich zum Hôtel de Ville.

Die Ruine ist großartig, prachtvoll, ein Bild, das man sich nicht ausdenken könnte. Es ist eine Ruine, aber eine Ruine farbig wie Saphire, Rubine, Smaragde, eine Ruine, die blendet durch die Achatisation, die die Ziegel durch das Petroleum angenommen haben. Diese Ruine erinnert wahrhaftig an die Ruine eines magischen Palastes in der Oper, illuminiert von bengalischen Lichtern. Mit den leeren Nischen, den zerschmetterten oder abgeschnittenen Statuetten, dem Rest des Uhrwerks, den Resten der hohen Fenster und Kamine, die, ich weiß nicht dank welcher Gleichgewichtskraft, im leeren Raume stehen, mit der gezackten Silhouette, die sich so auf dem blauen Himmel ergibt, ist diese Ruine ein Wunder des Pittoresken, das man wahrhaftig bewahren müsste, wenn das Land nicht verurteilt wäre, ohne Gnade verurteilt, zu den Restaurationen des Herrn Viollet-le-Duc. Und Ironie des Zufalls: An dem erniedrigten Baudenkmal blinkt auf einer Fläche unverletzten Marmors in neuem Gold die lügnerische Aufschrift hervor: *Liberté, Egalité, Fraternité*.

Plötzlich sehe ich, dass die Menge zu laufen beginnt, wie ein Haufe, in den man am Tage einer Meuterei schießt. Reiter erscheinen drohend, den Säbel in der Faust, lassen ihre Pferde sich aufbäumen, sodass die Spaziergänger

von der Straße auf die Trottoirs zurückgeworfen werden. Mitten unter ihnen schreitet ein Trupp Männer, an ihrer Spitze geht ein Individuum mit schwarzem Bart, die Stirn mit einem Taschentuch verbunden. Ich bemerke noch einen andern, den seine beiden Nachbarn unter den Armen stützen, als hätte er nicht mehr die Kraft zu gehen. Diese Männer haben eine ganz eigene Bleichheit, einen vagen Blick, der mir im Gedächtnis geblieben ist.
Ich höre, wie ein Weib im Fortlaufen aufschreit: »Welches Unglück, dass ich hierhergekommen bin!« Neben mir zählt ein seelenruhiger Bourgeois: »Eins ... zwei ... drei ... Es sind sechsundzwanzig.«
Jetzt lässt die Eskorte die Männer im Laufschritt bis zur Kaserne Lobau vorgehen, dort schließt sich das Tor hinter ihnen mit einer seltsamen Heftigkeit und Eile.
Ich verstand noch nicht, aber in mir war eine unerklärliche Angst. Mein Bourgeois, der eben gezählt hatte, sagt nun zu seinem Nachbar:
»Es wird nicht sehr lange dauern, bald werden Sie das erste Donnern hören.«
»Welches Donnern?«
»Nun, man wird sie füsilieren!«
Fast im gleichen Augenblick ertönt auch schon die Explosion, wie ein heftiger Lärm, der zwischen Mauern eingeschlossen ist, eine Füsillade, die etwas von der geregelten Mechanik eines Maschinengewehrs hat. Es gibt ein erstes, ein zweites, ein drittes, ein viertes, ein fünftes Menschen mordendes »Rrara«, – dann eine große Pause, – dann noch ein sechstes, und dann noch zwei solcher Geräusche, eines das andere überschlagend.
Ich habe das Gefühl, dass dieser Lärm nie aufhört. Endlich schweigt er. Bei allen tritt eine Erleichterung ein, man atmet auf, aber da ertönt ein schmetternder Schlag, der die in ihren Angeln hängende Tür der Kaserne erschüttert, dann noch einer, und schließlich der letzte. Man sagt, es seien die Gnadenschüsse, die ein Stadtsergeant denen, die noch immer nicht gestorben waren, gegeben hatte. Nun schreitet aus dem Tor wie eine Gruppe von trunkenen Männern der Zug, der die Exekution vollzogen hat, einige haben Blut an den Spitzen ihrer Bajonette. Während zwei geschlossene Leichenwagen in den Hof einfahren, schleicht ein Geistlicher heraus, noch eine Zeit lang sieht man an der Außenmauer der Kaserne seinen mageren Rücken, den Regenschirm, die schlaff sich schleppenden Beine.
Montag, 29. Mai. – Ich lese die Proklamation Mac Mahons, die an den Mauern angeschlagen ist und erklärt, dass alles gestern um vier Uhr zu Ende war.

Heute Abend beginnt man, die Bewegung des Pariser Lebens, das neu ersteht, zu hören, und das Murmeln erinnert an ein fernes Rauschen der Flut. Die Stunden fallen nicht mehr in das Schweigen einer Wüste.

Dienstag, 30. Mai. – Von Zeit zu Zeit entsetzliche Geräusche: Häuser, die zusammenstürzen, und Füsilladen.

Freitag, 2. Juni. – Heute früh erscheint bei mir ein Händler mit einer großen Leiter; er will eingeschlagene Geschosse kaufen. Er hat eben bei meinem Nachbar auf einen Schlag tausend Kilogramm erworben.

Montag, 5. Juni. – Ich bin erstaunt über den Provinzialismus, den alle zurückkehrenden Pariser haben. Ich hätte niemals geglaubt, dass acht Monate Abwesenheit von dem Zentrum des »Chic« so den einzelnen Menschen den Charakter, die Marke des »Parisianismus«, von der man sagt, sie sei unauslöschlich, nehmen könnte.

6. Juni. – Wiedererscheinen der Menge auf dem vor einigen Tagen noch verlassenen Asphalt des Boulevard des Italiens. Heute Abend muss man sich zum ersten Mal wieder seinen Weg bahnen zwischen dem Geschwätz der Männer und der Prostitution der Weiber.

10. Juni. – ... Ich esse heute Abend mit Flaubert, den ich seit dem Tode meines Bruders nicht gesehen habe. Er ist nach Paris gekommen, um eine Notiz für seine *Tentation de Saint-Antoine* zu suchen. Er ist derselbe geblieben – Literat vor allem. Die Sintflut scheint über ihn hinweggegangen zu sein, ohne ihn auch nur im geringsten von der stetigen Fabrikation seines Buches abzulenken.

Mittwoch, 5. Juli. – Bei Brébant. Berthelot erzählt, dass die Thermometer von Regnault in Sèvres, diese Thermometer, die eine europäische Berühmtheit hatten, von den Preußen methodisch zerbrochen worden seien.

Renan kündigt an, dass er eben einen Brief von Mommsen bekommen hat, der erklärt, es wäre nun Zeit, die Verbindungen wieder anzuknüpfen, die Arbeiten des Geistes, die beiden Nationen gemeinsam seien, wieder aufzunehmen. Sein Brief endet mit einem Satz, in dem er sagt, er fände es würdig der Akademie, die Arbeit des Kaisers fortzusetzen, nämlich die den Fremden ausgesetzten Pensionen weiterzuzahlen. Sie sind wirklich wunderbar in ihrer Unverfrorenheit, diese deutschen Gelehrten, sie ähneln den Angestellten, die, ein demütiges Lächeln auf den Lippen, den Hut in den Händen hin und her drehend, zum Chef kommen und ihren Platz wieder verlangen, zu demselben Chef, den sie ruiniert, ausgeplündert, beinahe verbrannt haben.

Dann wird die Konversation angeregter, und alle Welt ist wütend über Trochu. Man ist erstaunt, dass die Erkenntnis seiner Unfähigkeit, die in Paris allgemein ist, noch nicht in ganz Frankreich verbreitet ist. Man sucht sich das Rätsel dieser Persönlichkeit zu erklären, die eine Mischung von Scharlatan und Mystiker darstellt. Bei dieser Gelegenheit erzählt jemand, dass er gerade im Ministerium des Innern war, an dem Tage, wo die Bedingungen der Übergabe von Paris unterzeichnet werden sollten. Er hätte mit einem oder zwei seiner Kollegen gewartet, um Nachrichten für seine Zeitung zu bekommen. Trochu tritt ein, bemerkt die Herren und sagt ihnen Guten Tag. Dann zieht er seine Uhr und sagt mit einer unbewusst komischen Betonung: »Ich bin eine Viertelstunde zu früh hier; wollen Sie, dass ich Ihnen eine politische Conférence halte?« So ist der Mann wirklich – und das an dem Tage, wo Paris eine Kapitulation über sich ergehen lassen muss, wie eine zweite in der Geschichte Europas nicht vorkommt.

10. Juli. – Ich reise nach Bar-sur-Seine ab. Ich hatte es vorausgefühlt: Die Leere meines Lebens macht sich heute grausig fühlbar. Krieg, Belagerung, Hungersnot, Kommune – das alles war doch eine Ablenkung von meinem Kummer, grausam, gewaltig, aber eine Zerstreuung.

11. Juli. – Was für ein Mangel an Voraussicht, was für Verblödung! Die Gesellschaft geht am allgemeinen Wahlrecht zugrunde. Nach der Überzeugung aller ist es das schicksalhafte Werkzeug unseres kommenden Untergangs. Ihm verdanken wir, dass die niedrige Menge in ihrer Unwissenheit regiert; ihm, dass die Armee keine Pflicht, keine Ergebenheit mehr kennt. Man erinnere sich, dass am Tage nach dem Einzug der Versailler alles, das Unmögliche, möglich war, und dass man an dieses Wahlrecht nicht gerührt hat. Ja, Herr Thiers scheint mir wohl ein Retter der Gesellschaft, aber nur für recht kurze Dauer. Er bildet sich ein, das gegenwärtige Frankreich retten zu können durch Verzögerungen, Zeitgewinn, Geschicklichkeiten, politische Finessen, kleine Mittelchen, entsprechend seinem kleinen Format. Nein, nur durch die Kühnheit großer Maßnahmen, durch eine Neuordnung der gesellschaftlichen

Bedingungen könnte Frankreich neu aufleben, wenn es nicht sterben muss.

Welch ein Unglück, dass dieser kleine Mann da war! Hätte ihn die Vorsehung uns nicht bestimmt gehabt, so hätte sich die Gesellschaft selbst gerettet, nach irgendeinem Prinzip, aber gerade ein Prinzip fehlt dem skeptischen Eklektizismus des heutigen Machthabers vollkommen.

Dienstag, 15. August. – Diner bei Brébant. Irgendjemand spricht von den Nationalitäten und beklagt diese neue »Erfindung«, die dem Krieg seinen courtoisen Charakter nimmt und ihn seines Charakters eines Duells zwischen den Souveränen entkleidet. Nach dem Vorbild der Kriege zwischen den Tieren muss diese Erfindung das Auffressen einer Rasse durch die andere herbeiführen, und das verurteilt die Franzosen oder die Deutschen, in der nächsten Zukunft aus Europa zu verschwinden. Diese Bemerkungen sind für Berthelot der Anlass, nach seiner Gewohnheit einen Vortrag über das Verschwinden der Urratte aus Europa zu halten, die im 15. und 16. Jahrhundert von der gemeinen Wanderratte vollkommen aufgefressen worden ist, die nun ihrerseits zurzeit von der skandinavischen Ratte verzehrt wird.

»Ja, *Funktionen*, wir sind nichts weiter als Funktionen« – so spricht die Stimme Renans – »Funktionen, die wir vollbringen, ohne es zu wissen, ungefähr so wie die Gobelinarbeiter, die gegen den Strich arbeiten, ein Werk vollbringen, das sie gar nicht sehen. Ehrenhaftigkeit, Weisheit – was ist sie, welche Bedeutung hat sie, vom übernatürlichen Standpunkt aus betrachtet? Immerhin, seien wir ehrenhaft und seien wir weise! Es ist eine Rolle, die der da oben uns zuteilt. Aber er soll sich nicht einbilden, dass er uns betrügt, dass wir auf ihn hereinfallen.«

Der frühere Seminarist sagt das mit leiser Stimme in fast ängstlichem Ton, den Kopf zur Seite auf seinen Teller gebeugt, er hat nun die Miene eines Schülers, der die Hand des Aufsehers in der Luft spürt, ganz als fürchte er eine Ohrfeige des Allmächtigen.

9. November. – Heute bei Flaubert die Ramelli, die er ans Odéon für das Stück Bouilhets engagieren lassen will. Sie beklagt sich mit Geschrei über das Theater, das sich angewöhnt hat, nur noch die Darsteller der ersten Rollen zu bezahlen, über das Theater, wo man Berton 300 Franken den Abend im »Marquis von Villemer« bezahlt.

Ich habe niemals einen Stand gesehen, wo der Anspruch auf das Geld mit mehr Leidenschaftlichkeit gemacht würde, als von den Schauspielern und Schauspielerinnen. In den Klagen der Ramelli ist eine Art von sanguinischer Wut, sie hat Feuer im Gesicht, sodass sie sich schließlich in einem Zimmer aufhalten muss, in dem der Kamin nicht angezündet ist, und von dort dringen nun durch die offene Tür ihre zornigen Anklagen herein zu uns.

Endlich geht sie fort, und wir bleiben allein. Flaubert erzählt mir von dem unerwarteten Glück der Präsidentin (Mme Sabatier, der Frau mit dem kleinen Hund, von der Ricard ein so schönes Porträt gemalt hat), die ein Legat von 50000 Livres Rente zwei Tage vor der Einschließung von Paris bekommen hat, ein Geschenk von Richard Wallace, der früher einmal ihr Geliebter war, und der ihr gesagt hatte: »Du sollst sehen, wenn ich einmal reich werde, denke ich an dich!«

Dann erzählt mir Flaubert noch von der chinesischen Gesandtschaft, die mitten in unsere Belagerung und die Zeit der Kommune, wie in eine Sintflut, hineinplatzte. Man sagte entschuldigend zu ihr:

»Wie es hier zugeht, das muss Sie wohl sehr erstaunen?«

»Aber nein, aber nein ... ihr seid jung, ihr Okzidentalen, ihr habt noch fast gar keine Geschichte ... aber das ist immer so: Belagerung und Kommune, das ist die normale Geschichte der Menschheit.«

Er behält mich zum Diner und liest mir am Abend seine » *Tentation de Saint-Antoine*« vor.

Aus dem Tagebuch des Jahres 1872

2. Januar 1872. – Diner der Spartiaten.
Man spricht von der finanziellen Situation, vom Misskredit der französischen Rente, von dem geheimen Zirkular des Finanzministers, der eine Provision von zehn Prozent den Steuereinnehmern, die Vorschüsse geben, verspricht; man sieht die Unmöglichkeit, den Deutschen ihre Milliarden zu bezahlen, voraus und prognostiziert den Bankrott.

Neben mir sitzt der General Schmitz, ein Militär, der sich auch mit Literatur, Diplomatie, Nationalökonomie beschäftigt hat, ein Mann von Intelligenz, in dessen Reden immer etwas steckt.

Man plaudert jetzt von Elsass und Lothringen; da unterbricht er uns mit den hingeworfenen Worten: »Meine Herren, ich war im Jahre 1866 gerade in Italien, da sagte mir ein Österreicher, der Graf Donski:

›»Ihr seid ungeschickt, wir auch, weiß Gott, aber ihr seid ungeschickt, weil ihr einen Krieg mit Deutschland vorbereitet, einen Krieg, der euch Elsass und Lothringen nehmen wird.‹ Und als ich über die Kühnheit dieser Behauptung aufschrie, sagte er: ›Und Elsass-Lothringen wird euch für immer verloren gehen, weil die kleinen Staaten verschwinden, und die Gunst der Zeit nun den großen gehört, weil ihr euch gar nicht vorstellt, was Deutschland nach seiner Festigung und eurer Verkleinerung als Seemacht bedeuten wird, und wie frühere Volksgenossen in dieser Zeit materieller Interessen das große, reiche Land vorziehen werden, das viel weniger Steuern verlangen wird als ihr früheres Vaterland.‹

»Und noch eine Kleinigkeit, meine Herren, möchte ich erzählen dürfen. Ich hatte einen dummen, stotternden Bedienten, den ich nur behalte, weil er eine solche Liebe für blitzendes Kupfer hat. Dem Glänzenden an den Dingen, dem gehört seine fanatische Liebe. Nun, eines schönen Tages, nach der Unterzeichnung der Friedensbedingungen fragte mich beim Frühstück meine Ordonnanz über die Nationalität eines seiner Kameraden, der in einem Kanton in der Nähe von Belfort geboren war, und als ich ihm sagte: ›Meiner Treu, es kann wohl sein, dass er jetzt Preuße wird, aber ich bin nicht sicher, ich werde's morgen sagen,‹ da rief mein Stotterer: ›Oh, da würde es ihm fü-fürchterlich gu-gut gehen, er würde nicht so viel zahlen, wie in der Tou-Touraine!‹«

Das sind zwei Geschichten, die das Urteil von oben und von unten zeigen, und so scheint mir die Frage zu entscheiden ...

Befragt über die Männer vom 4. September, schildert sie der General ungefähr so: »Pelletan ist ein Mann der Allgemeinheiten. Jules Favre mag ein schlechter Diplomat sein, aber er ist weniger schuldig als man glaubt. Ich habe etwas für ihn übrig, weil ich ihn mit einer Entschiedenheit, die ich ihm nicht zugetraut hätte, einmal zu Arago sagen hörte: ›Ich will, ich will absolut verständigt sein, wenn es nur noch für zehn Tage Lebensmittel gibt, denn, verstehen Sie mich wohl, mein Herr, ich erkenne mir nicht das Recht zu, zwei Millionen Menschen Hungers sterben zu lassen.‹ Ferry, eine energische Natur, ein Mann der Entschlüsse. Ich habe ihn auf dem Fort d'Issy gesehen, an einem Tag, wo es furchtbar regnete, und seine sanguinische Natur berauschte sich an dem Schauspiel: Er konnte sich nicht davon trennen.«

Der General merkt, dass man ihm zuhört, er spricht, spricht viel, von vielen Dingen und Menschen.

»Ich habe nicht mehr als zwei«, erzählt er, »passionierte, aber wirklich leidenschaftlich den Ruhm begehrende Menschen gesehen, das waren auch die einzigen in der Armee: Espinasse und de Lourmel.

»Ich war in den Tuilerien mit Espinasse, in dem Augenblick, wo der Krieg mit Italien erklärt wurde. Die Minister wollten, dass der Kaiser Frankreich nicht verlasse, und suchten bei der Kaiserin Unterstützung. Indessen brummt Espinasse was in seinen Schnurrbart hinein, die Kaiserin fragt ihn: »Espinasse, sagen Sie mir, was Sie haben, dass Sie so wie ein Löwe in seinem Käfig dort in Ihrem Winkel toben?'

»›Ich sage, Majestät, dass, wenn der Kaiser, der den Krieg will, nicht mit uns nach Italien kommt, er sich beträgt wie der letzte der Nichtstuer-Könige.‹

»›Dieser Teufel von Espinasse hat vielleicht recht,‹ sagte lächelnd der Kaiser, der eben ins Zimmer zurückkommt.

»Lourmel, ein reizender Junge, mit einer Art von Eleganz und Chic, die ihm allein eigen war. Am Tage von Inkermann treffe ich ihn am frühen Morgen in Lackschuhen, weißer Hose, frischen Handschuhen, alles funkelnagelneu, und als ich ihn frage: ›Wie hübsch du heute bist, warum denn?‹ antwortet er mir: ›Du willst also, mein Lieber, dass man mich wie einen armen Teufel in die Erde legt?‹

»Ich habe diesen lieben Freund wiedergetroffen, als man ihn zum Tode verwundet heimbrachte. Im Vorbeikommen sagte er zu mir: ›Ich bin gut mit Hypotheken belastet!‹ Und als ich versuchte, ihn zu ermutigen, und an die Kraft seiner Konstitution erinnerte, auf den Tod meines Bruders anspielend, der einige Tage zuvor getötet worden war, warf er mir zu: ›*Hodie tibi, cras mihi!*‹«

Dienstag, 9. Januar. – Diner bei Brébant. Ernest Picard, mit dem ich zum ersten Mal esse, hat das mächtige Aussehen eines jener wohlbeleibten Herren, kleiner Geldwechsler vom Dorf, zugleich Steuereinnehmer und Verwalter eines in Paris lebenden Großgrundbesitzers, dazu ein schlaues Auge, die Redekunst eines Advokaten: geistreich-boshaft. Anlässlich der letzten Wahlen in die Akademie erklärte er, dass er keine Art von Wahlkorruption kenne, die der im Institut ähnlich sähe.

Man bringt ihn auf die letzten Ereignisse. Er sagt, dass er von allem Anfang an das größte Misstrauen gegen Trochu gehabt hätte, weil er seine Unterschrift gesehen habe, eine Unterschrift mit einem zittrigen Schnörkel, sodass er gleich an Gehirnerweichung hätte denken müssen. Und er erklärt den Verteidiger von Paris aus dieser Gehirnerweichung, sagt aber doch, dass er eine sehr komplizierte Natur sei, und dass er den Schlüssel für diese Mischung von Verschmitztheit und Mystizismus nicht geben könne. Dann behauptet er, dass alle unsere unglücklichen Schicksale in Wahrheit aus dem Monat Oktober 1869 stammen, sie seien einem Dutzend Männern zu verdanken, die sich von ihren Leidenschaften hätten hinreißen lassen. Ohne die Zersplitterung, die durch diese Erfinder der oppositionellen Macht verursacht worden sei, wäre nach der Meinung von Ernest Picard die Opposition in der Lage gewesen, die ungewisse Gruppe, die es in der Versammlung gab, an sich zu ziehen und eine Majorität zu werben, die den Krieg und all unser Unglück verhindert hätte.

10. Januar. – Heute hat bei den Franzosen die Zeitung den Katechismus ersetzt. Ein erster Artikel von Machin oder von Chose wird zum Glaubensartikel, den der Abonnent mit demselben Mangel an eigenem, freiem Urteil annimmt, wie der Katholik von ehemals das Geheimnis der Dreifaltigkeit.

14. Februar. – Beim Essen dringt die Stimme des Generals Schmitz über den Tisch: »Ja, ja, es wird wohl nicht anders kommen können, als dass eines Tages die Wahrheit bekannt wird. Nun schön! Am 18. August war die Rückkehr nach Paris beschlossen. Der Kaiser hatte diesen Entschluss gefasst. Mac Mahon seinerseits hatte den Beschwörungen Rouhers und Saint-Pauls, die ihn nach vorne drängen wollten, widerstanden. Und, meine Herren, ich erzähle Ihnen nichts, als was mir Mac Mahon selbst bestätigt hat: Er bereitete sich vor, seine Truppen, nach rückwärtsgehen zu lassen, da bekommt er einen Brief von Bazaine, der ihm ankündigt, dass er am 26. August aus Metz einen Ausfall machen werde. Das erschüttert ihn, bestimmt ihn aber nicht. Er berichtet darüber an Palikao, der ihm nun den Befehl gibt, nach vorne zu marschieren.

Er entschließt sich dazu, wenn auch gegen die eigene Ansicht, aber von nun an war seine Verantwortung ja gedeckt.

Der Fehler? Da haben Sie ihn: diese Depesche Palikaos, die Depesche hat alles ruiniert. Ohne diese Depesche hätte sich die ganze Armee hinter das linke Ufer der Seine zurückgezogen, dort hätte man alle noch lebenden Kräfte des Landes versammelt, und wir hätten die Schlacht von Châtillon, diesmal aber mit wirklichen Soldaten, geschlagen. Das, was Sie wirklich in Paris hatten, das war das 35. und das 42. Korps, sonst nichts. Trochu und ich, wir müssen es doch wissen, wir haben die Verantwortung für die Belagerung nur übernommen unter der Bedingung einer Hilfsarmee unter den Mauern von Paris. Ohne diese Armee konnte es gar nicht anders enden, als es geendet hat. Ich komme wieder auf den Kaiser zurück. Er war also entschlossen, wieder in die Tuilerien zurückzukehren. Ich bin in der Nacht vom 18. August bei der Kaiserin. Ich kündige ihr die Rückkehr des Kaisers an. Sie schreit: »Er darf nicht zurückkehren, er muss sich an der Spitze seiner Armee töten lassen!« Es hilft nichts, dass ich ihr entgegenhalte, ein allgemeines Gefühl widersetze sich dem, dass er den Oberbefehl behalte; es hilft nichts, dass ich ihr sage, wenn er nicht mehr den Befehl habe, müsse er notwendigerweise seine Rolle als »irrender Ritter« aufgeben, es sei notwendig, dass er auf seinem Thron sei, dass er in die Tuilerien zurückkehre. Die Kaiserin bleibt fest bei ihrer Idee. Sie hört mich nicht an, als ich ihr sage, dass einer meiner Leute den König in einem Coupé von der Bahn abholen werde. Ja, es ist die Kaiserin, die zusammen mit Palikao die Rückkehr des Kaisers verhindert hat.

»Noch ein Detail. Trochu, der mit mir war, bat, der Kaiserin die Proklamation, die ihn zum Gouverneur von Paris ernannte, vorlegen zu dürfen. Er fängt an zu lesen: ›Der Kaiser hat mich zum Gouverneur von Paris ernannt –‹ Die Kaiserin unterbricht ihn: ›Nein, nein, schreiben Sie das nicht, lassen Sie die Person des *Kaisers* fort!‹ Nun war das Sonderbare, dass wir diese Proklamation mit Bleistift abgefasst hatten, bei Kerzenlicht, und dass Trochu die Ungeschicklichkeit hatte, zuerst zu schreiben: ›Ich bin zum Gouverneur von Paris ernannt worden‹, und dass ich es gewesen war, der diesen Satz durch den andern, den er der Kaiserin vorgelesen hatte, ersetzte. Die Kaiserin schien verletzt, dass wir den Namen des Kaisers auf einem Regierungsdokument wieder aufleben ließen: Palikao hatte seit mindestens einem Monat nicht mehr gewagt, seine Person zu erwähnen.«

3. April. – Dieser Charles Blanc ist der schlechtst erzogene und dabei in seinem Zorn komischste Mensch, den ich kenne. Heute fing er gelegentlich irgendeiner Bemerkung Renans an, in langen Reden zu versichern, dass alle Geschichten der Revolution Lügen seien, dass alle Geschichtsschreiber Schwindler seien, dass es nur eine einzige Geschichte gebe, nämlich die

seines Bruders, nur einen einzigen Geschichtsschreiber, nämlich seinen Herrn Bruder.

Das alles mit erstickter Stimme und zitternden Händen, während er in die Suppe der Nachbarn spuckt – alles Zeichen einer gefährlichen Epilepsie, die alle Welt beleidigt. Wahrhaftig, die Regierung müsste ihrem Minister der schönen Künste einen Maulkorb kaufen, damit er in Gesellschaft gehen kann.

23. April. – Arsène Houssaye erzählte heute Abend, im Jahre 1848 hätte sich Hetzel mit Lamartine in das Ministerium der auswärtigen Angelegenheiten begeben, um dort die Hand auf das Portefeuille zu legen in dem Wahne, dass darin das Geheimnis der Geheimnisse der europäischen Politik beschlossen sei. Er fand dort Adressen von Dirnen und Briefe von kleinen Mädchen.

21. Mai. – Beim Diner der Spartiaten spricht der General Schmitz von der Kapitulation von Sédan wie von einer schändlichen Sache, die nicht durch die neue Tragweite der Kanonen entschuldigt werde. Er lässt durchblicken, dass, weiß Gott, die Rettung der Bagage, die den Offizieren zugesichert war, einige dazu gebracht hat, ihre Unterschrift zu dieser schmählichen Angelegenheit zu geben. Ein gutes Wort des General von Bellemare wird erzählt, der sich weigerte zu unterzeichnen, und zu dem einer der Unterzeichner sagte:

»Das sind doch Romane, die Sie da machen!«

»Wer weiß!« antwortete der General, »ob es nicht in einiger Zeit Geschichte sein wird.«

25. Mai. – Alle Aristokratien sind bestimmt zu verschwinden. Die Aristokratie des Talents ist bestimmt, getötet zu werden von der kleinen Zeitung, die über den Ruhm verfügt und nur den ihrigen verschleißt. Sie organisiert in der Republik der Literatur eine Art von Demokratie, in der die ersten Rollen ausschließlich vorbehalten sind für Reporter oder für die Köche der Zeitungen: Das sind die einzigen Literaten, von denen Frankreich in fünfzig Jahren was wissen wird.

4. Juni. – Heute Abend ist Robert Mitchell beim Diner der Spartiaten, er ist in Sédan gefangen genommen worden und dann in eine Zitadelle gesperrt, weil er einem preußischen Offizier den Gruß verweigert hat; er erzählt, dass seine größte Zerstreuung war, dem Drill der Rekruten zuzusehen und Zeuge der Ohrfeigen zu sein, die die Offiziere ihren Soldaten gaben. Und er macht die Bemerkung, dass von all dem Fleisch, das da geschlagen wurde, nur die Stelle errötete, wo die fünf Finger hinfielen. Er erzählt dann noch, dass, als er von den Offizieren der kaiserlichen Garde beauftragt war, dem

Kaiser ihr Leben und das ihrer Leute anzubieten, wenn er einen Ausfall versuchen wolle, wenn er sich einen Weg zu bahnen versuchen wolle – also, dass in dem Augenblick, wo er den Kaiser auf dem Weg nach Maizières ansprach, ein Geschoss gerade zwischen ihm und dem Pferde des Kaisers platzte, Leute zur Rechten und zur Linken tötete und ihm selbst ein Stück seines Schuhs wegriss.»Der Kaiser«, sagte er, »blieb unbeweglich, er war viel weniger aufgeregt als ich.«

Dienstag, 23. Juli. – Jemand aus dem Ministerium Thiers' charakterisiert so die Politik seines Chefs:»Er ist ein Mann, der von seinen Gütern lebt, aber größere Reparaturen nicht machen lässt.«

Die Konversation kommt auf Jules Simon, es ist Ernest Picard, der spricht, und man fühlt zwischen den Worten, in den Andeutungen, in den diplomatischen Zurückhaltungen des Gesandten seine ganze Verachtung und Antipathie gegen den Minister des öffentlichen Unterrichts. Picard zeigt ihn uns während der Zeit der Défense Nationale, auf einem Stuhl hinter dem Beratungstisch sitzend, in einem Winkel, versteckt und in den Schatten zurückgezogen, zu keinem Entschluss kommend, sich über nichts aussprechend, was immer es auch war, sich nie durch eine scharf ausgesprochene Meinung kompromittierend, alle Parteien schonend – kurz, sich für alle Abenteuer des Zufalls bewahrend. »Jules Simon«, sagt er zum Schluss, »ist eine Pfaffennatur, es fehlt ihm nur die Tonsur.«

Sonntag, 4. August. – Die deutsche Grenze, beginnend mit Avricourt, mit Zollwächtern, die Siegermienen aufsetzen, um die Koffer zu öffnen: grausam!

Montag, 5. August. – Ich irrte in den Straßen Münchens mit Béhaine herum. Er bemerkt seinen Arzt, der den Arm einem Herrn gibt, den er von der Ferne nicht erkennt. Es ist von der Thann, der Bazeilles verbrannt hat. Man muss grüßen, ein paar Worte sagen. Es ist unmöglich, das Brummen und zugleich die *géne* des bayrischen Generals zu beschreiben. Wenn man so die Deutschen sieht, möchte man beinahe glauben, dass wir es sind, die sie geschlagen haben, so sehr scheinen die Sieger so etwas wie die »Rancune der Niederlage« behalten zu haben.

13. August. – Ich frühstücke in München mit von Ring, dem ersten Sekretär der Gesandtschaft in Wien. Er ist es, der der diplomatische Elefantenführer Jules Favres in Ferrières war. Er unterhält uns von der Naivität des Advokaten, von der Überzeugung, die er hatte, Bismarck mit der Rede, die er auf dem Weg vorbereitete, unterjochen zu können. Der ›Unschuldige des Palais‹ rühmte sich, aus dem Preußen einen Jünger der Brüderlichkeit der Völker zu machen, indem er ihm zum Dank für seine Mäßigung als leuchtende Zukunft die Popularität zeigte, die er sich hei den zukünftigen Gene-

rationen erwerben würde, da dann alle Völker einander brüderlich umarmen würden.

Die Ironie des deutschen Kanzlers wehte bald genug diese kindische Illusion hinweg.

15. August. – Heute unterhält mich Edouard (de Bebaine) über seine Konversationen mit Bismarck, er schildert den Causeur, einen Causeur der langsamen Worte, der sich nur schwer ausdrückt, lange nach dem ganz richtigen Ausdruck sucht, niemals das Wort annimmt, das man seinem verlegen werdenden Germanismus anbietet, der aber doch immer dann zum Schluss den ganz richtigen Ausdruck findet, den pikanten Ausdruck, den Ausdruck von einer ausgezeichneten Ironie, den Ausdruck, der gerade für diese Situation charakteristisch ist.

19. August. – Auf mein Wort, alle Hirne sind außer Band und Band, und niemand in Frankreich ist mehr logisch. Ich höre, wie der Abbé, der Lehrer der Kinder Behaines, der ein sehr ehrenhafter Katholik ist und auf das Strengste seine religiösen Pflichten erfüllt, erklärt: Alles wäre gerettet, wenn man einen revolutionären Papst hätte.

31. August. – Heute kommt Billing zu uns nach Schliersee frühstücken. Er versichert, von der Thann habe vor Vigoni, dem Sekretär der italienischen Gesandtschaft, erklärt, Deutschland würde niemals Belfort an Frankreich zurückgeben.

Gelegentlich der gegenwärtigen Strömungen Deutschlands zitiert er ein merkwürdiges Symptom: die Aufführung von drei Theaterstücken unmittelbar hintereinander, die den Fortschritt der philosophischen Bewegung zeigen; in dem ersten sei nur Antikatholisches gewesen, die Weltanschauung des dritten aber wäre schon vollständig antireligiös gewesen: Ein katholischer Pfarrer sei auf die Szene gebracht und lächerlich gemacht worden, ebenso ein protestantischer Pfarrer und ein Rabbiner.

Voriges Jahr soll ihm der Professor Döllinger Folgendes gesagt haben: »Die Religion kann schließlich lateinischen Völkern nützlich sein, für uns hat sie keinen Zweck mehr, sie kann der Vernunft der Deutschen nichts mehr geben.«

2. September. – Diner in München beim Grafen Pfeffel. Ein Münchener Diner in katholischem und antipreußischem Milieu.

Der Graf Pfeffel, ein kleiner Greis, runzlige ausgetrocknet, nervös, gallig, ironisch, der im Physischen etwas von einem kränklichen Teufel hat; der päpstliche Nuntius Tagliani, ein untersetzter, hagerer, kohlschwarzer Mann, der in seinem Äußeren etwas von einem Teufel hat, dem es zu gut geht; de Vaublanc, früher Kämmerer und ein alter Freund des Königs Ludwig, alter französischer Emigrant, der sich niemals so weit herabgewürdigt hat, deutsch zu sprechen, sehr liebenswürdig, sehr schwerhörig, sehr achtzehntes Jahrhundert, ein junger Offizier aus der bayrischen Armee, Sohn des Grafen Pocci.

Eine galante, intelligente, geistreiche Konversation, etwas überlebt, etwas veraltete Ideen, Redewendungen, sodass man manchmal denkt, man lebt in einem Traum und speist mit Leuten, die vor dem Jahre 1789 verstorben sind.

Bei der Zigarre spricht mir der bayrische Offizier, der den Feldzug in Frankreich mitgemacht hat, von unserem Frühling, wie von einem außerordentlichen Wunder, einer Zeit der Seligkeit, die er eigentlich für eine Erfindung unserer Dichter gehalten habe.

Er sagt, dass es bei ihnen, wie in Russland, keinen Übergang zwischen Sommer und Winter gibt, und fügt hinzu, dass dieses Fehlen des Frühlings einen großen Einfluss auf den sittlichen Zustand Deutschlands habe, dass das Fehlen dieser unbeschreiblichen Wonne im deutschen Leben viel zu der an vielen Orten herrschenden Melancholie beitrage.

Im Salon treffe ich dann ein paar alte englische Damen aus dem diplomatischen Korps, überreife und fade Kreaturen, die zwischen dem Klappern der Teetasse und dem Verzehren eines Sandwichs einsilbige, unintelligente Ausrufe von sich geben. Ich beklage den Gesandten Frankreichs, verurteilt zu sein, in diesem Nichts, das jetzt die Partei Frankreichs darstellt, zu leben.

Aus dem Tagebuch des Jahres 1873

22. Januar.- Diese Woche ließ Thiers Behaine zum Diner zu sich bitten, um seine Eindrücke von Deutschland zu erfahren. Thiers aber erlaubte ihm gar nicht, den Mund zu öffnen, und die ganze Zeit über erzählte der Präsident der Republik dem Botschafter von seinen Unterhandlungen mit Bismarck. Nach den tiefsinnigen Studien, die der Geschichtsschreiber der Revolution darüber gemacht hat, sei Herr von Bismarck ein Ehrgeiziger, aber »er hätte keine bösen Gefühle gegen Frankreich«. Im Grunde, trotz aller Malice, die er fast zugab, verzeihe Thiers Bismarck beinahe, und zwar aus einem ganz besonderen Grunde. Während der Verhandlungen um Belfort nämlich hätte der preußische Minister, der wusste, dass Thiers die Gewohnheit hatte, während des Tages eine Siesta zu halten, ihm die Füße mit einem Paletot einwickeln lassen, damit er nicht friere. Man muss sich wirklich beglückwünschen, dass diese Aufmerksamkeit Frankreich nicht Belfort gekostet hat.

11. Februar. – Heute warf Nigra, beim Diner bei Brébant, – als stelle er ein Experiment mit uns an – den Vorschlag ins Gespräch, uns als König von Frankreich seinen eigenen König zu geben. Ja, er hatte die Frechheit, uns tief mitleidig anzubieten, dass Victor Amadeus, der einzige und wahre König der lateinischen Rassen, der unsere werde. Ich weiß wirklich nicht, aber ich glaube, dass dieses Anerbieten, das Haus Savoyen auf den französischen Thron zu setzen, die größte Unverschämtheit ist, die mein Vaterland bisher zu ertragen gehabt hat.

5. März. – Ich speise heute Abend mit Sardou. Ich hatte ihn schon einmal oder zweimal gesehen, aber niemals mit ihm gesprochen. An Sardou ist nichts von Dumas, nichts von jener hochmütigen Verachtung gegen Leute, die er nicht kennt. Sardou ist ein gutmütiger Fürst. Er nimmt alle Leute so, als wären sie seinesgleichen. Übrigens ist er geschwätzig, sehr geschwätzig, und zwar geschwätzig wie ein Geschäftsmann. Er spricht nur von Geld, nennt Ziffern, Einnahmezahlen. Nichts an ihm lässt den Schriftsteller erkennen. Wird er lustig oder geistreich, so ist es der Geist des Komödianten, der aus seinen schmalen Lippen dringt. Ein wenig weitschweifig, wenn er von sich selbst spricht, erzählt er lang und breit von dem Verbot seines amerikanischen Stückes. Bei dieser Gelegenheit kommt ein hübsches Detail über Thiers heraus. Auf die Bemühungen des Vaudevilletheaters, von Thiers Erlaubnis zur Aufführung des Sardou'schen Stücks zu erlangen, ließ Thiers antworten, das sei eine unmögliche Sache: Das amerikanische Volk sei augenblicklich das einzige Volk, das Paris Geld verdienen lasse; man dürfe es also nicht verletzen.

Thiers hat wirklich recht, sich zu rühmen, ein kleiner Bourgeois zu sein.

29. April.– Man schreibt Jules Simon folgendes geistreiche Wort zu; jemand soll ihm gesagt haben, er führe Thiers, wohin er wolle, darauf hätte er geantwortet: »Ja, es ist wahr, ich würde ihn ganz in der Hand haben, wenn ich ihm die Überzeugung beibringen könnte, dass ich unehrlich bin!«

24. Mai.– An dem Tage, da unsere Geschicke sich in Versailles abspielen, bin ich dort; aber ich bin dort, um Azaleen und Rhododendron zu kaufen.

27. Mai. – Beim Diner bei Brébant habe ich Erfolg mit dem Wort: »Frankreich wird an den *pronunciamentos* seiner Akademiker zugrunde gehen.«

2. Juni. – Ich kann den Ekel nicht überwinden, wenn ich auf der vierten Seite der Zeitungen unter den bezahlten Anzeigen lese: »Soeben erscheint die zweite Auflage des Werkes: ›über die Lage der Arbeiter in England‹ – eine Arbeit, mit der der Graf von Paris das Werk eines Denkers und Bürgers geschaffen hat.« Prätendenten, die sozialistische Schriftsteller werden – puh!

8. Juni. – Heute früh kommt Félicien Rops zum Frühstück zu mir. Ich hatte nie begriffen, dass er, ein Belgier, schwarz funkelnde Augen und lockiges Haar hat. Nun klärt er mich auf: Er ist von magyarischer Herkunft. Sein Großvater war unter jenen Ungarn, die – *nicht* für Maria Theresia sterben wollten.